근대 영국철학에서
종교의 문제

근대 영국철학에서 종교의 문제

이신론과 자연종교

2018년 11월 20일 초판 인쇄
2018년 11월 25일 초판 발행

지은이 ┃ 이태하
펴낸이 ┃ 이찬규
펴낸곳 ┃ 북코리아
등록번호 ┃ 제03-01240호
주소 ┃ 13209 경기도 성남시 중원구 사기막골로 45번길 14
         우림2차 A동 1007호
전화 ┃ 02-704-7840
팩스 ┃ 02-704-7848
이메일 ┃ sunhaksa@korea.com
홈페이지 ┃ www.북코리아.kr
ISBN ┃ 978-89-6324-631-4 (93100)

값 19,000원

* 이 저서는 2014년 정부(교육부)의 재원으로 한국연구재단의 지원을 받아 수행된 연구임(NRF-2014S1A6A4024926).
  This work was supported by the National Research Foundation of Korea Grant funded by the Korean
  Government(NRF-2014S1A6A4024926).

The Problem of Religion in Modern British Philosophy

근대 영국철학에서
종교의 문제
-이신론과 자연종교-

이태하 지음

북코리아

서문

　"필경 신은 존재하지 않으니 인생을 즐기십시오"라는 문구가 쓰인 광고판을 붙인 이층버스입구에 미소를 짓고 있는 영국 신사 한 사람이 서 있는 사진을 본 적이 있다. 전 세계적으로 이름을 알리고 있는 옥스퍼드 대학의 동물학과 교수인 리처드 도킨스이다. 그는 종교를 한낱 미신일 뿐이라고 주장하는 사람이다. 또한 '통섭'이란 개념을 처음으로 사용해 우리에게도 그 이름이 익숙해진 하버드 대학 동물학과의 에드워드 윌슨 교수는 종교는 인간이 생존을 위해 발명해낸 한낱 발명품일 뿐이라고 말한다. 인문학과 과학의 융합적 사고를 시도하는 히브리 대학의 역사학과 교수, 유발 하라리는 인간이 과학기술의 힘을 빌려 영생을 추구함으로써 스스로 신이 되고자 하는 호모데우스(Home Deus)의 시대와 더불어 데이터를 신으로 섬기는 이른바 데이터종교(Dataism)의 시대가 왔다고 말한다. 세상이 이러다 보니 요즘 신과 종교를 언급하면 무언가 모자라거나 시대에 한참이나 뒤떨어진 사람처럼 보인다.

　미국의 사회학자인 필 주커먼은 『신 없는 사회』에서 덴마크인과 스웨덴인 149명에 대한 인터뷰 자료를 근거로 "종교란 선한 사회의 필수

요소가 아니다"라고 결론을 내린다. 그에 따르면, 인터뷰에 응한 대부분의 사람들이 하느님을 믿지 않으며, 내세나 지옥에 대해서는 더더욱 믿지 않는다고 말했다고 한다. 그러면서도 그들은 1인당 평균 3.5개나 되는 자원봉사 단체에 소속되어 있고, 노동연령 인구의 3분의 1이 정기적으로 자원봉사에 참여하고 있다는 것이다. 주커먼은 이 같은 사실을 근거로 현대인들은 기복적 차원의 주술적 종교는 말할 것도 없고, 삶의 의미와 가치를 부여하는 실존적 차원의 종교 없이도 나름대로 의미 있고 가치 있는 삶을 산다고 말한다. 그러나 주커먼의 이런 주장을 들으면서 갑자기 떠오른 생각은 스칸디나비아인들의 자원봉사활동이 과연 종교 없이도 의미 있고 가치 있는 삶을 살고 있다는 증거가 될 수 있을까 하는 의문이었다.

우리 주변에는 남을 위해 바빠 살다보면 삶의 무료함이나 허무감에서 벗어날 수 있기에 자원봉사활동을 한다고 말하는 사람들이 적잖이 있다. 또한 하루하루를 힘겹게 살아가거나, 모든 것을 남의 도움을 받아야 가까스로 삶을 이어갈 수 있기에 마음은 있어도 자원봉사활동과는 거리가 먼 사람들도 있다. 자원봉사활동을 한다고 해서 그 삶을 의미 있고 가치 있는 삶이라 말하기 어려우며, 자원봉사활동을 하지 않는다 해서 그 삶을 무의미하고 무가치하다고 말할 수 없는 이유가 바로 여기에 있다. 요컨대 삶의 의미과 가치를 결정하는 주체는 타자가 아니라 자기 자신인 것이다. 그런 점에서 삶의 의미과 가치를 결정하는 것은 자원봉사활동이 아니라 자원봉사활동에 임하는 마음일 것이다.

『종교의 의미와 목적』이란 명저를 남긴 세계적인 종교학자 켄트웰 스미스는 종교란 교리나 의례의 체계 또는 역사적 전승이 아니라 초월적 실재(신)에 대한 한 인격체의 역동적 응답이라고 말한다. 자원봉사활동이 이 응답의 결과일 때 비로소 그의 삶은 의미와 가치가 있다고 말할 수 있을 것이다.

『근대 영국철학에서 종교의 문제』라는 제목의 이 책은 종교를 신앙이 아닌 이성으로 접근했던 근대 영국철학의 종교철학적 담론을 다룬 책이다. 오랫동안 종교철학을 공부하면서 종교의 문제에 있어 우리는 여전히 17~18세기 계몽주의 시대에 머물러 있다는 생각을 하게 되었다. 우리는 지금도 종교를 무엇을 믿느냐는 관점에서 이야기하며, 믿기 위해서는 이해가 필요하다고 말하며, 종교에 합리성의 잣대를 들이대고 단호하게 종교를 계몽의 대상인 미신이나 광신이라고 몰아붙인다. 그러나 진실을 말한다면 그렇게 말하는 오만한 이성이야말로 정작 계몽이 필요하다는 생각이 든다.

어느 날 한낮에 거리를 걷다가 사람들이 만들어내는 그림자를 보며 그 그림자의 다양한 형태만큼 사람들은 각자 저마다의 (빛이신) 하느님을 믿는다는 생각을 했던 적이 있다. 빛이 하느님이라면 인간이 그 빛을 가려 만들어내는 그림자가 종교이다. 그림자에 빛이 담겨 있지 않듯이 정작 종교에는 하느님이 계시지 않는다. 하느님은 한편에서 빛을 받으며 다른 한편에 그림자를 드리우고 있는 인간의 마음 안에 계신 것이다. 바로 이것이 이 책이 전하고자 하는 메시지이다.

2018년 11월
이태하

차례

차 례

차 례

제1장

서론

1. 근대 영국철학에서 종교의 문제

　일반적으로 시중에서 찾아볼 수 있는 '서양철학사'란 제목의 책들을 보면 근대 영국철학은 경험론(Empiricism)으로 소개되고 있으며 대륙의 합리론(Rationalism)이 전개한 형이상학적 실체론을 해체하는 인식론적 과정으로 기술되어 있다. 그런 까닭에 이들 서양철학사 관련 책을 읽어본 사람들은 근대 영국철학을 반형이상학적이며 반종교적인 것이라 생각하기 쉽다. 그러나 실상을 돌아보면 근대 영국철학은 반형이상학적이지도 반종교적이지도 않았다. 오히려 신과 종교는 근대 영국철학에서 늘 철학의 핵심적인 논제였으며, 17세기 합리론에서와 마찬가지로 이들 논제에 대해 매우 개혁적인 입장을 취했다. 양자 간에 차이가 있었다면 단지 그 접근방식이 달랐을 뿐이다.

　세계적인 종교학자인 캔트웰 스미스(Wilfred Cantwell Smith, 1916-2000)에 따르면, 오늘날 우리가 사용하는 교리와 의례의 체계로서의 '종교'란 말은 종교개혁 이후 벌어진 호교론적 논쟁의 산물이다. 종교란 말은 원래 초월을 향한 개인의 내면적 지향인 신앙이나 경건을 의미하는 말이었다. 그러나 종교개혁 이후 종교적 분쟁이 야기되면서 종교 간에 교리적인 논쟁이 벌어지게 되었는데, 이 논쟁에서 종교란 경건과 신앙이 아닌 신앙의 외적 표현에 불과한 교리와 의례의 체계로 변질되었다.[1] 이때

1　"우리가 자신의 신앙을 천명할 때는 심오하고 인격체적이며 초월적으로 정향된 어떤 것에 대해 이야기한다. 이런 경우, 우리가 '종교'라는 말을 사용한다면 그것이 우리가 자연스럽게 뜻하는 바다. 반면에 만약 우리가 다른 사람들이 천명하는 바를 거부하는 경우에는 우리는 필연적으로 그것을 그 외적 표현들을 중심으로 개념화한다. 왜냐하면 이것들만이 주어진 전부이기 때문이다. '나 자신의 종교'는 경건성과 신앙, 복종,

부터 종교란 말은 신앙이 아니라 교리가 되었으며, 참된 종교 역시 믿음의 문제가 아니라 무엇을 믿느냐는 문제, 즉 교리의 문제가 되었다.

종교개혁의 와중이었던 16세기 후반, 르네상스 인문주의자들은 기독교의 참된 교리로 고대의 이신론(理神論, Deism)을 부활시켰다. 이때부터 이신론은 근대철학을 관류하는 핵심논제가 되었다. 신이 세계를 창조한 이후에도 초자연적인 섭리와 기적을 통해 세계의 운행에 직접적으로 관여한다고 믿는 유신론과 달리, 이신론은 신이 세계를 창조한 이후에는 세계의 운행에 직접적으로 관여하지 않는다고 믿는다. 1705년 사무엘 클라크(Samuel Clark, 1675-1729)는 보일 강연에서 이신론을 네 가지 유형으로 분류했는데 이들 이신론 중 어떤 것은 무신론으로, 그리고 어떤 것은 유신론으로 간주될 만큼 그 개념의 스펙트럼이 넓다. 이처럼 다양한 이신론이 존재하는 것은 신과 피조물(인간과 세계) 간의 관계에 관해 다양한 관점과 견해가 있을 수 있기 때문이다. 그러나 이런 견해차에도 불구하고 이들 다양한 종류의 이신론들에는 한 가지 공통점이 있다. 그것은 바로 이신론이 이성에 반하는(Against Reason), 즉 자연법칙을 깨뜨리는 위반기적이나 또는 특별계시를 인정하지 않는다는 점이다. 다시 말해, 이신론에는 자연의 일양성(Uniformity)에 대한 신념이 전제되어 있다. 바로 이것은 이신론이 자연의 일양성을 정초하기 위한 신관(A View to God)임을 보여 준다.

철학사적으로 볼 때 이신론은 근대에 들어 주목을 받기 시작했지만

예배, 그리고 하느님에 대한 비전일지 모르나, '다른 사람의 종교'는 신조와 의례의 체계요, 하나의 추상적이고 비인격체적인, 가시적 형태가 되는 것이다. … 17세기와 18세기에 생겨난, 체계적인 실체로서의 종교라는 관념은 논쟁과 호교론의 산물인 셈이다."(Smith, W. C., *The Meaning and End of Religion*, Minneapolis: Fortress Press, 1991, pp. 42-43).

실상 근대의 산물은 아니었다. 이신론의 기원은 고대철학으로까지 거슬러 올라간다. 고대 그리스 철학자들 중 상당수는 이신론자로 분류될 수 있으며, 실제로 근대 이신론자들 중 상당수가 이들 고대 이신론자들로부터 영향을 받았다. 근대에 들어 고대 이신론이 부활하게 된 데는 여러 요인이 있다. 종교적인 측면 외에도 정치, 사회, 과학 등 다양한 측면에서 그 요인을 찾아 볼 수 있는데 그중에서도 가장 중요한 요인은 물론 종교적인 것이다. 르네상스기에 이르러 최악에 이른 기성종교의 타락과 종교개혁으로 야기된 심각한 종교분쟁이 바로 고대 이신론을 부활하게 만든 주된 요인이었던 것이다.

기적과 특별계시에 기초해 신앙과 복종을 강요하는 기성종교가 실상은 무지한 대중들을 착취해 온 한낱 미신(Superstition)일 뿐이라고 비판하고 나선 것은 16세기 르네상스 인문주의자들이었다. 이들은 기적과 특별계시가 존재하는 한 교회의 타락을 막을 수 없다는 점에서 일체의 기적이나 특별계시를 인정하지 않는 이신론의 도입이 필요하다고 보았다. 이들은 이신론을 인류가 최초에 가졌던 원초적 종교인 자연종교[2]로 보았고, 인류는 이제 인간의 탐욕으로 오염된 유신론적인 계시종교를 떠나 자연종교로 돌아가야 한다고 주장했다. 그러나 16세기 종교개혁을 이끈 개혁자들의 생각은 인문주의자들과 달랐다. 이들은 기성종교에 대한 인문주의자들의 비판에는 일부 동의하면서도 이신론과 자연종교

---

2   자연종교(Natural Religion)와 자연의 종교(Religion of Nature)는 서로 다른 의미를 지니고 있다. 전자는 두 가지 의미로 사용된다. 첫째는 신앙에 기초한 계시종교(Revealed Religion)와 대립되는 개념으로서 인간의 자연적 인식능력인 이성에 기초한 종교라는 의미로 사용되며, 둘째는 인류가 생득적으로 가지고 있던 원초적 종교라는 의미이다. 한편 후자는 자연을 신격화해 자연을 숭배하는 종교를 말한다. 종종 자연을 숭배하던 종교가 인류의 원초적 종교였다는 의미에서 두 번째 개념의 자연종교와 자연의 종교가 동의어로 사용되기도 한다.

의 추구를 인간의 지적 오만으로 간주하고 오히려 계시와 신앙에 기초한 초대 교회 당시의 순수했던 유신론적 신앙으로 돌아갈 것을 촉구하고 나섰다. 그들은 초대 교회의 탐욕에 오염되지 않은 신앙을 회복하는 것만이 타락한 교회의 개혁을 이룰 수 있는 길이라고 보았던 것이다. 그러나 그들의 극단적인 도덕주의와 신앙주의는 미신과 더불어 교회의 또 다른 해악으로 간주되는 광신(Fanaticism)으로 이어져 온 유럽을 종교적 분쟁의 소용돌이 속으로 몰고 갔다. 그 결과 종교의 타락을 걱정하던 인류는 이제 신과 진리의 이름으로 벌어지는 잔혹한 종교적 탄압과 분쟁을 종식시킬 수 있는 방안을 모색해야만 했다. 17세기 근대 지식인들이 종교의 타락과 더불어 종교적 분쟁까지 모두 함께 종식시킬 수 있는 해결책으로 찾아낸 것은, 르네상스 인문주의자들이 추구했으나 종교개혁자들이 거부했던 이신론과 자연종교였다.

그러나 이신론과 자연종교는 해결책이 될 수 없었다. 윌리엄 제임스(William James, 1842-1910)는 『종교적 경험의 다양성』에서 그 이유를 다음과 같이 지적하고 있다.

> 이른바 자연종교는 종교가 아니라는 이유를 알게 될 것이다. 자연종교는 인간에게 기도를 요구하지 않는다. 자연종교에는 친밀한 영적 교류도 없고, 내적 대화도 없고, 상호교류도 없다. 신이 인간에게 행하는 것도 없고, 인간이 신에게 보답하는 것도 없으며, 인간과 신은 서로 동떨어져 있다. 이것은 종교가 아니라 철학이다. 합리주의와 비판적인 탐구가 성행하는 시대에 종교란 단지 추상적인 개념일 뿐이다. 인위적이며 죽은 창조물에 불과한 이러한 종교는 마땅히 종교라면 지녀야 할 그 어떤 특성도 지니고 있지 못하다.[3]

---

3   James, W., *The Varieties of Religious Experience*, New York: The Modern Library, 1902, p.

제임스의 요지는 자연종교는 종교가 아닌 철학이라는 것이다. 이성에 기초한 철학으로 기성종교를 대체하겠다는 근대 철학자들의 시도는 한마디로 인간 본성을 제대로 이해하지 못한 무지의 소치였던 것이다. 일찍이 자연종교로의 복귀를 주장했던 르네상스 후기 인문주의자들은 교회의 타락을 비판했지만 중세 후기 스콜라주의의 정신이었던, 이성을 중시하는 주지주의적 성향을 그대로 계승하고 있었던 것이다. 그러나 종교개혁자들은 이들 르네상스 후기 인문주의자들과는 달리 주지주의의 토대 위에서 종교적 명상이나 수행을 통해 덕을 쌓음으로써 구원을 이룰 수 있다고 주장하는 중세교회의 문제점을 정확히 직시하고 있었다. 사실 이성의 바른 인도를 받아 종교적 수행을 행함으로써 덕을 쌓는다는 것은 성직자들에게서조차 결코 쉽지 않은 일이었다. 이러한 이유로 교회는 평신도들에게 금식, 묵언, 관상, 기도, 노동 등의 종교적 수행 대신에 성지순례, 성인 숭배, 고해성사와 같이, 이행하기는 쉽지만 덕을 쌓는 것과는 무관한 종교적 의례를 요구했던 것이다. 그러나 이런 조치는 중세교회가 타락하게 되는 주된 원인이 되었다.

종교개혁자들은 주지주의자들이 신뢰하는 이성 역시 죄로 물든 인간 본성의 일부라고 보았기에 구원은 이성이 인도하는 종교적 수행이나 덕을 쌓음으로써가 아니라 하느님의 전적인 은총에 달려 있다고 보았다. 이런 관점에서 볼 때 이신론과 자연종교 역시 그들의 눈에는 나약하며 사악한 인간의 본성을 제대로 이해하지 못한 주지주의적 사고의 산물이었던 것이다.

14세기부터 존 위클리프(John Wycliffe, 1320-1384)에 의해 촉발된 종

454.

교개혁운동인 롤라드(Lollard) 운동이 사회 저변에 확산되어 있었던 영국에서도 이신론과 자연종교는 사람들의 관심을 끌지 못했다. 그러나 1695년 후반 출판허가법이 폐지되자 18세기 초부터 그동안 극심한 종교적 분쟁의 소용돌이 속에서 종교의 역기능을 절감한 지식인들 사이에서 이신론이 유행처럼 번졌다. 하지만 유행은 오래 가지 못했다. 기성종교계에서 반격이 시작되었던 것이다. 종교의 토대가 이성이 아닌 신앙에 있음을 일깨워 주는 변증론자들,[4] 그리고 자연종교의 한계를 지적하는 회의론자들이 등장해 계시종교로서의 기독교를 옹호하였다. 또한 영국 국교회 내부에서 웨슬리 형제(John Wesley, 1703-1791, Charles Wesley, 1707-1788)와 조지 휫필드(George Whitefield, 1714-1770) 같은 부흥사가 나타나 대대적인 영적 각성운동인 감리교 운동[5]을 전개하였다. 그 결과 이신론은 반세기도 안 되어 영국에서 자취를 감추게 되었다.

　　르네상스 인문주의자들에 의해 제기된 기성종교에 대한 비판과 거부를 단지 인류를 무지와 맹신 속에 가두고 있는 미신에 대한 공격으로만 해석해서는 안 된다. 그리스의 신화적 종교의 붕괴는 단순히 미신적인 원시종교의 종말을 의미하는 것이 아니라 고대 도시국가 아테네를

4　버클리(George Berkeley, 1685-1753), 버틀러(Joseph Butler, 1692-1752), 로(William Law, 1686-1761), 리랜드(John Leland, 1691-1766) 등을 말한다.

5　존 웨슬리가 동생 찰스 웨슬리와 조지 휫필드와 더불어 시작한 메소디스트(Methodist)라는 소그룹활동에서 비롯되었다. 개인의 신앙생활을 돕기 위해 속회라는 소그룹을 기본단위로 하여 신도회를, 그리고 여러 신도회를 지역별로 묶어 순례구역을 조직해 감리사를 파송해 돌보게 했다. 이런 제도는 특히 산업혁명으로 인해 농촌을 떠나 공장 노동자로 일하는 도시 빈민의 사역에 효과적이었으며, 특히 18세기 개신교 각 교단의 교리논쟁과 종교적 형식주의에 빠져 있던 영국의 개신교 교단에 영적 활기를 불어넣는 데 크게 기여하였다. 이후 이 감리교 운동은 국교회에서 독립해 감리교단이 되었다. 그러나 웨슬리는 감리교 운동이 교회를 돕는 사설단체로 남아 있기를 원했기에 끝까지 영국 국교회를 떠나지 않았다.

떠받치던 법과 질서라는 두 기둥이 세워져 있던 토대를 흔들어 결국은 아테네의 몰락을 가져왔다고 말하는 거드리(W. K. C. Guthrie, 1906-1981)의 주장[6]을 되새겨 볼 필요가 있다. 다시 말해, 그리스도교에 대한 르네상스인들의 비판에는 불합리하고 타락한 기성종교에 대한 반감만이 아니라 기성종교에 토대를 두었던 구시대를 끝내고 새로운 시대를 열고자 하는 그들의 바람이 담겨 있었던 것이다. 르네상스 인문주의자들을 필두로 17세기 유럽의 지성인들이 앞다투어 이신론과 자연종교를 추구했던 것은 바로 그들이 맞이한 새로운 시대를 위한 새로운 세계관이 필요했기 때문이다. 그들이 원한 새로운 세계관으로서의 새로운 종교는, 과학혁명이 야기한 새로운 자연관과 더불어, 중상주의가 가져온 새로운 사회질서와 잘 부합하는 것이어야만 했다. 따라서 르네상스를 기점으로 18세기까지 이어지는 근대 유럽 지성인들의 이신론과 자연종교의 추구는 자연의 질서와 사회의 질서라는 두 가지 측면에서 조망되어야 한다.

이신론은 종교를 과학과 타협시킬 수 있을 뿐 아니라 과학의 발전과 맞물려 발전하게 된 중상주의를 지지하는 정신적 토대가 될 수 있었다. 좀 더 구체적으로 말해서, 근대 과학이 성공을 거둘 수 있었던 것은 자연의 일양성, 즉 자연의 질서에 대한 믿음 때문이었으며, 이 믿음을 위협하는 신의 섭리와 기적에 대한 믿음을 갖고 있던 전통적인 계시종교는 과학과 공존하기 어려운 것이었다. 따라서 철학의 일차적 과제는 과학과 종교의 공존을 위한 모색이었으며 그 모색의 결과가 바로 자연의 질서를 인정하고, 자연의 법칙을 깨는 일체의 위반기적을 허용하지 않는 이신론과 그것에 기초한 자연종교로 유신론과 기성종교를 대체하는

---

6   거드리, 『희랍철학입문』, 박종현 역, 종로서적, 1981, pp. 102-103.

것이었다. 또한 르네상스를 거쳐 비약적으로 발전한 과학은 생산력의 향상은 물론이고 항해술의 발전을 가져와 신대륙이라는 새로운 시장을 개척하였다. 이는 엄청난 부의 증가로 연결되어 중세 봉건제의 붕괴와 더불어 새로운 시민계급이 확산되는 계기를 마련하였다. 시민계급은 상공업을 통해 얻은 경제적인 부로 자유를 얻었고, 그들이 얻은 부와 자유를 안정적으로 보장받을 수 있는 새로운 도덕과 정치적 질서를 원했다. 이신론과 자연종교는 바로 그들의 이런 기대에 부응하는 것이었다.

영국의 종교개혁 역시 이런 관점에서 바라보아야 한다. 16~17세기 튜더 왕조(House of Tudor)와 스튜어드 왕조(House of Stuart)를 거치며 구세력(귀족)과 신세력(시민), 그리고 구교와 신교 간의 극심한 종교적 분쟁을 경험한 영국의 지성인들은 18세기에 이르러 이신론과 자연종교를 시민계급의 요구에 부합하는 새로운 세계관 또는 종교로 보게 되었다. 그러나 인간 본성에 대한 경험적 탐구를 통해 인간의 이성이 감성을 지배할 수 없다는 사실을 깨닫게 된 흄은 이성의 산물인 이신론과 자연종교가 감성의 산물이라 할 수 있는 기성종교를 대체할 수 없다고 결론을 내렸다. 이에 흄은 현실종교와 자연종교의 양자를 변증법적으로 지양하고 있다고 판단한 영국 국교회를 참된 종교로 수용하였다.

17~18세기는 사상사적으로 볼 때 참된 인식, 즉 지식의 발전을 가로막아 왔던 온갖 거짓과 미몽에서 벗어나 진리를 밝히려는 계몽의 정신이 가장 명확하게 드러난 시대였다. 이런 점에서 이 시대는 계몽주의(Enlightenment)라 불리며, 이 시대 철학자들의 주된 계몽의 대상은 다름 아닌 앙시앵 레짐(Ancien Regime)을 뒷받침하고 있던 기성종교였다. 따라서 17~18세기 영국 철학자들의 시각에서 볼 때 엘리자베스 시대(1558~1603)를 거치며 유럽의 강자가 된 영국이 새로운 사회체제를 뒷받침할 새로

운 세계관과 종교를 추구한 것은 그들의 시대적 과제였던 것이다. 이런 맥락에서 볼 때, 종교의 문제는 비단 계몽주의 시대의 문제인 것만은 아니었다. 과거와 비교할 수 없을 만큼 빠르게 변화하는 오늘날, 과학기술의 발전과 사회의 변화는 그러한 변화와 발전을 정초할 새로운 세계관을 요구하고 있다는 점에서 종교는 여전히 우리 시대의 철학자들이 고민해야 할 철학의 화두임이 분명하다.

2. 본 연구의 과제

이 책은 17~18세기 영국에서 논의된 신과 종교에 대한 철학적 담론을 가능한 자세히 들여다봄으로써 종교의 참된 본질과 기능이 무엇인지를 성찰하는 데 그 목적이 있다. 종교는 과거와 마찬가지로 근대인들에게 있어서도 여전히 일상적인 삶을 구성하는 삶의 일부였기에 철학을 일상적인 삶에 대한 반성으로 생각한 근대 영국의 철학자들에게 있어 종교는 그들의 주된 철학적 논제 중의 하나였다. 17~18세기 근대 영국 철학자들이 종교에 대해 갖는 문제의식은 대륙과 크게 다르지 않았다. 그러나 엉뚱하게도 헨리 8세의 결혼 문제로 야기된 영국의 종교개혁은 일찍이 로마교회에 대해 반감을 갖고 있던 젠트리(Gentry)[7] 이하 계층으

---

7   젠트리는 자영농민 층인 요먼과 귀족 사이에 있는 계층으로서 부유한 지주, 대상인 그리고 법률가, 성직자, 의사와 같은 전문직 종사자를 가리킨다. 16세기 이후 사회의 핵심세력으로 등장했다.

로부터 열렬한 호응을 이끌어 내는 한편 영국 내 가톨릭교회의 부패를 개혁하는 효과를 가져왔다. 하지만 그 발단이 신앙이나 교리상의 문제가 아니었던 관계로 영국의 종교개혁은 정치와 종교가 얽히면서 복잡하게 전개되었다. 영국 국교회 내부적으로는 가톨릭을 지향하는 고교회파와 프로테스탄트를 지향하는 저교회파로 분리되었고, 외부적으로는 국교회와 가톨릭, 국교회와 장로교 간의 반목과 대립 그리고 탄압으로 이어졌다. 16세기부터 17세기까지 튜더가와 스튜어드가의 왕위 계승은 종교문제와 얽이면서 발생한 것이었으며 이를 해결하기 위해 당시 영국의 지식인들이 취한 해법은 다양했다. 그들은 자신들이 처한 정치적 상황에 따라 이신론과 자연종교를 추구하거나, 종교적 관용과 자유를 주장하거나 또는 영국 국교회를 옹호했다. 이들은 각기 저마다 생각하는 참된 종교를 추구한 것이었다. 흥미로운 사실은 근대 영국의 종교철학적 사유를 종합적으로 검토하면 이들의 사유가 계시종교를 출발점으로 하여 이신론과 자연종교를 거쳐 영국 국교회로 이르는 변증법적 궤적을 보여 준다는 점이다.

서론에서는 근대 영국철학에서 종교의 문제가 이신론과 자연종교에 초점이 맞추어진 이유를 종교적 관점, 역사적 관점 그리고 철학적 관점에서 조망해 보았으며, 본 연구에서 논의할 핵심 논제가 무엇인지를 밝혔다.

제2장에서는 근대 영국의 종교철학적 논의를 이해하는 데 가장 중요한 개념인 이신론에 대한 개념적 이해를 시작으로 근대 이신론의 철학적 기원을 조망하고자 한다. 고대부터 르네상스기까지 주요 이신론 사상을 살펴봄으로써 근대 영국 이신론의 철학적 뿌리를 살펴볼 것이다.

제3장에서는 근대 영국 이신론의 형성 배경이 된 종교개혁과 과학

혁명의 영향을 살펴보고 17~18세기 영국 이신론의 출현을 야기한 14세기부터 17세기에 이르는 영국의 종교개혁 과정을 살펴보려고 한다.

　제4장에서는 17세기 영국의 종교철학적 논의를 살펴볼 것이다. 여기서는 먼저 17세기 영국 이신론자로서 영국 이신론의 아버지로 불리는 허버트 경(Sir Herbert of Cherbury, 1583-1648)을 필두로 하여 블런트(Charles Blount, 1654-1693)와 브라운(Thomas Browne, 1605-1682) 그리고 틸랏슨(John Tillotson, 1630-1694)을 다룰 것이다. 또한 이신론과 기계론적 세계관을 접목함으로써 18세기 과학혁명에 지대한 영향을 준 홉스(Thomas Hobbes, 1588-1679)와 18세기 영국 이신론자들에게 이신론의 철학적 토대를 제공했으면서도 정작 자신은 자연종교를 수용하지 않았던 로크(John Locke, 1632-1704)를 다룰 것이다.

　제5장에서는 18세기 전반기 영국에서 이신론의 전성시대를 연 이른바 '영국 이신론'을 다룰 것이다. 특히 영국 이신론은 이신론에 대한 사상을 철학적 논변과 신학적 증거를 통해 전개한 구성적 이신론과 초대 교회 당시 기독교에 적대적이었던 고대 철학자 켈수스(Celsus, A. D. 150)와 포르피리(Porphyry, 233-305)가 성서와 역사적 기독교에 대해 취한 비판 방법을 도입해 기성종교의 비판에 전념했던 파괴적(또는 비판적) 이신론으로 구분될 수 있다. 18세기 영국 이신론자들은 이 두 가지 요소를 모두 지니고 있다. 대부분의 이신론자들은 파괴적 이신론자들이었으며 아주 일부의 이신론자만이 구성적 이신론자들이었다. 이 장에서는 18세기 전반의 영국 이신론의 전성기와 후반의 쇠퇴기를 나누어 진술하고자 한다. 영국 이신론의 전성기에 해당하는 이신론자로는 톨런드(John Toland, 1670-1722), 섀프츠베리(Earl of Shaftesbury, 1671-1713), 휘스턴(William Whiston, 1667-1752), 콜린스(Anthony Collins, 1676-1729), 맨더빌(Bernard de

Mandeville, 1670-1733), 울러스턴(William Wollastson, 1659-1724), 울스턴(Thomas Woolston, 1669-1731), 틴달(Matthew Tindal, 1656-1733), 모건(Thomas Morgan, d. 1743) 등이 있고, 후반의 쇠퇴기에 속하는 이신론자로는, 아넷(Peter Annet, 1693-1769), 첩(Thomas Chubb, 1679-1747), 볼링브로크(Lord Bolingbroke, 1672-1751), 미들턴(Conyers Middleton, 1683-1750)이 있다.

제6장에서는 영국 이신론의 쇠퇴를 야기한 회의론과 불가지론의 비판, 기성종교로부터의 반론, 기성종교계의 신앙 부흥운동 등을 다룰 것이다. 특히 이 장에서는 이신론과 자연종교 모두에 대해 비판을 가한 도드웰(Henry Dodwell, Jr., 1705-1784)과 흄(David Hume, 1711-1776), 그리고 이신론과 자연종교에 맞서 유신론과 계시종교를 철학적으로 옹호한 성공회의 두 주교, 버틀러(Joseph Butler, 1692-1752)와 버클리(George Berkeley, 1685-1753), 비판적 이신론에 맞서 계시종교인 기독교를 옹호한 로(William Law, 1686~1761)와 리랜드(John Leland, 1691-1766), 마지막으로 조지 휫필드(George Whitefield, 1714-1770)와 요한 웨슬리(John Wesley, 1703-1791)에 의해 촉발된 18세기 중후반의 대대적인 종교 부흥운동을 살펴볼 것이다. 종교적 관점에서 보면 18세기 후반은 한마디로 격변의 시기이자 16세기 헨리 8세의 수장령으로 시작된 영국의 종교개혁이 마침내 완성을 거둔 시기라 할 수 있다.

마지막으로 제7장에서는 선행연구를 기반으로 하여 17~18세기 근대 영국철학의 종교철학적 논의가 구교와 신교, 계시종교와 자연종교, 종교와 반종교의 대립과 갈등을 넘어 종교적 관용과 영국 국교회의 옹호로 귀결되는 변증법적 궤적을 보이고 있음을 기술하려고 한다.

서양의 17~18세기를 계몽주의라 한다. 이 시기를 연구한 많은 연구자들에 따르면, 신앙과 종교는 계몽의 대상이었으며 이성과 과학은 계몽의 주체였다. 그러나 근대 과학자들이 자연에 대한 탐구에서 사용한 그들의 과학적 방법론은 그들의 자연관으로부터 영향을 받은 것이었고,[8] 그 자연관은 바로 그들의 종교관이 변화된 데서부터 비롯된 것이었다.[9] 그런 까닭에 종교는 계몽의 대상이기만 했던 것이 아니라 과학과 더불어 계몽의 주체이기도 했던 것이다.

---

8   호이카스, 『종교개혁과 과학혁명』, 이훈영 역, 솔로몬, 1992, pp. 30-31.
9   "르네상스 인문주의" pp. 47-49; "과학혁명" pp. 91-98 참조.

제2장

이신론의 이해

1. 이신론 개념의 이해

신을 의미하는 그리스어 테오스(Theos)와 라틴어 데우스(Deus)에 각각 어원을 두고 있는 유신론(Theism)과 이신론(Deism)이란 용어는 17세기 이전까지는 동일한 의미로 사용되었다. 그러나 17세기에 들어서면서부터 이 2개의 용어는 의미가 달라지기 시작했는데 그 발단이 된 것은 1563년 칼뱅의 조력자였던 스위스 신학자 피에르 비레(Pierre Viret, 1511-1571)가 그의 저서 『기독교의 가르침(Instruction Chretienne)』에서 이신론의 의미를 명확하게 기술하면서부터이다.

신이 존재함을 믿는다고 고백하는 사람들은 많이 있다. 투르크인들, 유대인들처럼 말이다. 그러나 그들은 예수 그리스도에 관한 것과 복음주의자들 및 사도들이 증언하는 것들이 우화이며 환상이라고 생각한다. 이들은 투르크인들보다 더 문제다. 왜냐하면 그들은 종교와 관련해서 투르크인들이나 비기독교인들보다 더 문제가 되는 생각을 갖고 있기 때문이다. 나는 이들 가운데 이신론자라고 불리는 사람들을 알고 있다. 이신론이란 신조어인데 무신론에 대립되는 의미로서 사용되고 있다. 무신론자는 신이 없다고 믿는 사람들을 지칭하는 데 반해 이들은 신이 있다고 믿는다. 이들은 투르크인들처럼 신이 하늘과 땅의 창조주임을 믿는다. 그러나 예수 그리스도에 관해서는 그분이 누구인지 모르며, 그의 가르침 역시 아무것도 받아들이지 않는다. … 이신론자들은 그들과 함께 어울려 사는 사람들의 종교를 문제삼지 않지만 실상은 모든 종교를 조롱하고 있다. 이들 중 어떤 이는 영혼 불멸을 받아들이고, 어떤 이는 에피쿠로스처럼 신이 인간사에 전혀 개입하지 않으며, 인간사는 우연에 의해서거나 또는 인간의 의지에 의해 결정된다고

생각한다. 나는 그리스도교인을 자칭하는 사람들 가운데서도 그런 이
상한 사람들이 있다는 사실에 두려움을 갖는다. 그러나 이보다 훨씬
더 두려운 것은 인문적 교양과 철학을 갖춘 지성인들, 특히 가장 예리
한 지성을 갖춘 학자들 중에서도 이처럼 무서운 무신론에 물든 사람이
있을 뿐 아니라 그것을 공언하는 한편, 한 파를 형성해 사람들을 중독
시키는 사람들이 있다는 점이다.[1]

비레에 따르면, 이신론자는 신이 존재하며, 이 세계를 창조한 창조
주라고 믿지만, 에피쿠로스주의자들처럼,[2] 세상사에 대한 신의 섭리적
통치를 부인하고 인간의 자유의지를 강조한다는 점에서 사실상 무신론
자라는 것이다. 다시 말해 이신론자들이 비록 이 세계를 창조한 창조주
로서의 신을 믿는다고 해도 그 신이 세계의 운행이나 인간사에 아무 관
심이 없는 신이란 점에서 그들은 사실상의 무신론자(Practical Atheism)라는
것이다.

유신론은 기본적으로 신과 인간의 직접적인 소통을 인정한다. 따라
서 소통의 증표로서 자연법칙에 대한 신의 개입을 허용하는 특별계시,
기적, 섭리를 인정하며, 이러한 계시와 기적을 근거로 각종 종교적 의식
과 의례를 신자들에게 요구한다. 그러나 창조주로서의 신의 존재를 인
정하나 창조 후에는 신이 이 세계에 관여하지 않는다고 보는 이신론은,

---

1   Taranto, P., *Du déisme a l'athésme: La libre-pensée d'Anthony Collins,* Paris: Honoré Champion
    Editeur, 2000, pp. 155-156.

2   에피쿠로스주의는 신에 의한 징벌과 신의 자의적 간섭을 주장하는 종교를 인간들에
    게 두려움을 주는 원흉으로서 간주한다. 그러기에 신을 없애는 것이 평화롭고 좋은
    삶을 사는 길이라 생각한다. 그러나 이들은 신의 존재를 부인하지는 않는다. 그들이
    없애고자 하는 신은 세상사나 인간사에 관심을 갖는 신이다(Ferguson, E., *Backgrounds
    of Early Christianity,* Grand Rapids, Michigan: William B. Eerdmans Publishing, 2003,
    p. 298).

자연의 질서에 반하는 모든 이적과 기적을 부인할 뿐 아니라 이들에 기초한 모든 형태의 종교적 교리와 의례 또한 부인한다. 이 경우 이신론자들에게 있어 신의 존재란 대체 어떤 의미를 갖는 것일까? 신의 존재가 단지 이 세계를 발생론적인 측면에서 설명하기 위한 인과적 원인 이상의 다른 의미가 있는 것일까? 만약 신의 의미가 오직 이것뿐이라면 과연 이신론이 사람들의 삶을 규제하는 종교[3]의 기능을 수행할 수 있을지 의구심이 들게 된다. 왜냐하면 이신론의 신은 인간과 소통하지 않는다는 점에서 사실상 '부재하는 신(Absentee God)'이기 때문이다. 만약 누군가가 이런 신을 믿는다고 한다면 그는 신과는 무관하게 인생을 살아갈 것이다. 따라서 비레가 말한 것처럼 이신론자들은 사실상의 무신론자라는 비판을 피하기 어렵다.

그러나 이신론이 사실상의 무신론이라는 비판을 피해 가는 방법이 하나 있다. 그것은 바로 신이 세계를 창조한 이후에도 이 세계에 관여하나 그 방식이 초자연적인 방식이 아니라 자연적인 방식이기에 쉽게 눈에 띄지 않을 뿐이라고 주장하는 것이다. 이런 이신론은 '역사적 이신론(Historical Deism)'이라 불리는데[4] 이것은 앞서 언급한 이신론과는 사뭇 뉘앙스가 다르다. 앞서의 이신론이 자연의 질서를 정초하는 철학적 세계관이라면 역사적 이신론은 철학적 세계관을 넘어 종교의 토대가 될 수 있기 때문이다.

근대에 들어 이신론이 주목을 받게 된 것은 기성종교가 타락하게

---

3   종교는 한자로 '마루 종(宗)', '가르칠 교(敎)'의 합성어로서 '으뜸되는 가르침'이란 뜻이다.

4   Flint, R., *Anti-Theistic Theories,* Edinburgh and London: William Blackwood and sons, 1880, p. 443.

된 주된 요인을 자연과 역사의 운행에 신이 개입할 수 있는 틈새를 허용하였기 때문이라고 보고 이 틈새를 이신론이 매울 수 있다고 보았기 때문이다. 그러나 이 틈새를 완전하게 없앨 경우 신과 인간의 소통은 사실상 단절되고 그 결과 이신론은 종교로 가는 길을 닫게 된다. 반면에 이 틈새를 조금이라도 인정한다면, 저수지의 제방에 난 작은 틈새가 결국은 온 제방을 무너뜨리듯, 종교의 타락을 야기하게 된다. 바로 이 딜레마 상황에서 고민 끝에 나온 입장이 바로 역사적 이신론이다. 역사적 이신론은 한편에서는 성직자의 타락을 유혹하지 않으면서도 다른 한편에서는 대중들로 하여금 신앙을 가질 수 있을 정도의 틈새가 어느 정도인지를 신중하게 고려한 결과인 것이다. 신이 자연의 운행과 인류의 역사에 개입하는 현존하는 존재이지만 그 개입이 자연적인 방식으로 일어나기에 쉽게 눈에 띄지 않는다고 주장하는 역사적 이신론에는 기성종교의 광기를 어느 정도 견제하면서도 신과 인간 간의 소통의 길을 열어 놓음으로써 이신론을 종교의 토대로 삼고자 하는 깊은 고민이 담겨 있는 것이다.

철학사의 관점에서 볼 때 이신론이란 개념은 일의적인 의미를 지니고 있지 않다. 이신론은 그 개념적 스펙트럼이 대단히 넓은데 17~18세기 대표적인 변증론자였던 사무엘 클라크(Samuel Clarke, 1675-1729)는 1704년에 행한 그의 두 번째 보일 강의(Boyle Lectures)에서 당시 세간에 주목을 받고 있던 이신론을 네 가지 유형으로 분류하였다.[5] 첫째, 최고 존

---

5   기독교와 17세기에 등장한 새로운 자연철학 간의 관계를 연구하기 위해 영국의 저명한 자연철학자였던 로버트 보일(Robert Boyle, 1627-1691)이 제정한 일련의 학술적 강의나 설교 강론인 보일 강의에서 1704년 "신의 존재와 속성들에 관한 논증"이란 제목의 첫 번째 강의를 했으며 이듬해인 1705년 "자연종교와 계시종교의 증거들"이란 제목으로 두 번째 강의를 했다.

재인 신이 세상을 창조했지만 더 이상 이 세상에 관여하지 않는다고 보는 이신론. 둘째, 신이 세상을 창조했을 뿐 아니라, 세상의 모든 것에 간접적으로 관여하는 최고 존재이지만, 도덕적 존재는 아니라고 여기는 이신론. 셋째, 신이 세상을 창조하고 모든 것을 간접적으로 관여하는 최고 존재일 뿐 아니라 도덕적 존재라고 보지만, 내세에서 인간의 행적에 대해 보상과 징벌은 하지 않는다고 여기는 이신론. 넷째, 세계를 창조하고 지배할 뿐 아니라 내세에서 상벌을 주는 신을 믿지만 그 신이 이성에 반하는 방식으로 세상을 지배한다고 보지 않는 이신론. 이들 이신론들은 무신론과 유신론이라는 양 극단 사이에 위치한 중도적인 신관이라 할 수 있는데, 첫 번째 이신론은 이 세계를 창조한 후 세계의 운행에 간섭하지 않는 신, 즉 '부재하는 신'을 믿는다는 점에서 사실상 무신론과 별반 차이가 없는 견해이다. 두 번째 이신론은 첫 번째 이신론과 달리 신이 기적을 통해 자연법칙을 깨뜨리지 않고 자연의 질서에 따라 세계의 운행에 개입한다고 보며, 세 번째 이신론은 신을 합리적이고 도덕적인 존재로 보고 그의 내재적 본성으로 인해 인간에게 도덕법칙과 더불어 그것을 준행할 수 있는 능력을 부여하였다고 믿는다. 마지막 네 번째 이신론은 유신론에 가장 근접한 것으로서 신이 도덕적 심판자이며 내세에서의 상벌이 있을 것임을 믿으나 초월적 계시나 기적을 믿지 않는다.[6] 특히 두 번째에서 네 번째까지의 이신론은 신이 자연의 질서를 어기지 않는 방식으로 이 세계의 운행에 개입한다고 주장하는 점에서 역사적 이신론에 해당한다. 클라크는 네 가지 이신론 중에서 마지막 이신론을 유

---

6   Clarke, S., *A discourse concerning the being and attributes of God, the obligations of natural religion, and the truth and certainty of the Christian revelation*, London, printed by W. Botham, 1728, pp. 157-172(https://archive.org/details/discourseconcern00clar).

일하게 참된 이신론이라 말한다.[7]

이신론의 유형

구분	창조주의 존재를 인정	세상사에 관여함	도덕적인 존재임	내세에서의 심판과 상벌	분류
첫번째	○	×	×	×	유사(類似) 무신론
두번째	○	○	×	×	역사적 이신론
세번째	○	○	○	×	역사적 이신론
네번째	○	○	○	○	역사적 이신론

클라크가 분류한 네 가지 종류의 이신론은 이처럼 상이한 내용을 지니고 있지만 여기서 주목해야 할 점은 차이점보다는 이들 간의 공통점이다. 이들의 주장을 살펴보면 다음과 같은 세 가지 공통점이 있다.

첫째, 최고의 존재자이자 창조자로서 신을 믿는다(무신론이 아님).
둘째, 신은 자신이 창조한 세계와 독립하여 존재한다(범신론이 아님).
셋째, 자연의 법칙을 깨는 신의 섭리와 기적을 인정하지 않는다(유신론
    이 아님).

첫 번째 공통점은 이신론이 무신론과 다름을, 두 번째 공통점은 이신론이 범신론과 다름을, 그리고 세 번째 공통점은 이신론이 유신론과 다름을 보여 준다.
이신론을 이해하는 데 있어 역사적 이신론과 더불어 알아 두어야

---

7   Ibid., p. 168.

할 또 다른 개념이 있는데 그것은 '구성적 또는 건설적 이신론(Constructive Deism)'과 '비판적 또는 파괴적 이신론(Critical or Destructive Deism)'이란 개념이다. 건설적 이신론이란 신의 존재와 본성에 대해 언급하는 한편 이신의 존재에 대한 믿음을 기반으로 하는 자연종교의 원리를 담고 있는 이신론을 말한다. 이에 반해 비판적 이신론은 건설적 이신론을 지원할 목적으로 기성종교의 교리나 의례의 불합리함을 지적하거나 또는 경전(즉 성서)의 신뢰성에 의문을 던지는 성서 비판에 주력하는 이신론을 말한다.

2. 이신론의 철학적 기원

1) 고대 이신론

무신론, 범신론, 유신론과 구분되는 이신론이 근대에 들어 다시금 조명을 받게 된 것은 여러 가지 측면에서 설명될 수 있겠지만 종교철학적인 관점에서는 종교에 대한 변증법적 사유의 귀결로 볼 수 있다. 이 점을 좀 더 구체적으로 살펴보기 위해서는 고대 그리스 철학까지 거슬러 올라가야 한다. 고대 그리스 철학의 발단은 일부 지식인들이 세계의 생성과 변화를 미토스(Mythos)의 관점이 아닌 로고스(Logos)의 관점에서 보면서부터 시작되었다. 이는 세계의 생성과 변화에서 질서를 찾고자 함을 의미하는 것이었다. 그 결과 이들 지식인(고대 자연철학자)들은 올림포스의 의인적 신들을 허구로 규정하고 대신에 자연의 변화와 생성을 설명하는 원리를 자연을 구성하는 궁극적 시원(Arche)에서 찾았다. 이들은 자연을 구성하는 아르케가 영원하고, 완전하며, 불변적인 것이라고 생각했으며 이것이 바로 참된 신이라 생각했다. 그러나 자연과 신을 동일자로 보는 이런 범신론적 신관은 사물의 생성과 소멸을 단순히 질료적 차원에서 설명할 뿐 그것이 어떤 방식으로 일어났는지에 대해서는 설명하지 못하는 한계를 지니고 있었다.

이런 상황에서 아낙사고라스(Anaxagoras, B. C. 500-428)는 누스(Nous)라는 색다른 개념을 제시했다. 그는 누스를 모든 것을 질서 지어 주는 존재이자, 모든 것의 원인으로 규정했다. 누스의 등장은 사물의 생성과 소멸을 설명하는 데 있어 질료인(Material Cause) 외에 작용인(Efficient Cause)의 개념이 도입되었음을 의미한다. 바로 이 점에서 아낙사고라스의 견해는 다른 자연철학자들의 견해보다 분명 진전된 것이었다. 그러나 아낙사고라스의 견해는 여전히 한계를 지니고 있었다. 아낙사고라스는 누스의 도입으로 인해 사물이 어떻게(How) 해서 생성하고 소멸하게 되었는지를 설명할 수 있었으나 왜(Why) 그러한 생성과 소멸이 일어났는지를 설명하지 못했다. 플라톤(Platon, B. C. 427-347)은 이 점에 대해 불만을 갖고 있었다. 누구보다 명석했던 그는 아낙사고라스의 누스에는 작용인 외에도 목적인(Final Cause)이 담겨 있다는 것을 감지하고 있었다. 이 같은 사실은 플라톤의 『티마이오스(Timaios)』편에서 확인해 볼 수 있다. 여기서 플라톤은 영원하고 선하나 전지전능하지는 않은, 신성한 장인 데미우르고스(Demiourgos)를 제시한다. 그러면서 그가 이미 존재하고 있는 물질에 영원한 형상을 본떠서 이 세계를 빚었다는 창조신화를 이야기하고 있다. 플라톤은 데미우르고스가 바로 누스이며, 이것이 자신의 본성인 조화와 질서를 드러내기 위해서 세계를 창조했다고 말한다. 여기서 플라톤은 아낙사고라스와는 달리 창조의 이유를 언급하고 있다. 물론 데미우르고스는 물질을 창조한 존재가 아니라는 점에서 우주의 창조주인 지고의 신이라 말할 수 없다. 플라톤 역시 이 점을 잘 알고 있었다. 그래서 그는 "우주의 창조자이자 아버지를 찾아내는 것은 어려운 일이다. 설혹 찾아낸다 해도 모든 사람에게 그를 알리는 것은 불가능하다"[8]고 말하였다. 그럼에도 불구하고 플라톤이 참된 창조주도 아닌 데미우르고스를 신으로 끌어들여 창조신화를 이야기한 데는 나름의 이유가 있었던 것으로 보인다. 하나는 이 세계가 질료인과 작용인만으로 구성된 기계적 세계가 아니라 형상인과 목적인이 있는 목적론적 세계임을 이야기하고자 했다는 것이며, 다른 하나는 이 세계가 형상들을 근거로 만들어졌으며, 따라서 이성적으로 이해 가능한 세계임을 이야기하고자 했다는 것이다. 다시 말해, 수학적인 균형을 이루고 있고 천체들이 질서 있게 주기적인 회전을 하고 있음을 통해 알 수 있듯이 그는 이 우주가 형상에 따라 이성적으로 창조되었다는 사실을 이야기하고자 했던 것이다. 이는 한편에서는 이 우주가 창조 시에 부여된 원리에 따라 운행되고 있음을 의미하며, 다른 한편에서는 그리스 신화에 등장하는 의인적인 올림포스 신들이 우주의 운행에 자의적으로 개입한다고 말하는 신화가, 실상은 인간이 지어낸 한낱 허구에 불과한 것임을 주장하는 것이었다.

플라톤이 이처럼 우주를 창조한 신의 존재를 인정한 것이나, 이 우주의 운행에 신이 자의적으로 개입하지 않는다는 점을 주장한 점에서 그의 견해를 이신론(Deism)이라고 주장할 수 있을 것이다. 그러나 이러한 신은 인간에게서 너무나 멀리 떨어져 있는 데우스 오티오수스(Deus Otio-

---

8   플라톤, 『티마이오스』, 박종현·김영균 역, 서광사, 2000, 28c, p. 78.

sus)였다. 다시 말해 플라톤이 마음에 품었던 이신론은 대중들의 마음을 움직이는 대중적인 종교가 될 수 없었다. 플라톤은 이 점을 분명하게 알고 있었다. 그러기에 플라톤은 노년기에 이르러 유토피아적인 국가상을 그린 마지막 저작인 『법률(Nomoi)』에서 "어설픈 철학은 종교를 떠나지만 성숙한 철학은 종교로 돌아온다"는 베이컨의 말처럼 다시금 대중종교를 이야기하고 있다. 그는 국가의 최우선 의무를 "신에 대한 올바른 생각을 심어 주고 잘하든 못하든 그에 따라 살게 하는 것"이라고 말한다. 그가 이같이 생각한 이유는 법률에 따라 신이 있다고 믿는 사람은 자발적(고의적)으로 불경한 짓을 하거나 불법한 말을 내뱉는 일이 없을 것이라 생각했기 때문이다. 만약 어떤 사람이 불경한 짓이나 불법한 말을 한다면 이는 신이 있다고 믿지 않거나 또는 신이 있다고 믿는다 해도 신들이 인간에 대해 관심이 없다고 생각하거나 또는 신이 인간의 제물과 기도에 쉽게 응답한다고 생각하기 때문이다.[9] 따라서 그는 시민들로 하여금 다음과 같은 믿음의 세 가지 조항에 따라 살도록 국가가 야간위원회를 만들어 감시해야 한다고 말한다.

첫째, 신들은 존재한다.
둘째, 신들은 인간을 보살핀다.
셋째, 제물이나 예배로 신들을 움직일 수 없다.[10]

이 세 가지 조항을 통해 짐작할 수 있는 것은 플라톤이 신앙을 도덕

---

9 플라톤, 『법률』, 박종현 역, 서광사, 2009, 885b. p. 684.
10 플라톤은 클레이니아스를 통해 믿음에 대한 세 가지 명제를 885c~907b에서 논증하고 있다.

의 조건으로 생각했으며 이를 위해서 제의나 기도의 실제적 효능에 대한 미신적 믿음을 배격하고자 했다는 점이다.

로마 시대로 들어오면서 플라톤의 이런 이신론적 견해는 에피쿠로스학파와 스토아학파를 통해 계승된다. 에피쿠로스학파에 따르면, 신은 원자와 허공의 결합으로 생성되었으며 영원한 자기동일성을 지닌 무한한 수의 신들이 존재한다. 사람들은 누구나 자연적으로 신에 대한 선지식을 갖고 있기에 이런 무한한 수의 신들이 존재한다는 것을 알고 있다. 이 신들은 영원한 자기동일성을 지닌 신으로서 일하지 않는 신이며 따라서 인간의 일에도 관여하지 않는다. 이 신은 인간을 닮았는데 그 까닭은 인간이 모든 살아 있는 피조물 중 가장 아름답기에 인간보다 뛰어난 신은 당연히 인간의 형상을 닮아 아름답다는 것이다. 이런 에피쿠로스학파의 신관으로부터 인간의 영혼이 번뇌가 없는 평정한 상태인 아타락시아(Ataraxia)에 도달하는 것을 인생의 궁극목적으로 보는 에피쿠로스 철학이 등장하게 되었다. 요컨대 에피쿠로스학파는 인간의 삶에 관여하지 않는 이신적인 신으로 인해 인간이 스스로 자신의 삶의 의미와 가치를 설명해야 하는, 이른바 철학(윤리학)이 필요했던 것이다. 세계를 창조하되 인간사에 관여하지 않는 신을 주장하는 근대 이신론의 등장과 더불어 어떻게 사는 삶이 올바른 삶인지를 이성적으로 논구하는 근대 윤리학이 출현했던 것처럼[11] 에피쿠로스학파의 이신론적인 신관 역시 어떻게 살아야 하는지를 가르치는 철학(윤리학)을 필요로 했던 것이다.

스토아학파에 따르면, 우주는 물질로 구성되어 있으며 이 우주의

---

11 18세기 칸트 윤리학은 이신론 시대의 대표적인 윤리학이며 공리주의는 19세기 무신론 시대의 대표적인 윤리학이라 할 수 있다. 칸트의 윤리학은 자연의 법칙처럼 인간에게 주어진 양심의 윤리학을 정초하는 작업이었으며, 공리주의는 고대 쾌락주의의 부활로서 신 없는 시대의 윤리학이었던 것이다.

생성과 운행을 관장하는 이성이 우주에 내재해 있다. 이 이성은 창조하는 불로서, 여기서 공기가 생겨나고 공기에서 물이, 그리고 물에서 흙이 생겨나며 이들의 혼합에 따라 모든 사물이 생겨난다. 그러나 일정 기간이 지나면 불로 인해 세상에 대화재가 일어나고 이 대화재를 거쳐 또다시 새로운 우주가 만들어지는 순환과정이 일어난다. 따라서 창조적인 불인 이성이 곧 신이며, 이 신이 우주에 내재해 있다는 점에서 우주가 곧 신이기도 하다. 인간은 우주의 일부이기에 인간에게도 이성이 내재해 있으며 따라서 인간은 이 이성에 따라 살아야 하는 것이다. 인간이 이성에 따라 사는 삶이란 바로 감정, 욕망, 격정에서 벗어나 부동심의 상태, 즉 아파테이아(Apatheia)의 상태에 이르는 것을 말하며 이 상태에서 인간은 비로소 진정한 행복을 누릴 수 있는 것이다.

키케로(Cicero, B. C. 106-43)는 『신들의 본성에 관하여(De Natura Deorum)』에서 에피쿠로스학파의 신관에 대해 의미 있는 비판을 가하고 있다. 신이 인간에게 아무런 관심도 없다고 한다면 그런 신은 인간에게는 아무 소용이 없는 신이라는 것이다.

> 만일 일이 그렇지 않다면 우리가 신들을 경외할 이유가 무엇이며, 그들에게 기도할 이유가 무엇이겠습니까? 왜 제관들은 성스러운 의례를, 조점관들은 새점 치는 일을 관장합니까? 어째서 우리는 불멸의 신들에게 기원하고, 어째서 봉헌을 합니까? … 만일 신이 정말로 인간에 대한 그 어떤 호의, 그 어떤 애정에도 잡히지 않는, 그런 식으로 존재한다면, 그 신은 평안히 떠나시길![12]

---

12 키케로, 『신들의 본성에 관하여』, I, 122-123, pp. 99-100.

이 같은 비판은 범이신론을 주장하는 스토아학파에게도 적용된다. 플라톤이 그러했듯이 키케로는 만약 신에 대한 숭배가 사라진다면 사람들 간의 신뢰와 사회적 유대감 그리고 유별나게 뛰어난 덕목인 정의가 사라지게 될 것이라고 보았다.[13] 그러기에 키케로는 발부스의 입을 통해 다음과 같이 말한다.

> 우리는 신들의 욕정과 괴로움, 분노에 대해 들었습니다. 신화들이 전하는 바에 따르면 그들에게는 전쟁과 싸움도 없지 않다 합니다. 호메로스에서처럼 두 군대가 서로 적대할 때 신들이 각기 어느 한쪽에서 방어해 주는 것뿐 아니라, 티탄들과 싸울 때처럼 자기 자신들의 전쟁을 치르기도 했습니다. 아주 어리석게도 사람들은 이런 이야기를 믿습니다. … 하지만 이런 신화들이 비웃음을 당하고 논박되더라도, 각각의 사물들의 본성에 두루 퍼져 있는 신이 있어서, 예를 들면 땅에는 케레스가, 바다에는 넵투누스가, 그리고 저마다의 것에 저마다의 신이 있고 그들이 누구며 어떠한지, 관습이 그들을 어떤 이름으로 불렀는지 이해될 수 있습니다. 그 신들을 우리는 높이고 또 섬겨야 합니다. 신들에 대한 숭배는 우리가 그들을 마음에서나 말에서나 항상 순수하고 온전하며 더럽혀짐 없이 섬길 때에, 가장 훌륭하고 가장 정결하며, 가장 신성하고 가장 경건함으로 가득 찬 것이 됩니다. … 자기 자식들이 자신보다 더 오래 살아남게 해달라고 온종일 빌어 대며 제물을 바치는 사람은 미신적인 자라고 불렸습니다. 한데 그 말이 나중에 더 넓은 뜻으로 확장된 것이지요. 반면에 신들의 숭배와 관련된 모든 것을 부지런히 되짚어 보고, 말하자면 다시 읽어 보는 사람들은 '다시 읽다(Relegere)'에서

---

13 Ibid., I, 4, p. 16.

비롯되어 '종교적(Religiosi)'이라고 칭해집니다.[14]

여기서 키케로의 말은 플라톤의 『파이돈(*Phaidon*)』편에 나오는 소크라테스(Socrates, B. C. 470-399)의 대사와 매우 닮아 있다. 소크라테스는 영혼의 불멸에 대한 긴 철학적 논변을 늘어놓다가 뜬금없이 그리스 신화에 나오는 하데스(저승)로의 긴 여정에 대해 자세히 이야기하고 나서 다음과 같은 이야기를 하고 있다.

> 그렇다고 해서 이 모든 것들이 내가 이야기한 대로라고 단호하게 주장한다는 것은 적어도 이성을 지닌 사람들에게 어울리지 않는 일일세. 그렇지만 혼은 분명히 불사의 것인 것 같으므로, 적어도 우리 혼과 그 거주지에 관한 한 지금 말한 것이 옳다든가 또는 그와 비슷하다고 믿는 것은 내가 보기엔 적절하고도 보람 있는 모험적인 믿음일 것 같이 생각되네. 정말이지 그 모험은 훌륭한 모험일세. 따라서 이러한 것들이 정말로 그러하다는 것을 마치 주문을 외우듯 자기 자신에게 납득시켜야 하네.[15]

스토아학파에 속한 디오도토스(Diodotos)를 스승으로 두었던 키케로는 플라톤과 마찬가지로 이신론자였던 것으로 추정된다. 그러기에 그는 『신들의 본성에 관하여』를 "나는 발부스(스토아학파를 대변한 인물)의 논변이 진리에 가깝다고 생각하면서 자리를 떠났다"[16]고 끝을 맺고 있다. 그럼에도 불구하고 그는 현실적으로 이신론의 한계를 알고 있었기에 유신

---

14 Ibid., II, 72, pp. 142-143.
15 플라톤, 『파이돈』, 세계의 대사상 1, 박종현 역, 휘문출판사, 1976, p. 501.
16 키케로, 앞의 책, II, 95, p. 266.

론의 제한적 수용을 생각하고 있었던 것이다. 플라톤이나 키케로 모두 종교의 유익과 해악을 알고 있었기에 유신론과 이신론의 사이에서 힘겹게 중용을 모색했으며 이들의 고민은 근대에 이르러서도 계속되었다.

2) 중세 스콜라 철학

기독교가 유럽의 유일한 정통 종교로 인정을 받으면서 유럽의 지배적 이념이 되었던 중세 시절, 세계의 운행이나 인간사에 대한 신의 섭리적 지배를 부인하는 이신론이 전혀 발을 붙일 수 없었을 것이라는 점은 충분히 짐작이 되는 사실이다. 그런데 흥미롭게도 근대 이신론은 중세 스콜라주의와 밀접한 연관을 갖고 있다. 영국 이신론에 대한 연구자인 오르(John Orr)에 따르면, 이신론자들은 하나같이 신을 절대자로 생각했는데 바로 이 절대자로서의 신 개념이 바로 스콜라 철학의 신 개념이라는 것이다. 좀 더 구체적으로 말하자면, 이신론자들은 신을 절대자이자, 전지하고, 전능하며, 무한히 정의롭고 불변하는 창조주로서 생각하고 있는데 바로 이 같은 신 개념이 스콜라 철학으로부터 왔다는 것이다.[17]

근대 이신론자들은 이 개념을 당시 막 떠오르던 근대 과학의 영향을 받아 약간의 수정을 했는데 그들은 신을 이 세계라는 거대하고 정교한 기계를 제작한 이른바 완벽한 기계 제작자로 보았던 것이다. 근대 이신론자들은 세계를, 당시로서는 최고의 기계 제작물이었던 시계로 비유했는데 신은 무한한 지혜와 능력을 지니고 있기에 기적이나 초자연적

---

17   Orr, J., *English Deism: Its Roots and its fruits,* Grand Rapids, Michigan: WM. B. Eerdmans Publishing Co., 1934, pp. 51–53.

계시와 같은 방식의 직접적인 간여를 통해 가끔 손을 보아야 할 만큼 이 세계를 불완전하게 만들지 않았을 것이라고 생각했다. 만약 신이 이 세계의 운행에 초자연적인 방식으로 직접적으로 간여한다고 주장하면 이는 창조주인 신이 능력에 있어서나 지혜에 있어서나 전지함에 있어서 한계가 있음을 의미하는 것이 된다. 이는 인간의 구원과 관련해서도 마찬가지이다. 다시 말해 성서나 기독교에서 말하는 구원은 신의 전지한 능력이나 불변적인 본성과 부합하지 않는다. 좀 더 구체적으로 말해, 계시의 방식을 통해 구원의 비밀을 전한다거나 하느님이 선택한 선민, 즉 이스라엘 백성만을 구원한다는 식의 교리는 하느님의 완전한 정의와 부합하지 않는다. 왜냐하면 하느님의 완벽한 정의에 비추어 볼 때 하느님이 특정한 백성이나 특정한 개인을 선택해서 그들만을 구원한다는 것은 합리적이지 않기 때문이다. 사람이 심판을 받아 상벌을 받는다면 그에 앞서 구원의 방식을 알려 주는 것이 정의이기 때문이다. 그러기에 모든 사람이 심판을 받는다는 것이 사실이라면 모든 사람이 구원의 방식에 대해 알아야 하는 것은 당연하다. 그런데 구원의 방식을 전하는 계시가 모든 사람에게 전해지지 않는다는 데 문제가 있다. 그러므로 이신론자들은 특정한 사람에게만 전해지는 특별계시를 부인하기에 이른다. 많은 이신론자들이 성경에 나오는 인격적인 신을 부인하고 있는데, 이 역시 스콜라주의에서 말하는 신의 개념을 논리적으로 추론한 결과이다. 아이러니컬하게도 근대 이신론의 개념적 뿌리는 다름 아닌 스콜라 철학과 그들의 주지주의 정신에 있었던 것이다.

3) 르네상스 인문주의

'인문주의'로 번역되는 르네상스의 '휴머니즘(Humanism)'이란 '원전에 의한 고전 연구'를 의미하는 것으로 이는 '휴머니즘'의 19세기적 의미인 '인본주의', '인간중심주의' 또는 '인간주의'와는 전혀 다른 것이다. 인본주의란 영적 실체로서의 신을 중심으로 하여 인간을 이해하던 종래의 종교적 세계관과 달리 생물학적 관점에 기초해 신과 인간을 이해하는 비종교적인 세계관을 말한다.[18] 따라서 르네상스 인문주의를 이야기할 때 종종 이 두 개념을 혼동해 르네상스 인문주의자들을 반그리스도교적인 인물들로 생각하기 쉽지만 실상은 대부분의 인문주의자들은 지극히 경건한 그리스도교인들이었다. 르네상스 휴머니즘의 대표적 연구자인 크리스텔러(P. O. Kristeller, 1905-1999)에 따르면, 인문주의란 근대에 들어 유행이 된 '인간 본성에 대한 학', 즉 인간학(Science of Human Nature)[19]을 말하는 것이 아니라 중세의 수사적 전통과 고전어 연구에 기초한 고전학 연구를 말하는 것이다. 따라서 인문주의란 명칭은 어떤 특정 사상이나 세계관에 붙여진 이름이 아니라 르네상스 시대 학자들이 공통적으로 사용한 고전 연구의 풍조와 그 방법에 붙여진 이름으로 이해해야 한다.[20] 바로 이런 인문주의자들의 학문 연구방법을 핵심적으로 표현한 것

---

18 Hankins, J., "Humanism, scholasticism, and Renaissance Philosophy," J. Hankins. (Ed.), *The Cambridge Companion to Renaissance Philosophy*, Cambridge University Press, 2007, pp. 30-31.

19 18세기 영국 경험론자들의 주요 저서들을 보면 로크의 『인간 이해력에 대한 연구(*Essay concerning Human Understanding*)』, 버클리의 『인간 지식에 관한 원리론(*A Treatise concerning the Principles of Human Knowledge*)』, 흄의 『인간 본성론(*Treatise of Human Nature*)』, 『인간 이해력에 관한 연구(*Enquire concerning Human Understanding*)』 등을 보면 하나 같이 인간의 인식능력 즉 인간 본성에 대한 연구다.

20 Kristeller, P. O., "Humanism and Scholasticism in the Italian Renaissance," *Studies in*

이 바로 '아드 폰테스(ad Fontes)', 즉 '근원으로'이다. 당시 인문주의자들은 '근원으로'라는 인문주의의 정신에 따라 신앙의 원천이라 할 수 있는 성서원전에 대한 연구와 더불어 바울이나 아우구스티누스와 같은 초대 교회의 사도와 교부들의 정신을 재발견하고자 하였다. 이들이 이처럼 근원으로 돌아가려고 한 이유는 당시의 시대적 상황에서 찾아야 한다.

1348년에 발생해 유럽 인구의 1/3을 죽음으로 몰고 간 흑사병, 1453년의 동로마 제국의 수도인 콘스탄티노플의 함락, 1378년에서 1417년까지 이어진 로마 가톨릭교회 내에서의 대분열[21]은 삶의 비참함과 인간의 무기력 그리고 교회에 대한 실망으로 이어졌고, 구원은 전적으로 신의 은총에 달려 있다는 생각을 갖게 만들었다. 그 결과 14세기 후반부터 신적 이성(Divine Reason)에 대한 신적 의지(Divine Will)의 우위, 즉 신의 절대 주권을 강조하는 주의주의 신학이 생겨나기 시작했다. 이제 스콜라 신학처럼 이성을 통해 신을 이해하려 하기보다는 신을 사랑하는 일에 몰두하였으며, 이것이 바로 구원에 이르는 길이라 생각했다. 아드 폰테스 정신은 바로 이런 상황과 밀접한 연관이 있다.

중세교회는 인간을 이성적 확신에 의해 움직이는 이성적 존재로 규정한 나머지 형식 논리에 기초한 추상적 사변에 함몰되어 있었다. 다시 말해, 인식을 실천에 앞세우는 주지주의에 빠져 있었던 것이다. 그러기

Renaissance Thought and Letters, 1956-1996, Vol. 1, pp. 553-583.

21 1378~1417년 사이에 서방(로마 가톨릭) 교회 안에서 이루어진 분열은 아비뇽 측과 로마 측, 피사 측 교회들이 각기 다른 민족주의적 배경을 갖고 교황들을 선출함으로써 일어났다. 1378년 로마 교황으로 선출된 우르바누스 6세를 반대한 추기경들이 클레멘스 7세를 대립교황으로 선출하여 아비뇽에 교황청을 두었으며, 1409년에는 피사 교회회의에서 또 다른 교황 알렉산더 5세를 선출하여 한때 세 명의 교황이 있었다. 그러나 이 분열은 1417년 콘스탄츠 공의회를 통해 마르티누스 5세가 교황에 선출되면서 종식되었다.

에 영적이고 도덕적인 길을 안내해야 할 교회는 세상을 구원할 힘을 잃었고, 심지어는 세상의 빛과 소금이 되어야 할 교회가 그 어느 때보다 심한 부패에 빠지게 되었다. 따라서 교회가 생명력을 회복하고 활력을 되찾기 위해서는 초대 교회 당시의 그리스도교로 돌아가 순수했던 신앙과 뜨거운 열정을 회복해야 한다고 생각했다. 바로 이런 상황에서 인간을 이성적 존재로 보기보다는 정념과 의지에 따라 움직이는 존재로 보았던 그리스-로마의 고전적 인간관으로 돌아가려는 아드 폰테스 정신이 등장한 것이다.

아드 폰테스라는 새로운 길을 연 르네상스의 개척자는 페트라르카 (Francesco Petrarch, 1304-1374)였다. 페트라르카는 그의 나이 32세이던 1336년 방뚜산 등정에 올랐다. 산 정상에서 그는 눈앞에 펼쳐진 장관을 바라보며 자연에 대한 외경심에 사로잡혔고 문득 그가 늘 가지고 다니던 아우구스티누스(Augustinus, 354-430)의 『고백록(*Confessiones*)』을 펼쳐서 읽기 시작했다. 그때 그의 눈에 들어온 구절이 다음과 같은 내용이었다.

> 그리고 사람들은 높은 산과 바다의 높은 파도와 도도한 강의 흐름과 광활한 대양과 별들의 운행을 보고 경탄해하면서도 정작 자기 자신은 돌아보지 않는다.[22]

그는 이 대목을 보면서 "정신 외에는 경탄할 만한 것이 없다. 정신의 위대함에 비하면 다른 것들은 모두 하잘 것 없다"[23]는 세네카(Seneca, B. C. 4~A. D. 65)의 말을 떠올리고 세속적인 사물에는 경탄해하면서도 정작

---

22   Augustine, *Confessions*, bk. 10, ch. 8, 15.
23   Seneca, *Epistle*, 8. 5.

그보다 더 중요한 자신의 영혼에는 무관심했던 자신에게 화가 났다고 고백하고 있다.[24] 고전에 대한 그의 연구는, 외적인 경험에 빠져 내적 영혼을 돌보지 않았던 지난날의 지적 허영을 부끄럽게 여기고, 영적 성숙을 위해 고전을 읽고 명상하면서부터 시작된 것이었다.

페트라르카가 특히 그리스 로마의 역사나 고전문학에 심취한 이유는 그 작품들이 윤리와 덕성의 원천으로서 사람들에게 도덕적으로나 영적으로 좋은 영향을 준다고 생각했기 때문이다. 그러나 이 점에 있어서는 중세인들 역시 다르지 않았다. 중세인들 역시 고전이 진리와 지혜의 보고라는 사실을 인지하고 있었기에 중세 초기에는 플라톤이, 후기에는 아리스토텔레스가 성인처럼 신성시되었던 것이다. 그러나 페트라르카는 중세인들과 달리 고전의 저자들을 신성시하기보다는 자신들과 같이 시대적 한계를 지니고 있는 역사적 인물로 보았다. 따라서 고전을 성서처럼 신성한 책으로 보기보다는 저자 개인의 주관적 편견이나 한계를 지닌 역사적 소산물로 인식했다. 그러기에 원전을 읽는 대신 고전에 대한 요약이나 주석을 읽고 연구하던, 과거의 중세적 탐구방식을 벗어나 원전을 직접 읽음으로써 원전 저자와의 직접적 소통을 시도했다. 다시 말해, 페트라르카는 고전 원전에 대한 연구를 일종의 저자와의 대화로 생각했는데 어떤 문제에 대해 저자의 견해를 자신의 시대적 관점에서 새롭게 해석하여 수용하는 이른바 해석학적 관점을 지니고 있었던 것이다. 성 아우구스티누스와의 대화 형태로 되어 있는 그의 저서 『나의 비밀(Secretum)』을 보면 이 점이 분명하게 드러난다.

『나의 비밀』에서는 그 당시 지식인의 갈등이 그대로 드러나 있다.

---

24 Cassirer, E., Kristeller, P. O., and Randall Jr. J. H. (Eds.), *The Renaissance Philosophy of Man: Petrarch, Valla, Ficino, Pico, Pomponazzi, Vives,* University of Chicago Press, 1956, p. 44.

13세기부터 본격적으로 등장하기 시작한 이탈리아 도시의 부유한 시민 계급들은 14세기에 이르러서는 중세의 금욕적 내세관과 세속적인 삶의 충돌을 느끼게 되었고, 이 양자를 조화시키는 길을 모색하게 된다. 페트라르카 역시 금욕적 신앙과 세속적 욕망의 충돌을 느끼고 있었고 이 문제를 『나의 비밀』에서 아우구스티누스와 대화하는 형식으로 풀어 나가고 있다. 그는 이 책에서 3편의 대화를 이끌어 가는데, 첫 번째 대화는 천상을 향하는 의지와 세속을 향하는 의지의 갈등을, 두 번째 대화에서는 마음의 평정과 영혼의 자유를 교란시키는 우울증을, 그리고 세 번째 대화에서는 명예욕을 다루고 있다.

첫 번째 대화에서 아우구스티누스는 페트라르카에게 자신이 가사적인 존재임을 잊지 말고 어리석은 사람처럼 세속적 쾌락에 빠져 행복을 추구하기보다는 죽음에 대해 묵상할 것을 권한다. 아우구스티누스는 죽음에 대한 깊은 묵상은 자신의 가사성을 일깨워 줄 것이며, 덧없는 것들을 좇아 고통스럽게 살아온 지난날의 삶을 되돌아보게 해줌으로써 불행의 원인을 직시하게 해 줄 것이라 말한다. 이에 페트라르카는 자신을 고통에 빠지게 하는 원인이 죽음을 직시하지 못하는 심약한 영혼에 있음을 인정한다.

두 번째 대화에서 페트라르카가 무엇이 자신을 타락으로 이끄는지를 물었을 때 성인은 세속적인 것에 대한 그의 욕망이라고 답한다. 그러나 페트라르카는 사는 동안 수수한 삶을 유지할 만큼은 가난에 대비해야 한다고 말한다. 그러자 성인은 결핍 속에서도, 풍부 속에서도 처할 줄 아는 부와 빈곤의 중용을 권고하면서 탐욕스러운 사람은 항상 궁핍하다는 금언을 들려준다.

그러므로 불가능한 것을 꿈꾸지 마라. 그리고 인간의 운명을 받아들여라. 가난에도 풍부에도 처할 줄 알고, 명령할 줄도 그리고 복종할 줄도 알라. 왕조차 피해 갈 수 없는 삶의 멍에를 벗어나려 하지 마라. 정념을 극복하고 전적으로 덕에 따라 살 때 너는 너 자신에게서 자유함을 느끼게 될 것이다. 아무것도 부족함이 없고, 무엇에도 예속되지 않기에 너는 자유로울 것이다.[25]

이때 페트라르카는 모든 것에 대해 참회하며 아무것도 원하지 않는다고 말한다. 그러면서도 자신의 마음 밑바닥을 들여다보면 자신이 항상 무언가를 원하고 있다고 고백한다.

세 번째 대화에서 성인은 페트라르카에게 명예의 문제를 거론하며 그가 아직도 명예에 대한 추구를 단념하지 않았다고 말한다. 아우구스티누스는 그가 『아프리카(*Africa*)』와 다른 시집을 집필하고 있는 것을 언급하며 그가 그것을 완성하기도 전에 죽게 될 것이라 말하면서 왜 자신의 삶을 그런 무익한 것에 낭비하고 있느냐고 힐난한다. 그러자 페트라르카는 학문을 좋아하는 자신의 성향을 자신도 어찌할 수 없다고 말한다.

나는 최선을 다하여 나 자신에 진실하고자 노력할 것입니다. 산란한 나의 정신을 수습하고 흩어진 내 기지를 모아 인내함으로써 나의 영혼을 순수하게 보존하고자 힘쓸 것입니다. 그러나 지금 내가 말하는 동안에도 많은 중요한 일들이 비록 세속적인 것에 관한 것일지라도 나의 관심을 끌고 있습니다. … 나의 영혼에 관심을 집중하는 것이 나에

---

25   Petrarch, F., *My Secret Book,* trans. J. G. Nichols., Hesperus Press Limited, 2002, p. 37.

게 더욱 안전하고 구원의 길을 위한 지름길임을 모르는 것은 아닙니다. 그러나 나의 강렬한 연구 성향만은 버리지 못하겠습니다.[26]

이에 아우구스티누스는 달리 어떻게 할 수 없다면 그렇게 할 수밖에 없다고 말하면서 "네가 어디로 가든지 하느님이 너와 함께하시고, 비록 방황할지라도 그가 네 발걸음을 진리의 길로 인도하시도록 기도하겠다"[27]는 말로 대화를 끝맺는다.

> 나는 너에게 야심 없이 살라고 충고하지는 않겠다. 그러나 나는 너에게 항상 덕을 명예 앞에 놓으라고 강권하고 싶다. … 그러므로 네가 살아야 할 규칙은 이렇다. 즉 덕을 추구하라. 그리고 명예로 하여금 스스로를 돌보게 하라.[28]

여기서 페트라르카는 한편에서는 세속을 향하는 의지를, 다른 한편에서는 천상을 향하는 당시의 지식인들이 느꼈을 영혼의 갈등을 그대로 드러내고 있다. 그는 이탈리아인의 혈통을 통해 계승되어 오고 있는 로마인의 정신과 덕성을 되살리는 것이 이 갈등에서 벗어나는 길이라 생각했다. 다시 말해, 한편에서는 영원한 축복에 대한 기대를 저버리는 영적인 죄를, 그리고 다른 한편에서는 인생의 즐거움과 사회생활로부터 소외됨으로 인해 생겨나는 우울함을 벗어나 천상의 것과 세속의 것, 양자를 조화롭게 추구하는 길은 자신의 선조인 로마인들이 가졌던 자의식과 덕성을 갖추는 것이라 생각했던 것이다.

---

26 Ibid., p. 93.
27 Ibid.
28 Ibid., p. 90.

만일 그대가 지상과 천국에 대해 모든 것을 알고 있고 광활한 대양과 천체의 운행, 식물과 암석의 속성 그리고 자연의 신비에 대해 모든 것을 안다고 해도 자기 자신에 대해 알지 못한다면 많은 사물을 안다는 것이 대체 무슨 소용이 있겠는가?[29]

고대 세계를 암흑의 시대로 규정했던 중세인들과 달리, 그는 최초로 인간의 자의식과 덕성을 무가치하게 여겼던 중세를 암흑시대로 규정하는 한편 고대를 황금시대로 예찬함으로써 새로운 시대로의 첫걸음을 내딛은 인물이었다.

이처럼 페트라르카는 인간 삶의 궁극적 목적이라 할 수 있는 지복직관에 이르는 것은 덕을 함양함으로써 가능하고, 덕의 함양은 문법, 수사, 시, 역사, 도덕철학에 관한 인문교육(Liberal Arts)을 통해 가능하다고 생각하였다. 고대 그리스 로마의 고전과 기독교 고전을 통해 기독교 신앙의 영적 갱생을 추구하고자 하는 페트라르카의 이런 시도는 향후 수많은 추종자들을 낳았으며 르네상스를 대표하는 인문주의자인 에라스무스 역시 이런 추종자 중의 한 명이었다.

르네상스기의 가장 위대한 인문주의자라 불리는 에라스무스(Desiderius Erasmus, 1466-1536)는 1503년에 출간한『신약성경에 대한 주해서』에서 가톨릭교회의 주요 성사(Sacrament)들에 대한 근거가 되는 라틴어 불가타 성경(Textus Vulgatus)[30] 번역본이 오역되어 있음에 주목했다. 그에 따르면, 예수의 사역을 알리는 첫 말씀인 마가복음 4장 17절에 대한 불가타

---

29 Ibid.
30 4세기 말과 5세기 초 교부 성경학자 제롬에 의해 번역된 성경을 말한다. 그러나 이 성경은 여러 판본이 존재하여 1226년 파리 신학자들과 출판업자들에 의해 표준판으로서 파리판이 만들어지기도 했다.

번역 "속죄하라(Penance), 천국이 가까움이라"는 실상은 "회개하라(Repent), 천국이 가까움이라"로 번역되어야 한다. 그러므로 가톨릭에서 구원의 필수조건으로 속죄의 방식인 고해성사를 주장하는 것은 성서에 근거하지 않은 주장이라는 것이다. 또한 가톨릭의 성모 숭배와 관련해서, 그 근거가 되어 온 가브리엘 천사가 마리아에게 건넨 인사말에 대한 불가타 번역 '은혜가 가득한 자(Gratia Plena)'가 사실은 헬라어로 단순히 '은혜를 받는 자' 혹은 '은혜를 발견한 자'를 의미할 뿐이라는 것을 밝혀냄으로써 미신으로까지 발전된 성모 숭배의 문제를 지적하였다.[31] 당시 그리스도교 신앙은 성서 중심이 아니었으며, 미사와 성자숭배, 그리고 교회에서 행하는 작은 의식들을 중심으로 이루어졌다. 따라서 성직자나 수도자를 비롯해 신자들은 영적인 경건한 생활을 공언하면서도 성자숭배에 힘을 쏟을 뿐 삶 자체의 경건에는 관심이 없었다. 이로 인해 그들은 그리스도교의 경건성은 물론이고 자신들이 도외시하던 이방인들의 도덕적인 품성마저도 갖추고 있지 못했다.

　　에라스무스의 헬라어 원전 성경에 대한 연구는 어떠한 이단적 요소도 섞이지 않은 순수한 신앙의 원천을 발견함으로써 그리스도교의 경건성을 회복하기 위함이었다. 그는 중세교회가 강조했던 전승에 기초한 여러 가지 성사와 성인 숭배 그리고 성지순례 등이 그리스도교의 경건성에 본질적인 것이 아니며 본질적인 것은 바로 예수 그리스도의 가르침이나 성인들의 경건한 삶을 본받아 일상생활 속에서 경건한 삶을 사는 것이라고 생각했다. 그는 당시 습관적으로 미사를 드리고, 성자숭배

31　Loewe, R., "The Medieval History of the Latin Vulgate," G. W. H. Lampe. (Ed.), *Cambridge History of the Bible II: The West from the Fathers to the Reformation,* Cambridge, 1969, pp. 102-154.

제2장 이신론의 이해　**55**

를 위해 성인들의 유물을 성물시하면서도, 이웃 사랑을 이야기하는 성경의 가르침과 달리 이웃의 불행에는 무관심한 성직자와 신자들의 모습이 그리스도교의 본질과는 거리가 멀다고 생각했던 것이다. 따라서 그는 외적인 모습만 신앙적이고 내면은 신앙적 경건과는 거리가 멀었던 사제나 교인들의 영적 갱생을 위해 인문주의자로서 자기 나름의 개혁을 시작했다.

에라스무스는 1501년 뉘른베르크의 궁정 무사이자 무기 제조자인 요한 폼펜유리텔의 아내로부터 남편의 신앙생활을 위해 지침이 될 만한 책을 써달라는 부탁을 받고 작은 책을 썼다. 바로 이 책이 르네상스기 최고의 베스트셀러가 된 『그리스도 전사를 위한 소책자(*Enchiridion Militis Christiani*)』다. 이 책에서 그는 가톨릭의 중요한 교리들인 독신제, 연옥설, 고해성사, 성자숭배, 수도원제 등을 비판하면서 오늘날 종교개혁자들의 주장에 가까운 성경론, 그리스도론, 구원론을 피력하였다. 특히 그는 올바른 성경 읽기야말로 평신도들이 참된 경건에 이를 수 있는 길이며 이를 통해서 교회가 갱신되고 개혁될 수 있다고 주장함으로써 루터와 같은 초기 종교개혁자들에게 깊은 영향을 주었다. 이 소책자에서 그는 그리스도의 전사인 신자들의 영적 생활을 위한 지침으로 22개의 규정을 제시하고 있다. 그에 따르면, 그리스도를 믿는 자들은 믿음으로 말미암아 구원을 받은 후에도 영적으로나 도덕적으로 흠 없는 인간으로 살기 위해서는 부단히 경건의 기술을 익힘으로써 끊임없이 그리스도 안에서 싸워야 한다고 생각했다. 이 소책자가 당시 많은 사람들의 주목을 받은 데는 나름의 이유가 있었다.

첫째는 그리스도교의 생명력은 성직자가 아닌 평신도에게 달려 있음을 지적했기 때문이다. 성직자의 사명은 평신도를 자신과 같은 이해의 수준에 올려놓는 것이라 보았으며 이렇게 평신도가 성직자의 수준에 이르러야 비로소 기독교가 생명력을 갖는 종교가 될 수 있음을 강조하였다. 둘째는 종교를 개인의 양심과 마음의 문제로 보았다는 점 때문이다. 하느님께 직접 할 수 있는 죄의 고백을 굳이 사제에게 해야 한다고 규정한 고해성사는 신앙을 교회의 의례와 의식에 구속시키는 것이다. 그러나 신앙이란 내면적인 것으로 하느님의 살아 역사하심에, 그리고 그의 사랑의 손길에 신자들이 인격적이며 역동적인 응답을 보이는 것이다. 여기서 교회의 의식과 각종 의례 그리고 사제의 역할이란 보조적인 것일 뿐 본질적인 것일 수는 없다. 셋째는 그리스도인의 삶 중에서 최고의 모습은 수도사의 삶만이 아니며 평신도의 삶 역시 수도사의 삶만큼이나 하느님께서 인간에게 주신 소명에 충실한 삶이라고 보았기 때문이다.[32] 특히 세 번째 입장은 후일 종교개혁자들의 직업소명설을 이끌어 내는 근거가 되었다는 점에서 좀 더 자세히 주목해 볼 필요가 있다.

1511년에 출간한 『우신예찬』에서 그는 인간의 쾌락과 행복을 주관하는 여신인 모이라(Moira)를 통해 인간의 모든 정념을 금지하는 현자(중세교회)들을 꾸짖고 있다. 에라스무스는 모이라 여신의 입을 빌려 인간의 모든 정념을 금지하는 것이 얼마나 무모한 것인지를 다음과 같이 이야기한다.

우선 인류를 낳아 만든 자연의 여신이 어떤 예지력을 가지고 만물에 광기의 씨앗을 뿌려 두었는지 보라. 스토아 학자들은 지혜는 이성에 의해 인도되고, 광기는 정열의 움직임을 따른다고 말한다. 제우스는 인

---

32 Erasmus, D., *The Manual of a Christian Knight*, Online Library of Liberty, 2013. http://oll.libertyfund.org.

간의 삶이 슬프고 지루하지 않도록 인간에게 이성보다 정열을 더 많이 주었다. 어떤 비율로? 24 대 51로. 게다가 제우스는 이성은 머릿속 한 쪽 구석에 처박아 두었고 온몸은 정열에 내맡겼다. 그러고는 고립된 이성에 두 폭군을 대치해 놓았다. 바로 생명의 샘물인 심장과 함께 가슴의 성채를 지키는 '분노'와 아랫배까지 거대하게 펼쳐진 왕국을 지배하는 '욕망'이다. 이 두 강력한 폭군이 힘을 합해 대항하면 이성은 어떻게 스스로를 지켜 내는가? 사람들의 습관이 이것을 잘 보여 준다. 이성은 의무라는 명령을 목이 쉴 때까지 울부짖는다. 그러나 울부짖는 이성의 소리는 욕설과 비난에 덮여 버리고, 이성은 결국 교수형을 당하러 형장으로 가는 왕처럼 침묵하게 되며 정복되고 만다.[33]

인간의 정념을 굴복시킬 수 없는 이성의 무력함을 역설하는 여신은 연설의 마지막 부분에서 마침내 그리스도교에 직격탄을 날린다.

그리스도교는 지혜와는 거의 관계가 없고 오히려 광기와 더 뚜렷한 관계를 맺고 있는 듯하다. 그 증거를 원하는가? 먼저 아이들과 노인들, 여자들과 순진한 사람들이 다른 어떤 것에서보다 종교의식이나 종교적인 것에서 진한 즐거움을 찾는다는 사실에 주목하자. 그들은 오로지 자연적인 충동과 감정에 이끌려 늘 제단 가까이 가기를 원한다. 또 초기 그리스도교 창시자들은 놀랄 만큼 단순하여 학문에 대해서는 가차 없이 적대적이었다는 사실에도 주목하자. 마지막으로 온 열정을 그리스도교 신앙에 쏟고 있는 사람들이야말로 가장 도가 지나친 미치광이들이 아니겠는가? 그들은 재산을 탕진하고, 타인의 모욕에도 무심하며, 배신행위도 참아 내고, 친구와 적을 구별하지도 않는다. 또 그들은

---

33 에라스무스, 『우신예찬』, 강민정 역, 서해문집, 2008, 16, p. 48.

쾌락을 혐오하고, 지겹도록 단식과 밤샘, 노동을 하며, 눈물과 굴욕을 실컷 맛본다. 삶에 염증을 느끼는 그들은 초조하게 죽음을 기다린다. 한마디로 그들은 인간적 감정 모두를 박탈당한 것이나 다름없다. 마치 정신이 육체를 벗어나 다른 곳에 존재하기라도 하는 듯이 말이다. 그러니 이들이 미치광이가 아니라면 무엇이란 말인가?[34]

모이라 여신이 보기에 일반인들의 신앙은 자연적인 충동과 감정에 기초해 있으며, 중세교회가 가르치는 이상적인 형태의 종교적 열정은 미치광이의 광기와 다르지 않다는 것이다. 결국 모이라 여신의 입을 빌려 에라스무스가 말하고 싶었던 것은 중세교회가 인간의 자연적 본능을 반신앙적인 것으로 보고 이를 억제하도록 촉구함으로써 일반인들을 참된 신앙으로 이끌지 못했으며, 일부 열정적인 성직자나 신자들을 정상이 아닌 미치광이로 몰아갔다는 것이다. 모이라 여신은 현자에게는 어떠한 정념도 있어서는 안 된다는 세네카의 주장은 한마디로 인간을 신으로 만들려는 것이라고 비판한다. 에라스무스는 신앙이란 인간의 한계를 인정하는 데서부터 출발해야 한다고 말한다. 그런 점에서 『우신예찬』은 중세교회를 통해 심각하게 왜곡되었던 삶의 모든 것을 자연이 처음 인간에게 허락했던 자연의 질서처럼 합리적인 질서로 돌려놓고자 하는 시도라 할 수 있다. 인간에게 허락된 자유와 이성을 발휘해 도덕적인 삶을 추구하는 한편 이 지상의 생에서 허락된 쾌락과 행복을 누리며 사는 삶이 바로 신이 인간에게 원하는 삶이라고 생각했던 것이다. 이런 에라스무스의 생각은 몽테뉴, 보댕, 샤롱과 같은 후기 르네상스 인문주의자들이 이신론과 자연종교를 피력하는 사상적 기반이 되었다.

---

34 Ibid., 66. p. 178.

이신론은 기독교의 시대였던 중세를 거쳐 르네상스기에 들어오면서 다시 부활한다. 14세기에 시작되어 16세기 말까지 이어진 르네상스기에 이신론과 관련해 가장 주목해 볼 인물이 바로 몽테뉴(Michel de Montaigne, 1533-1592)이다. 몽테뉴는 18세기 영국 이신론자들에 의해 가장 많이 인용된 인물인데 이는 몽테뉴가 범이신론자였던 키케로의 신봉자였기 때문이기도 하지만 그보다는 그의 사상 자체가 바로 이신론이었기 때문이다. 몽테뉴의『수상록(Essais)』에서 다루어지는 가장 중요한 논제가 바로 종교인데 여기서 다루고 있는 종교에 관한 그의 주장들을 자세히 살펴보면 그가 염두에 두는 참된 종교는 한마디로 자연종교이다. 자연종교는 신에 대한 믿음이나 지식이 신의 계시를 통해서만 가능하다고 보는 계시종교와는 달리 인간의 타고난 자연적 인식능력인 이성이나 경험만으로 신에 대한 믿음과 지식을 가질 수 있다고 본다.

몽테뉴는 신앙이란 신의 은총인 계시와 믿음을 통해서만 이해될 수 있는 것이기에 일부 그리스도교인들이 자신의 신앙을 이성의 토대 위에 정초하려는 것은 잘못이라고 주장하는 신앙주의자(Fideist)들을 비판하고 나선다.[35]『수상록』2권 12장 '레이몽 스봉의 변호'에서 만약 신이 자신이 선택한 특별한 사람들에게만 계시를 보여 준다고 한다면 이것은 다음 두 가지 점에서 문제가 있다고 말한다. 하나는 특별계시를 통해 받아들인 신앙은 보편적 동의를 구할 수 없다는 것이고, 다른 하나는 이런 비의적(秘儀的)인 사적 신앙은 흔히 광신으로 치달아 심각한 갈등과 반목을 야기한다는 점이다. 몽테뉴가 생존했던 당시 유럽의 종교적 상황이 이런 문제점을 증명하고 있었다. 신으로부터 영감을 받았다고 주장

---

35 몽테뉴,『몽테뉴 수상록』, 손우성 역, 동서문화사, 2014, 4판.

하는 사람들조차도 서로 다른 주장을 하면서 갈라서고, 자신의 신앙을 받아들이지 않는 사람들에 대해 증오와 비방을 넘어서 전쟁으로까지 치닫고 있었기 때문이다. 몽테뉴는 신앙을 신의 은총에 의해 주어지는 특별한 체험으로 볼 경우 신앙은 상호 소통할 수 없는 사적 체험이 된다는 점을 강조하면서 초이성적인 계시를 종교의 기초로 삼는 것에 반대하고 나선다. 그는 "우리가 하느님을 친구로 믿고, 서로 알고 지낸다면, 우리는 하느님의 빛나는 그 무한한 선하심과 아름다움 때문에 다른 어떤 일보다도 그를 더 사랑하게 될 것이다"[36]라고 말한다. 그러면 우리는 어떻게 하느님의 선함과 아름다움을 알 수 있을까? 몽테뉴는 인간의 내면에는 보편적인 이성이 자리하고 있으며 이것에 기초해서 인생을 살아가는 사람들은 자연스럽게 신을 알 수 있게 된다고 말한다. 여기서 우리는 몽테뉴의 르네상스 인문주의자다운 모습, 즉 인간에 대한 그의 깊은 신뢰를 엿보게 된다.

몽테뉴에 따르면 보편적 이성은 우리를 자연종교로 이끌지만 탐욕이나 오만에 의해 오염될 경우 신을 엉뚱한 존재로 그리는 상상의 단초를 제공한다고 본다.

인간의 이성은 어디서든지 헤맬 수밖에 없으며, 그중에서도 특히 거룩한 사물들에 참견할 때에 그렇다. … 아무리 하느님께서 즐겨 우리에게 전해 주신 진리의 거룩한 등불로 이성의 발걸음을 밝혀 주셨다고 해도, 그것이 다져진 길에서 벗어나기만 하면 이성은 즉시 길을 잃고 아득하게 넓은 바다 위에서 소용돌이치며 표류하게 되는 것을 보게 된다. 인간은 자기가 있는 것으로밖에는 있을 수 없으며 자기 능력의 한

---

36   Ibid., 2권 12장, 레이몽 스봉의 변호, p. 472.

계 안에서밖에 상상해 볼 수 없다. 겨우 사람밖에 못되는 자가 신과 반신에 관해 말하려고 하는 것은, 음악을 모르는 자가 노래하는 자를 평가하거나, 진영에 있어 본 일이 없는 자가 무기와 전쟁에 관해서 논쟁하려고 하거나, 자기가 알지 못하는 기술을 경솔한 추측만으로 이해한다고 주장하는 것보다도 더 오만한 짓이라고 플루타르코스는 말한다.[37]

이처럼 인간이 자기의 한계를 넘어 자신의 멋대로 신을 재단하고 그런 신을 믿는다고 할 때 인간이 믿는 신은 실상은 인간이 상상해 낸 가공의 존재일 뿐이다. 또한 그런 신은 인간의 탐욕스러운 욕망을 투사하고 있기에 이런 신을 믿는 종교는 이 세상의 악덕을 뿌리 뽑기보다 오히려 그런 악덕을 유포하게 될 것이다. 따라서 몽테뉴는 사람들이 이런 종교를 믿는다면 결코 행복한 삶을 영위할 수 없을 것이라 말하며 브라질 원주민들이 무병장수하는 것이, 공기가 맑고 고요하기 때문이 아니라, 인간의 상상력으로 만든 종교가 없기 때문이라고 말한다.

얼마나 많은 사람들이 오로지 상상력 때문에 병에 걸리는가? …
상상력에 지배되는 자의 생활과 타고난 욕심대로 살아갈 뿐 지식을 근거로 예측함이 없이 현재의 느낌으로 사물을 다루며, 정말 병에 걸렸을 때만 병들어 있는 농군의 생활을 비교해 보라. 전자는 신장에 담석이 생기기 전에 마음에 벌써 담석이 생긴 것이며, 마치 병에 걸렸을 때에 실컷 고통을 받지 못할까 겁내는 것처럼, 미리 공상으로 그것을 예측하며 병을 맞이하려 쫓아가는 격이다. … 우리가 전해 듣기로는, 브라질 사람들은 모두가 늙어서만 죽는다고 하는데, 그것은 공기가 청량하고 고요하기 때문이라고 한다. 나는 차라리 그들이 한평생 아무런 학

37　Ibid., 2권 12장, 레이몽 스봉의 변호, p. 562.

문도, 법도, 임금도, 무슨 종교라는 것도 없이 감탄스러운 단순성과 무지 속에 보내고 있어서, 모든 고뇌와 사상, 마음을 긴장시키는 불쾌한 직무에 시달리는 일이 없는 까닭에 그들의 마음이 명랑하고 고요한 탓이라고 본다.[38]

신으로부터 오는 계시가 아니라 모든 인간에게 주어져 있는 보편적 이성의 인도를 받아 탐욕을 버리고, 성서에서 가르치는 바처럼 이웃과 더불어 살아가는 미덕을 실천할 때 신에게 다가갈 수 있는 것이다.

> 한 주교님은 글로 써놓기를, 이 세상의 다른 끝에는 옛 사람들이 디오스고리드(모잠비크 근처의 스코트라섬)라 부르던 섬이 있는데, … 그곳 주민들은 기독교도인데, 그 교회와 제단은 다른 그림은 없이 십자가로밖에 장식되지 않았고, 모두들 금식과 축제를 철저히 지키고, 신부들에게 십일조를 꼭꼭 치르며, 그 풍습이 극히 정숙해서 남자는 한평생 한 여자밖에 모르며, 그뿐더러 자기들의 삶에 아주 만족해서 바다 한가운데 살면서도 배를 사용할 줄 모르고, 극히 순박해서 그들이 정성껏 지키는 종교에 관해서는 낱말 하나도 이해하지 못한다고 한다.[39]

몽테뉴에게 신은 특별히 선택된 사람들에게만 자신을 드러내는 존재가 아니라 모든 사람들에게 자신을 현현하는 존재이다. 따라서 그는 신에 대한 믿음은 계시가 아닌 보편적 이성에 기초해야 한다고 생각한다. 신을 믿는다는 것은 계시의 말씀인 성서를 믿음으로 수용한다는 것이 아니라 성경에 나오는 신의 가르침을 보편적 이성에 비추어 가면서

---

38 Ibid., p. 526-527.
39 Ibid., 1권 56장, 기도에 대하여, p. 343.

현실에서 이를 실천하며 사는 것이다. 이때 우리는 신의 현존과 사랑을 느끼게 된다는 것이다.

몽테뉴의 종교관은 한마디로 보편적 이성에 근거한 자연종교이다. 즉 인간은 자신의 유한성으로 인해 신을 알 수 없지만 성서에서 가르치는 바대로 이 땅에서 미덕을 실천하며 살 때 신의 존재를 느낄 수 있다는 것이다. 바로 이런 주장은 18세기 영국 이신론의 주장과 일맥상통하는 주장이라 할 수 있다.

몽테뉴와 동시대 인물로서 르네상스기 프랑스 이신론자 중 주목해야 할 두 명의 사상가가 있다. 보댕(Jean Bodin, 1530-1596)과 샤롱(Pierre Charron, 1541-1603)이다. 보댕은 1562년 바시 학살[40]에서 시작하여 1598년 낭트 칙령[41]으로 종결되는 프랑스 종교전쟁의 한복판에서 가톨릭에 대한 신앙 맹세를 강요받으며 위태롭게 자신의 신앙을 지키며 살아간 인물이었다. 그는 평생을 가톨릭 신자로서 살았지만 유대교도로, 칼뱅주의자로, 이단적 가톨릭 신자로 그리고 무신론자로 고발당했기에 국가가 개인에게 종교를 강요해서는 안 된다고 생각한 종교적 관용주의자였다. 보댕의 이 같은 자유주의적인 종교관은 1588년경 완성된 것으로 추정되는 그의 저서 『숭고한 존재의 비밀에 관한 7현인의 대화(Colloquium Heptaplomeres de Rerum Sublimium Arcanis Abditis)』[42]에서 잘 드러나 있다. 이 책은 베니스에 살고 있는 가톨릭 신자 코로나이우스의 집에 모인 7명의 현자가

---

40 프랑스의 기즈 공작 프랑수아의 군대가 개신교도들을 학살한 사건을 말한다. 이 사건으로 인해 프랑스의 종교전쟁인 위그노 전쟁이 발발하였다.

41 프랑스 왕 앙리 4세가 낭트에서 프랑스의 신교파인 위그노들에게 조건부 신앙의 자유를 허용한 칙령을 말한다.

42 이 책은 1580년대 집필된 것으로 파악된다. 그러나 이 책은 1857년 책으로 출간되기까지 거의 300년간을 원고 형태로 읽혔다.

대화를 나누는 형태로 집필되었다. 집 주인인 코로나이우스, 가톨릭 신자에서 이슬람 신자로 개종한 옥타비우스, 유대인 살로몬, 자연철학자인 트롤바, 루터파 개신교인인 프리데리쿠스, 회의론자인 세나무스, 칼뱅파 개신교인 쿠르티우스가 종교에 대해 대화를 나누는데, 특이한 점은 각자 자신의 생각을 말할 뿐 다른 사람의 생각을 반박하고 자신의 생각을 들어 어떤 결론을 이끌어 내려고 하지 않는다는 점이다.

대화는 옥타비우스(Octavius)의 이야기로 시작한다. 배 한 척이 미풍을 받으며 알렉산드리아 항구를 출항했다. 그러나 곧 거센 폭풍우가 일기 시작했다. 선장은 닻을 내리도록 명령했고, 배에 탄 모든 사람에게 신에게 기도할 것을 요청했다. 그러나 아무리 기도해도 폭풍우가 가라않지 않았다. 그때 어떤 백발의 노인이 선장에게 배에 실려 있는 이집트 미라를 바다에 버리라고 말했고, 선원들이 그것을 바다에 버리자 갑자기 폭풍우가 멎었다. 그러자 그 노인은 하늘을 향해 두 손을 들고 불멸의 신에게 감사를 드리고 다른 사람들에게도 자신처럼 신을 경배하라고 요구했다.[43] 옥타비우스의 이야기를 다 듣고 나서 집 주인인 코로나이우스(Coronaeus)는 첫째 날 대화를 다음과 같은 의미 있는 말로 마무리하고 있다. "다양한 종교를 가진 사람들이 기도를 드렸는데 신은 대체 누구의 기도를 듣고 배를 안전하게 항구에 들어가게 한 것일까요?"[44] 이 질문에 회의주의자인 세나무스(Senamus)는 신이 모든 사람의 기도를 들어주었다고 답했다. 어떤 사람의 종교가 참된 종교인지 알 수 없지만 하느님께서는 악의 없는 실수를 용서하시는 분이시기에 배에 탄 모든 사람들이 한

---

43 Bodin, J., *Colloquium of the Seven about Secrets of the Sublime,* trans. Marion Leathers Daniels Kuntz., Princeton University Press, 1975, pp. 10-14.

44 Ibid., p. 14.

마음으로 진지하게 기도를 드렸다면 분명 그들 모두의 기도에 응답했을 것이라는 말이다. 이에 대해 자연철학자인 트롤바(Trolba)는 진리란 분명 존재하는 것이기에 다양한 종교들 중에 참된 종교를 찾아야 한다고 대꾸했다. 이에 세나무스는 참된 종교를 찾는 것이 쉽지 않다고 말하며, 어떤 사람이 아폴로 신탁에게 세상에 참으로 많은 종교가 있는데 어떤 종교가 참된 종교인지를 물었던 이야기를 끄집어냈다.

> 아폴로의 신탁이 수많은 종교 중에서 어떤 종교가 최선의 종교(the Best Religion)냐는 질문을 받자 한 단어로 대답했다고 합니다. 가장 오래된 종교(the Oldest). 가장 오래된 종교가 어떤 종교인지 다시 묻자 신탁은 최선의 종교라고 말했다고 합니다.[45]

그러나 트롤바는 세나무스의 이야기를 듣고 난 후 최선의 종교는 가장 오래된 종교라는 아폴로 신탁의 말에 자신도 동의한다고 말한다. 그러면서 그 이유를 다음과 같이 설명하고 있다.

> 얼마나 오래되었느냐에 따라 최선의 종교를 판단한다면 그 기원이 전 인류의 조상으로까지 거슬러 올라가는 종교를 찾아야 합니다. 왜냐하면 그들은 하느님으로부터 가장 성스러운 언어를 배웠을 것이기에 최선의 습관, 최상의 훈육, 최고의 지식을 받았을 것이며 그로 인해 최고의 영적 미덕을 갖추고 있었을 것이기 때문입니다. … 이는 하느님의 본성과도 부합하는 것인데 하느님이 그의 사랑하는 아들에게 비범한 덕을 주고 특히 참된 종교를 갖게 하여 그로 하여금 영원하신

---

45 Ibid., p. 173.

하느님을 찬양하고 경배하게 했을 것이기 때문입니다.[46]

이런 논리로 가장 오래된 최선의 종교(the Oldest and Best Religion)란 아담이 그의 창조주로부터 받은 종교라는 것이다. 이 종교는 영원한 신에 의해 사람들의 마음에 각인되어 있다고 본다. 신은 우주의 원동자이자 우주를 움직이는 원리로서 무한하고 영원한 존재이다. 그러기에 유한한 인간은 무한한 신을 알 수 없다. 그러나 인간은 순수한 마음으로 신의 창조물인 자연을 관조함으로써 신의 존재를 느낄 수 있으며 바로 이 존재를 진실한 마음으로 경외하는 것이 바로 참된 종교라고 말한다. 문제는 사람들이 타락하여 이 종교를 떠났다는 것이다. 유대교인인 살로몬(Salomon)은 트롤바의 견해에 동의하며 모세에 대한 새로운 해석을 내놓는다. 살로몬에 따르면, 신은 그의 백성을 긍휼히 여기고 그들을 구원하기 위해서 모세를 보내 그들의 영혼에서 거의 망각된 자연적이자 신이 영감을 준 종교로 돌아오도록 했다고 말한다.[47] 이때 모세가 백성에게 전한 십계명은 바로 자연법을 말하는 것이며, 그가 일깨워 준 종교가 자연종교라는 것이다. 요컨대, 살로몬과 트롤바의 입을 통해 보댕은 순수한 마음으로 우주 자체인 영원한 신을 숭배하며 자연법에 따라 사는 자연종교야말로 참된 종교라고 말하고 있는 것이다.[48] 그러나 지혜로운 보댕은 종교에 대한 논의를 여기서 끝내지 않았다. 만약 트롤바가 이야기하는 자연종교를 종교적 분쟁을 종식시킬 수 있는 대안종교로서 제시할 경우 그 종교 역시 종교적 분란에 빠지게 될 것임을 누구보다 잘 알고

---

46 Ibid., pp. 182-183.
47 Ibid., p. 184.
48 Ibid., p. 225.

있었기 때문이다.[49] 그러기에 보댕은 세나무스의 입을 빌려 다음과 같이 말한다.

> 나는 모든 사람의 모든 종교, 즉 트롤바가 사랑하는 자연종교, 주피터의 종교, 동양의 인디언들과 타타르인들이 사랑한 이방 신들, 모세의 종교, 그리스도 종교, 무함마드의 종교 등이 거짓과 위선이 아닌 순수한 마음으로 각자 그들 자신의 제의를 통해 신을 섬긴다면, 물론 최선의 종교가 신을 가장 기쁘게 하겠지만, 그래도 영원한 신이 이들의 행위를 못마땅하게 여기지 않을 것이며 악의 없는 실수 또한 용서할 것임을 믿습니다.[50]

여기서 한 걸음 더 나아가 보댕은 자연종교를 참된 종교라고 생각하는 트롤바의 입을 빌려 신앙은 신의 선물이면서 동시에 인간의 자유로운 동의에 기초한 것이기에 참된 종교에 관한 논쟁은 삼가해야 한다고 말한다.

> 신앙은 신의 선물이자 그의 용인에 의해 허락된 것입니다. 그러나 만약 그것이 불가피한 것이고 고정된 것이라서 상실할 수 없는 것이라면 그것은 강압이지 신앙이 아닙니다. 신앙이 자유로운 동의에 기초하는 것이라면, 신이 그의 아낌없는 선함에서 베푼 가르침을 인간의 논리를 동원해 어떤 사람으로부터 떼어 내려고 하는 것이야말로 가장 큰 불경이라 할 수 있습니다. 그러기에 우리는 종교에 대한 논의 자체를

---

49 Preus, Samuel, J., *Explaining Religion,* Atlanta, Georgia: Scholars Press, 1996, p. 17.
50 Ibid., p. 251.

완전히 삼가야 하는 것입니다.[51]

보댕은 자연종교를 참된 종교로 보면서도 참된 종교를 고집하지 않고 현실종교 안에 있는 자연종교의 측면을 부각시키고자 했다는 점에서 17세기를 대표하는 이신론과 자연종교의 옹호자였다고 할 수 있다.

보댕과 더불어 또 다른 르네상스기 프랑스 이신론자인 피에르 샤롱은 몽테뉴의 영향을 받은 회의주의자로 알려져 있다. 데카르트의 방법적 회의에서 볼 수 있는 것처럼 그는 먼저 감각의 취약함과 모순을 들어 감각 기능에 대해 의문을 제기하며, 감각으로 인해 영향을 받는 감성이 냉정한 이성적 판단을 흐리게 하여 이성 역시 진리에 대한 인식이 어렵다는 사실을 지적한다. 결국 진리의 탐구에 있어 이성과 감각경험에 의존하는 인간은 사물에 대해서 확실한 진리에 이를 수 없을 뿐 아니라 초자연적인 존재인 신의 본성에 대해서는 더더욱 아무것도 알 수 없다고 말한다.

샤롱은 『세 가지 진리(Les Trois Veritez)』에서 신의 존재를 논증하는 전통적 논증을 외적인 것과 내적인 것으로 나누어 논의하고 있는데, 운동, 목적, 존재와 선의 정도 등에 의한 외적인 논증에 대해서는 그것이 별다른 설명이 필요하지 않을 만큼 완벽하게 신의 존재를 입증하고 있다고 본다. 그리고 내적인 논증, 즉 도덕적 논증에 대해서도 이것 역시 세 가지 점에서 신의 존재를 입증하고 있다고 본다. 첫째는 관습을 떠나 모든 사람이 보편적 공감을 지니고 있다는 점, 둘째는 위급한 상황에서 신을 찾는다는 점, 셋째는 인간은 누구나 나쁜 짓을 하면 양심의 가책을 받는

---

51   Ibid., p. 169.

다는 점이다.[52] 바로 이런 사실들은 인간의 내면에 신의 빛이 각인되어 있기 때문인 것이다. 이처럼 인간은 이성과 경험을 통해 신의 존재를 분명하게 알 수 있지만 신의 본성에 대해서는 아무것도 알 수 없다는 것이 샤롱의 생각이다. 그 이유는 첫째, 신이 인식 불가능한 무한한 존재라는 점 때문이며, 둘째, 유한한 사물조차도 제대로 인식할 수 없는 인간의 인식능력의 한계 때문이다. 특히 인간은 모든 것을 자신의 본성과 연관지어 생각할 수밖에 없기에 사물을 객관적으로 인식할 수 없으며 그러기에 신조차도 의인적으로 묘사한다는 것이다. 따라서 테르툴리아누스(Tertullianus, 155-230)나 토마스 아퀴나스(Thomas Aquinas, 1225-1274)는 일찍이 신을 어떤 존재라고 단정하기보다는 신은 어떤 존재가 아니라고 말하는 부정의 방법을 사용했으며, 중세 스콜라 신학은 신에게 모든 종류의 완전성을 부여하는 긍정의 방법을 사용해 왔다. 그러나 샤롱은 이 두 가지 방식 모두 신에 대해 아무런 지식도 제공하지 않기에 이들 방식 역시 신에 대한 올바른 기술 방식일 수 없다고 생각했다.[53]

샤롱은 회의주의적인 접근을 통해 기성종교를 비판하고 나선다. 일단 신을 인간의 사소한 허물을 찾아서 벌하고, 인간의 기도와 제물을 기쁘게 받는 그런 존재라고 생각한다면 그런 신은 인간보다 못한 비루한 존재일 뿐이며 그런 신을 믿는 기성종교는 미신이라고 비판한다. 이런 주장을 뒷받침하는 논거로 샤롱은 기성종교의 교리와 의례의 근거가 되는 계시가 인간의 인식능력을 벗어난 것임을 지적한다. 샤롱은 종교적 교리나 의례가 인간의 구원을 위해 꼭 필요한 것이라면, 모든 인간을 구

---

52   Charron, P., *Les Trois Veritez*, 2nd ed, Bourdeaus: S. Millanges, 1595, I, c. 7. https://books.google.co.kr/books.

53   Ibid., I, c. 5.

원하고자 하는 신이 굳이 인간으로서는 그 진위를 알 수 없는 계시라는 폐쇄된 방식을 통해서 구원의 조건을 전달하지는 않았을 것이라 말한다. 따라서 샤롱은 기성종교의 교리나 의례는 실상 그것을 규정함으로 인해 이득을 보게 되는 사람(즉 성직자)들을 위한 것일 뿐 신을 위한 것은 아니라고 말한다. 그런데 문제는 인간이 계시의 진위에 대해 알 수 없다는 논거로 계시종교를 비판할 경우 계시에 기초한 것으로 여겨져 온 도덕에 대해서도 의구심을 갖게 된다는 점이다.

샤롱에 따르면, 신이 악한 자를 처벌하고 선한 자를 구원하시기에 늘 선을 행하기에 힘쓰라는 믿음은 비록 그것이 참이라는 어떤 이성적이거나 경험적 증거는 없지만, 늘 위험에 노출되어 있는 우리가 즐겁고 행복하게 살고자 하면 반드시 가져야 하는 믿음인 것이다. 이런 믿음들이 참이라는 어떤 증거도 없기에 받아들일 수 없다고 말하는 사람들에 대해 샤롱은 우리의 일상적인 삶이 이성이나 경험으로 입증할 수 없는 수없이 많은 믿음들로 이루어져 있음을 일깨워 주면서 종교에만 증거를 요구하는 것이 오히려 문제임을 지적한다.[54] 실상 우리의 일상적 삶은 이성이나 경험을 통해 입증되는 진리에 기초한 것이 아니라 어떠한 증거도 제시할 수 없는 수없이 많은 믿음에 기초하고 있는 것이다. 바로 이 같은 사실을 깨닫고 묵묵히 종교의 가르침대로 도덕을 실천하는 사람이 지혜로운 사람인 것이다. 신의 존재에 대한 믿음과 그 믿음에 근거한 도덕의 실천을 강조하고 있는 샤롱은, 신의 존재에 대한 믿음과 유일한 종교적 실천으로 도덕의 실천을 주장했다는 점에서, 보댕과 더불어 16세기 르네상스기 프랑스의 대표적인 이신론자이자 자연종교론자였던 것이다.

---

54 Ibid., II, c. 12. 이 같은 보댕의 입장은 알빈 플란팅가의 기초적 신념론과 아주 유사하다. 이태하, "기초적 신념론 비판", 『철학연구』, 43권, 1998 참조.

제3장

영국 이신론의 형성 배경

1. 종교개혁

16세기 유럽의 종교개혁(Reformation)을 이야기할 때 우리는 적어도 네 가지 움직임에 주목해야 한다. 첫째는 마틴 루터(Martin Luther, 1483-1546)에 의해 상징되는 독일의 종교개혁 운동, 둘째는 일명 칼뱅주의라 불리는 스위스 연방 내에서 일어난 교회 개혁 운동, 셋째는 세속 정부와의 유착을 반대하고 오직 성경만을 극단적으로 강조한 재세례파(Anabaptism)의 종교개혁 운동, 그리고 끝으로 이러한 개혁에 반대해 일어난 가톨릭의 반종교개혁(Counter Reformation), 즉 가톨릭의 종교개혁(Catholic Reformation)이다. 그러나 일반적으로 종교개혁을 말할 때는 가톨릭의 종교개혁은 제외하고 16세기 루터, 칼뱅(Jean Calvin, 1509-1564), 츠빙글리(Ulrich Zwingli, 1484-1531)에 의해 각각 주도된 루터교(Lutheranism), 개혁교회(the Reformed Church), 급진적 종교개혁(the Radical Reformation)을 가리킨다.[1]

종교개혁이 일어난 16세기는 가톨릭교회의 부패가 절정에 다다른 시기였다. 가톨릭 역사상 가장 타락한 교황으로 알려진 스페인 보르지아 가문 출신의 교황 알렉산더 6세(Pope Alexander VI, 1431-1503)는 여러 명의 정부와 자식들을 두고 있었는데도 온갖 술수를 동원해 1492년 교황으로 선출되었다. 뿐만 아니라 첩의 자식이었던 체사레 보르지아(Cesare Borgia, 1475-1507)를 발렌티노 대주교와 추기경으로 만들었다. 체사레 보르지아는 자기 여동생과 근친상간을 했을 뿐 아니라 마키아벨리(Niccolò Machiavelli, 1469-1527)가 『군주론』의 모델로 삼았을 만큼 목적 달성을 위

---

1   McGrath, A. E., *Reformation Thought: An Introduction,* Blackwell Pub. Ltd., 1999, pp. 29-38.

해서는 수단과 방법을 가리지 않는 잔인함과 냉혹함을 보였다. 이 같은 사실만 보아도 르네상스기 교회의 타락이 어느 정도였는지 충분히 짐작할 수가 있다. 당시 지식인들에게 교회는 온갖 부패와 타락의 온상이라 여겨졌으며 이를 개혁하기 위해서는 교회가 초대 교회 당시의 순수한 신앙과 열정을 회복해야 한다고 생각했다. 그러나 교회는 그 내부에서 이런 개혁을 추진할 힘을 갖고 있지 않았으며 그런 개혁을 추진할 생각도 없었다. 그러나 다행스럽게도 13세기 절정에 달했던 교황권은 14세기에 들어서면서 상공업과 무역을 통해 부를 축적하고 이를 바탕으로 근대적 민족국가를 추구하던 세속 권력의 힘에 밀려 쇠퇴를 거듭하고 있었다.[2] 종교개혁자들이 교회의 개혁을 외칠 수 있었던 것은 이처럼 교황권이 세속 권력에 밀려 상당히 약화되어 있었기에 가능했던 것이며, 그들의 개혁이 성공을 거둘 수 있었던 것은 교황권을 견제하고 있던 세속 권력의 전폭적인 지원을 받을 수 있었기 때문이었다.

1517년 아우구스티누스회의 수도사였던 루터에 의해 촉발된 종교개혁은 처음에는 이런 교회의 타락상에 대한 반성과 자정운동으로 시작된 것이었다. 그러나 교회 내 자정운동은 시간이 가면서 교회타락의 원인을 부패한 성직자와 그들이 조작해 낸 교회의 잘못된 의례와 의식에 있다고 보고 이를 개혁하기 위해 반성직주의(Anticlericalism), 반교황주의(Antipapalism), 반가톨릭 형식주의(Anti-Catholic Formalism)를 기치로 내건 대대적인 반가톨릭 운동으로 전개되었다. 이것은 한마디로 말해서 기성교회의 권위와 권력에 대한 도전이었던 것이다. 루터는 교리를 제정하고

---

2   1076년 교황 그레고리오 7세에 의한 황제 하인리히 4세(신성로마제국)의 카노사의 굴욕과 1309년 필리프 4세(프랑스 카페 왕조)에 의한 교황 클레멘스 5세의 아비뇽 유폐사건은 교황권의 절정과 쇠락을 보여 주는 단적인 사건들이다.

선포하는 교황과 공의회의 권위를 받아들이지 않았으며, 성서에 대한 올바른 이해와 해석은 성서를 읽는 개개인의 양심과 자유에 달린 것이라고 보았다. 루터는 가톨릭교회에 의해 구원의 조건으로 규정된 각종 성례와 성사가 사실상 성서에 근거하지 않을 뿐 아니라 미신을 조장한다는 이유로 배격하고 대신에 개인의 양심과 자유에 기초한 신앙만을 구원의 유일한 조건으로 제시하였다. 그는 "의인은 믿음으로 살리라"(『하박국』, 2:4; 『로마서』, 1:17)라는 성경 말씀으로부터 이신득의(以信得義, Justification by Faith)라는 프로테스탄티즘의 기본 교리를 이끌어 내었다. 루터에게 있어 신앙이란 한마디로 하느님의 선하심을 믿고 그를 절대적으로 신뢰하는 것이었다. 다시 말해, 완전무결한 하느님의 절대 주권을 신뢰하며 성서를 통해 우리에게 전하시는 그의 뜻에 따라 사는 것이 바로 참된 신앙인 것이다.

따라서 종교개혁은 자연스럽게, 철학을 활용해 종교적 믿음을 이성적으로 정당화하고 여러 신앙적 교리들을 체계적으로 모순 없이 이해하고자 했던, 중세교회의 스콜라주의에 대한 반발로 이어졌다. 그러나 종교개혁자들이 이처럼 순수하게 신앙적인 것만은 아니었다. 그들은 다분히 정치적이기도 했다. 그들은 세속 권력에 신성을 부여하였고, 교회를 국가에 종속시켰는데 이는 세속 권력의 힘을 빌려 교권을 견제하기 위한 정치적 고려에서 비롯된 것이었다. 그 결과 종교개혁자들은 교회에 의해 강요되어 온 각종 종교적 의례와 교리로부터 벗어나 개인의 양심과 자유에 기초한 새로운 신앙을 주장할 수 있게 되었다.

종교개혁자들은 학문적 접근방식에 있어서는 영락없는 인문주의자들이었다. 다시 말해, 그들은 인문주의자들의 모토인 '근원으로'에 따라 초대 교회 당시의 신앙으로 돌아가기 위해 희랍어 원전 성서를 읽고 초대 교부들의 가르침을 경청하고자 했다. 이를 위해 먼저 종교개혁자들은 아리스토텔레스 철학과 그리스도교 신학의 강력한 변증법적 종합을 시도한 13세기 스콜라 철학의 대명사였던 토미즘을 공격하고 나섰다.[3] 종교개혁자들이 스콜라 철학을 공격하고 나선 데는 나름의 이유가 있었다. 스콜라 철학은 인간의 죄가 이성을 포함한 인간의 전인격에 퍼져 있다는 사실을 제대로 이해하지 못하고, 인간 이성에 기반한 이방철학을 그리스도교 신학에 끌어들여 그리스도교 신앙의 본질을 흔들어 놓았기 때문이다. 루터에 따르면, 자연의 빛인 이성과 이방철학이 진리를 발견하는 안전한 수단일 수 있다고 주장한 스콜라 신학자들은 사변적인 신학을 통해 신앙을 공고히 한 것이 아니라 실상은 영적인 암흑의 심연에 더욱 깊이 빠져들었던 것이다. 루터가 보기에 철학은 스콜라 신학자들의 생각처럼 기독교 신앙에 기여할 수 있는 중립적인 도구가 아니었던 것이다. 그도 그럴 것이 철학이란 학문 자체가 인간 이성의 능력을 과대평가하는 잘못된 인간관에 기초하고 있기 때문이다. 성서적 인간관에 따르면, 인간은 죄로 물든 존재이기에 이런 존재에게서 이성의 합리성을 기대한다는 것은 어불성설이다. 따라서 죄로 물든 인간을 참된 신앙과 구원으로 인도하는 것은 이성이 아니라 신적 계시를 담은 성서와 그 말씀에 순종할 수 있는 신앙인 것이다. 종교개혁자들이 보인 인간 이성에 대한 이 같은 불신은 '오직 성서만으로'라는 그들의 종교개혁의 슬로건과 완벽하게 일치하는 것이었다. 인간 이성에 대한 종교개혁자들의 부정적인 견해는 여기서 멈추지 않고 한 걸음 더 나아가 인간의 도덕적

---

3   그러나 가톨릭은 루터의 95개조 반박문으로 인해 실추된 교회의 권위를 회복하는 한 편 교회의 개혁에 나서기 위해 개최한 트리엔트 공의회(1545~1563)를 통해 교회의 공식 입장으로 토미즘을 수용하였다.

무능력에 대한 견해로 발전함으로써 프로테스탄티즘의 핵심교리인 의화(義化, Justification)의 교리를 가져오는 계기를 만들었다.

　토미즘의 토대가 된 아리스토텔레스 철학은 16세기 가장 논란이 되었던 두 가지 신학적 논쟁에서 핵심적인 역할을 했다. 하나는 의화에 대한 교리논쟁이고, 다른 하나는 성변화(Trans-Substantiation)에 관한 것이었다. 의화에 대한 교리논쟁이란 죄인이 어떻게 하느님으로부터 구원을 받느냐에 관한 것으로서 개혁자들은 의화를 죄인을 '의롭다고 선언하시는(Declared to be Righteous)' 신적 은총으로 간주한다. 다시 말해서, 인간이 구원을 받는 것은 신이 그리스도의 의로움을 죄인에게 돌리기로 마음먹었기 때문이라는 것이다. 그러나 가톨릭은 의화의 과정에서 인간이 하느님의 은총과 협력을 한다고 주장한다. 이는 인간이 하느님의 은총의 도움을 받아 의로운 존재로 변화되었다는 것이다. 그러나 개혁자들이 보기에 이 같은 견해는 죄로 물든 인간의 본성을 간과한 잘못된 견해인 것이다. 이 같은 잘못된 견해가 생겨난 것은 일차적으로 가톨릭교회가 신약 성서에 나오는 그리스어를 잘못 번역했기 때문이지만 그들로 하여금 이처럼 잘못된 해석을 하게 한 보다 더 근본적인 요인은 토미즘의 근거가 되는 아리스토텔레스의 윤리학 때문이었다. 루터가 최악의 책으로 손꼽는 아리스토텔레스의 『니코마코스 윤리학』을 보면 인간은 반복되는 실천, 즉 덕(Arete)을 통해 선함을 얻게 된다고 한다. 이를테면 덕이란 우리를 선하게 만드는 습관인 것이다. 이런 관점에서 볼 때 인간이 하느님 앞에서 의인이 되기 위해서는 지속적인 실천을 이끌어 내는 덕을 갖추어야 한다. 루터는 바로 아리스토텔레스의 이러한 덕 개념이 잘못된 의화에 대한 가르침, 즉 개인의 공적(功績)에 의한 의화의 개념을 만들어 내었다고 본다. 그러나 루터가 보기에 인간이 의롭게 되는 것은 아리스토텔레스가 주장하듯이 우리 안에 덕이 있기 때문이 아니라 우리 밖에 있는 그리스도의 속죄행위 때문인 것이다. 요컨대, 구원의 전제조건이 되는 기독교인의 의로움이란 우리의 내적인 속성에서 말미암는 선한 행실의 결과가 아니라 우리 밖으로부터 우리 안으로 들어온 것이다.

종교개혁자들이 이처럼 구원에 대한 의화의 개념과 관련해 반토미즘적인 견해를 취했지만 그렇다고 이들의 주장을 반스콜라적이라고 말할 수는 없다. 왜냐하면 그들의 의화 개념은 토미즘과 더불어 스콜라 철학의 또 다른 줄기라 할 수 있는 스코티즘(Scotism)에 기초하고 있었기 때문이다. 스코투스(Duns Scotus, 1266-1308)는 계시의 도움 없이도 인간 이성이 계시적 진리를 이해할 수 있다고 본 토미즘의 주지주의(Intellectualism)의 전통적인 방식(Via Antiqua)을 거부하고 신앙의 합리성에 대해 의문을 제기했다. 스코투스의 뒤를 이은 오캄(William of Ockham, 1285-1349)은 스코투스의 이러한 새로운 방식(Via Moderna)을 수용해 이성을 통한 계시의 해명에 의문을 제기하면서 신의 완전한 자유와 그의 자유의지의 불가해성을 강조하는, 일명 주의주의(Voluntarism)를 주장하였다.[4] 주의주의란 신적 이성(Divine Reason)에 대한 신적 의지(Divine Will)의 우선성을 주장하는 견해[5]로서 이 견해에 따르면 하느님도 수용할 수밖에 없는, 구원을 위한 선한 행위가 있는 것이 아니라 선한 행위란 바로 하느님이 선택한 행위라는 것이다. 다시 말해서, 하느님조차도 구속을 받을 수밖에 없는

---

4   Henry of Ghent, Gabriel Bel, William of Occam, Bonaventure, Gregory of Rimini, Duns Scotus 등이 중세의 대표적 주의주의자들이다. 이들은 이성에 대한 의지의 우선성, 즉 의지가 지성을 움직인다는 점을 강조하며 도덕법칙이든 자연법칙이든 모든 법칙은 하느님의 지성의 산물이 아닌 의지의 산물이라고 본다(Harrison, P., "Voluntarism and Early Modern Science," *History of Science*, Vol. 4, No. 1, 2002a, p. 64).

5   Osler, M., *Divine will and the mechanical philosophy: Gassendi and Descartes on contingency and necessity in the created world*, Cambridge University Press, 1994, p. 17.

선한 행동이 존재하는 것이 아니라 하느님이 선택한 행동이 바로 선한 행동이라는 것이다.[6] 이는 인간이 행한 덕 있는 행동이란 그들의 선함이 그 행동에 내재하고 있기 때문이 아니라 하느님이 그러한 행동을 선한 것으로 간주했기 때문이라는 의미가 된다. 따라서 주의주의는 종교개혁자들의 주장인 의로움이 행위자의 내면에 있는 것이 아니라 밖에 있는 것이란 주장을 이론적으로 뒷받침하게 된다. 칼뱅에 따르면, 그리스도의 속죄행위도 그 자체의 선함 때문이 아니라 하느님의 자유로운 선택에 의해 그 행위가 수용되었기 때문에 선한 것이다. 칼뱅의 이 같은 주의주의적 견해는 한 걸음 더 나아가 누가 구원을 받을지는 하느님의 전적인 주권에 속한다는 취지의 예정구원론으로 이어진다.

아드 폰테스의 정신이 르네상스 인문주의자들로 하여금 고대 이신론을 주목하게 만들었다면 종교개혁자들에게는 초대 교회 당시의 순수한 신앙을 돌아보게 만들었다. 그런 까닭에 종교개혁은 이신론의 발전과는 거리가 멀어 보인다. 그러나 실상을 돌아보면 그렇지 않았다. 종교개혁은 르네상스 인문주의만큼이나 근대 이신론 특히 영국 이신론의 형성에 지대한 영향을 끼쳤다. 종교개혁이 영국 이신론 형성에 끼친 영향은 여러 가지가 있다.

첫째 종교개혁자들은 가톨릭에서 유물, 성지, 성인과 연관되어 일어난 것으로 보는 기적들을 위험한 것으로 생각했는데 그들은 성서에 기록된 기적만을 믿었다. 특히 그들은 가톨릭 신앙의 핵심에 속하는 성체성사 시에 빵이 그리스도의 몸으로 변한다는 화체설을 수용하지 않았다. 바로 이 점에서 이신론자들은 종교개혁자들로부터 영향을 받았다.

---

6   이 견해는 플라톤의 *Euthyphro*에 나오는 말로서 신은 그것이 선하기에 그것을 명한 것이 아니라 신이 그것을 명하였기에 그것이 선한 것이다(Platon, *Euthyphro*, 10a).

이신론자들은 성경에 근거하지 않는 화체설을 부정하였을 뿐 아니라 여기서 한 걸음 더 나아가 성서에 기록된 기적까지도 수용하지 않았다.

둘째, 과거 가톨릭교회가 평신도들에게 교회의 가르침에 무조건적인 수용과 복종만을 강조했던 것과는 달리 종교개혁자들은 종교의 문제에 있어서 평신도들에게 성경을 읽고 그 의미를 묵상하도록 가르쳤다. 이는 성서 해석에서 개인의 생각, 즉 이성의 사용을 중시한 것이다. 그러나 종교개혁자들이 이성에 대해 절대적 신뢰를 보낸 것은 아니었다. 그들은 이성의 사용을 무제한적으로 허용한 것이 아니라 성서에 근거하지 않는 교리나 종교적 의례를 비판적으로 수용할 것을 가르쳤던 것이다. 이신론자들의 경우는 여기서 한 걸음 더 나아가 이성을 사용해 성서의 내용까지도 비판적으로 보았다.

셋째, 종교개혁 이전에는 교회의 성직제도, 교회의 전례와 의식 등을 준수하는 것을 교인의 가장 중요한 의무로 여겼다. 그러나 종교개혁자들은 가톨릭교회가 준수하던 성직 제도를 거부했으며, 7성사 중에서 세례와 성찬만을 남겨 두고, 가능한 한 복잡한 종교적 의식을 간소화했다. 또한 교회가 지켜 오던 수많은 축일을 폐지하였다. 그들은 종교의 핵심이 사랑과 윤리에 있다고 보고 종교적 의례의 준수보다는 사랑과 공의의 실천을 강조했던 것이다. 아무런 종교적 교의나 제의 없이 단지 신의 존재에 대한 믿음과 그 믿음에 기초한 도덕적 실천을 유일한 종교적 실천이라 믿는 이신론(또는 자연종교)은 바로 중세 가톨릭교회를 비판하고 나섰던 종교개혁자들의 개혁 정신으로부터 심대한 영향을 받은 것이었다.

넷째, 종교개혁자들은 전승과 전례를 떠나 성서로 돌아가야 한다고 주장했는데, 이 같은 주장은 성서 해석에 대한 다양한 해석 가능성을 열어 놓음으로써 수많은 종교적 분파가 생겨나는 원인이 되었으며 결국에는 종교적 분파 간의 갈등과 분쟁의 불씨가 되고 말았다. 특히 영국의 경우, 튜더와 스튜어트 왕조 시대에 이루어진 빈번한 이단논쟁과 정치적 의도는 숨긴 채 참된 종교의 수호라는 종교적 명분으로 이루어진 종교탄압은 영국인들로 하여금 이단논쟁에서 자유로운 인류의 보편적 종교의 필요성을 깊이 각인시켜 주었고 그 필요성으로 인해 나온 것이 바로 이신론과 자연종교인 것이다.

2. 영국의 종교개혁

　　17~18세기 영국에서 이루어진 종교철학적 논의를 이해하기 위해서는 무엇보다도 16세기에 일어난 영국의 종교개혁과 이후 17세기 말까지 정치적 상황과 연계되어 전개된 종교적 분쟁을 이해해야 한다. 영국의 르네상스라 불리는 튜더 시대의 2번째 왕인 헨리 8세가 이혼을 위해 영국 국교회를 세운 1534년을 시작으로 해서 제임스 2세를 권좌에서 몰아낸 1688년의 명예혁명까지 150여 년간의 근대 영국의 상황은 한마디로 종교분쟁의 시기였다고 말할 수 있다. 이 시기 영국의 종교분쟁은, 국내외 정치상황과 복잡하게 얽혀 있었기에 단순히 종교적 문제로만 볼 수는 없으나, 분명 핵심 쟁점은 결국 종교문제였다.
　　영국에서의 종교개혁은 대륙에서와는 달리 종교의 타락과 부패의 문제에서 발단이 된 것이 아니라 헨리 8세의 이혼문제가 발단이 되었다.

헨리 8세는 자신의 왕위를 이을 아들을 얻기 위해 형의 미망인이었던 캐서린과의 이혼을 원했다. 그러나 캐서린의 친정인 스페인의 영향하에 있던 교황청으로부터 승인을 받아 낼 수 없었다. 그러자 그는 1534년 왕을 교회의 수장으로 하는 영국 국교회를 설립하는 종교개혁을 단행했다. 헨리 8세는 이 같은 과격한 조치를 통해 수도원의 재산을 몰수하는 한편 교구의 행정조직과 교회법정을 폐지하고 자신이 임명한 치안판사가 지방을 통치하게 함으로써 왕권을 강화할 수 있었다.

영국의 종교개혁은 헨리 8세의 이혼문제가 발단이 되었지만 실상 그것이 가능했던 것은 종교개혁을 반기는 여러 여건이 조성되어 있었기 때문이었다. 무엇보다 위클리프(John Wycliff, 1320-1384)의 반가톨릭적인 종교개혁 사상을 추종하는 롤라드 운동이 사회 저변에 이미 확산되어 있었고, 1520년 무렵부터 유럽과 교역을 하는 항구 도시를 중심으로 루터교가 유입되면서 롤라드 운동에 영향을 받은 소수 지식인과 상인들을 중심으로 확산되기 시작하였다. 게다가 국민들의 성향 또한 전통적으로 반외세, 반교황, 반교권주의적이었다.

그런데 이혼문제만 아니었다면 헨리 8세는 로마가톨릭과 단교를 하는 무리수를 둘 이유가 없었다. 13세기부터 영국의 국왕들은 교회법과 교회재판소 운영에 있어서 독자적인 통제권을 행사하고 있었으며 교황청과의 협약에 의해 성직자에 과세를 했으며, 고위성직자 임명에 있어서도 일정한 권리를 행사해 왔기에 굳이 로마가톨릭과 불화를 조성할 이유가 없었기 때문이다. 어찌되었든 이혼이라는 다소 엉뚱한 문제로 인해 단행된 헨리 8세의 종교개혁은 영국인들의 반가톨릭적 성향에 불을 붙였다. 앞서 언급하였듯이, 영국의 종교개혁은 이미 14세기부터 사회 저변에서 이미 시작되고 있었다. 1374년 성직자의 세금 징수문제로 교황청이 에드워드 3세를 소환했을 때, 사절단의 일원으로 동행했던 옥스퍼드 대학의 교수 위클리프는 이후 교구장이 되자 자신을 단순히 교회개혁론자나 신앙부흥론자가 아닌 교회혁명자로 천명하고 나섰다. 그는 교황과 가톨릭교회의 부패와 권력을 비판하는 데 그치지 않고 한 걸음 더 나아가 가톨릭의 핵심교리인 성사, 순례, 성인 숭배를 비판하는 한편, 민중에게 복음을 전하기 위해 가톨릭이 금지한 라틴어 성경에 대한 영어 번역을 추진하였다. 위클리프의 혁명적인 교설은 시민, 상인, 일부의 젠트리와 성직자들에게 영향을 주었으며 이후 많은 추종자들이 생겨나면서 롤라드(Lollard)라는 새로운 종교적 분파를 형성하게 되었다. '롤라드'란 말은 '소리 내어 기도하는 자'라는 화란어에서 유래한 것으로 성사나 고해보다는 말씀과 기도를 강조하는 개신교를 업신여기는 표현이었다. 이 분파는 1394년 '롤라드 신조(Lollard Conclusions)'를 선포하였는데 그 내용은 다음과 같다.

① 교회의 상태: 영국교회는 그 계모인 로마교회의 영향을 받아 축제에 열심인데 이는 시정되어야 한다.
② 사제직: 천사보다 더 높은 권한을 갖는 로마교회의 사제직은 예수가 허락한 사제직이 아니다.
③ 성직자의 독신제: 성직자에게 요구되는 독신제는 무엇보다 먼저 여자에게 해가 되는 것이며, 교회에 남색을 가져오게 된다. 그러므로 성직자도 자연적으로 욕망을 배출해야 하는 것이다.
④ 화체설: 천국을 떠난 적이 없는 그리스도의 몸이 사제의 축사로 인해 작은 빵 덩어리에 들어간다고 믿기에 화체설은 우상숭배가 될 수 있다.
⑤ 주문과 축성: 포도주, 빵, 물, 기름, 양조, 향, 십자가 등에 대한 주문

과 축성은 참된 신학에 근거한 것이 아니라 일종의 마법을 행하는 것이다.

⑥ 성직자의 겸직: 성직자가 세속의 일을 맡을 경우 어느 하나에 전념하지 못함으로써 세속의 왕국이나 천상의 왕국 모두를 망칠 수 있다.

⑦ 죽은 자를 위한 기도: 고인의 명복을 비는 기도는 보시를 목적으로 한 것이다.

⑧ 성지 참배: 십자가 고상에 기도하고 제물을 드리는 것은 우상숭배에 해당하는 것이다.

⑨ 고해성사: 구원에 필수적이라고 하는 고해성사는 사제의 오만을 조장하는 것이다. 성직자들은 신의 대리자로서 인간의 죄를 용서할 수 있는 권한이 있다고 하지만 이는 거짓이다.

⑩ 전쟁, 전투, 십자군: 전쟁에서나 또는 영적인 계시 없이 세속적인 이유에서 법에 의해 이루어지는 살인은 은총과 자비를 말하는 신약성서에 위배되는 것이다.

⑪ 여성의 금욕과 낙태에 대한 서원: 나약하고 불완전한 여성이 교회에서 하는 금욕에 대한 서약은 인간 본성으로 저지를 수 있는 더 심각한 죄악을 야기할 수 있기에 잘못된 것이다.

⑫ 성물: 사도 바울은 의식의 문제가 해결되는 것만으로 만족하라고 말한다. 불필요한 미술 장식품, 세공품들은 인간의 덕성을 함양키 위해 제거해야 한다.[7]

요컨대, 롤라드 12개 신조의 주요 내용은 가톨릭교회의 주요 교리들의 문제점과 그것들이 성서에 근거하지 않음을 지적하고 있는 것이다. 한마디로 롤라드는, 성경이 신앙의 기준이라는 위클리프의 가르침

---

7 Peters, E., *Heresy and Authority in Medieval Europe.*, Phila.: U. Penn Press, 1980.

에 따라, 성경에 기초하지 않는 신학이나 교리를 배척하고 있다. 그러나 바로 이 점으로 인해 롤라드는 초기에 사회 저변으로 확산되지 못했다. 롤라드의 출발점은 성서에 있었기에 이 운동은 성서를 접할 수 있고, 성서를 읽고 글을 쓸 수 있는 사람들로 국한될 수밖에 없었던 것이다. 그런데 14~15세기 당시 영어성경은 아주 귀했으며 게다가 서민들이 구하기에는 너무 값비싼 것이었다. 또한 그 당시에는 문자를 해독할 수 있는 성인 남자의 비율이 10%에 불과했다. 그러나 16세기에 들어서면서 상황이 달라졌다. 문자를 읽고 쓸 수 있는 성인 남자의 비율이 30% 가까이 증가하면서 롤라드 운동이 전국적으로 확산되었다. 또한 루터주의를 신봉한 케임브리지 대학의 교수 틴데일(William Tyndale, 1494-1536)이 비텐부르크에서 번역한 영어성경이 보름스에서 출간되어 영국에 반입되면서 프로테스탄트 운동이 확산되었다. 이와 같은 일련의 변화들이 헨리 8세의 종교개혁이 성공을 거둘 수 있는 여건을 형성했던 것이다.

그러나 정치적이고 사법적인 종교개혁이 신학적인 종교개혁에 앞서 수행되었기에 헨리 8세의 종교개혁은 영국 국교회가 국왕을 수장으로 한다는 것 외에 종교적 교리와 의식에 대한 명확한 입장이 없었다. 따라서 보수파가 득세하면 가톨릭 교리에 가깝게 성직자의 결혼이 허용되지 않았고, 성찬 시의 빵과 포도주가 그리스도의 살과 피로 변한다는 교리를 인정했으며, 영어성경이 금지되었다. 반면에 개혁파가 득세하면 이와는 정반대의 현상이 일어났다. 이는 헨리 8세가 유럽 대륙의 정세가 프로테스탄트에게 유리하게 돌아가면 프로테스탄트 국가와의 동맹을 추구하고 그 반대의 경우에는 가톨릭 국가들과의 우호관계를 추구했기 때문에 일어난 일이었다. 그러나 헨리 8세는 젊은 시절 가톨릭의 수호자라 불렸던 만큼 기본적으로 독실한 가톨릭 신앙인이었다. 따라서 가능한 한 가톨릭의 종교적 의례와 교리를 그대로 유지하고자 하였으며, 말년에 신교의 입장을 일부 수용했을 때조차도 중도적인 입장에서 양자의 중용을 취하고자 했다. 그러나 헨리 8세 사후에는 사정이 달라졌다.

헨리 8세의 사후, 에드워드 6세(Edward VI, 1537-1553)가 왕위에 오른지 6년 만에 사망하자 캐서린의 딸 메리(Mary I, 1516-1558)가 왕위에 올랐다. 그녀는 자신의 어머니를 폐비시킨 것이 신교 세력이라고 보고 이들을 증오한 나머지 로마가톨릭으로 복귀하는 한편 '피의 메리'라는 별명을 얻을 만큼 잔인하게 신교도를 박해하였다. 그러나 메리 역시 집권 5년 만에 암으로 사망하자 헨리 8세의 2번째 부인이었던 앤 볼린의 딸 엘리자베스(Elizabeth I, 1533-1603)가 왕위에 올랐다. 엘리자베스는 왕위에 오르자 로마가톨릭에서 돌아설 수밖에 없었다. 종교개혁의 원인이 되었던 헨리 8세와 앤 볼린과의 결혼을 인정하지 않았던 교황청이 앤 볼린의 딸인 엘리자베스를 왕위 계승을 받을 수 없는 사생아로 간주했기 때문이다. 헨리 8세 서거 후 약화된 왕권을 강화하기 원했던 엘리자베스는 신교보다는 왕이 수장이 되는 국교회로의 복귀를 결정했다. 그러나이미 사회 저변에 확산된 신교적 성향을 고려해 친가톨릭적이었던 아버지 헨리 8세와는 달리 국교회에 프로테스탄트적인 요소를 도입하기 시작하였다. 그녀는 칼뱅주의의 예정설을 국교회의 교리로 수용하였으며, 라틴어 미사를 폐지하고 성직자의 결혼을 수용했으며, 영어 기도서와 영어 예배를 허용하였다.

1603년 엘리자베스 여왕이 사망하자 스코틀랜드의 왕 제임스 6세가 튜더가의 혈통이란 이유로[8] 왕위를 계승해 잉글랜드와 스코틀랜드의

---

8 제임스 1세는 헨리 7세(Henry VII, 1485-1509)의 증손녀로서 엘리자베스와 오촌 간

통합왕인 제임스 1세(James I, 1566-1625)가 된다. 제임스 1세는 조합교회(Congregation)에 의해 실제적인 통치가 이루어지고 있던 스코틀랜드에서 성장한 까닭에 자신의 어머니를 축출하고 왕권을 제한해 온 신교보다는 국왕을 수장으로 하는 국교회에 호감을 가졌다. 그러자 제임스 1세가 신교에서 성장했기에 신교에 우호적일 것이라고 생각했던 신교 세력과, 가톨릭 신자였던 메리 스튜어트의 아들이기에 가톨릭에 우호적일 것이라 생각했던 가톨릭 세력 모두 제임스 1세로부터 등을 돌렸다. 이때부터 영국의 신교회는 세 파로 나뉘게 된다. 첫 번째 분파는 가톨릭처럼 주교직과 성사직의 신적 기원을 강조하는 국교회 내의 고교회파(High Church)이고, 두 번째 분파는 주교직이나 성사에 대한 신적 기원을 부인하는 입장으로 국교회를 인정하지 않는 장로교도들과 국교회에 소속되어 있으나 개신교에 가깝게 꾸준히 교회를 개혁하려는 청교도들로 구성된 저교회파(Low Church)이며, 세 번째 분파는 국교회의 감독이나 장로교의 장로회의를 부인하면서 개인의 자유와 신앙을 강조한 독립파(Independents)였다. 제임스 1세는 이런 교회의 분열 속에서도 끝까지 엘리자베스 1세가 재건한 국교회를 옹호하였다.

제임스 1세를 이어 왕이 된 찰스 1세(Charles I, 1600-1649) 역시 그의 아버지와 마찬가지로 친가톨릭적 성향을 갖고 있었다. 그는 런던의 주교였던 윌리엄 로드(William Laud, 1573-1645)를 캔터베리 대주교로 임명해 가톨릭처럼 설교보다 성찬식과 기도서를 강조하는 방식으로 국교회를 개혁했으며 한 걸음 더 나아가 장로교가 장악하고 있던 스코틀랜드에 로드가 만든 기도서를 강요하기에 이르렀다. 이로 인해 스코틀랜드와의 관계가 악화되었으며 결국은 내전으로 치닫게 된다. 그러나 스코틀랜드

이었던 메리 스튜어트(Mary Stuart, 1541-1587)의 아들이었다.

와의 전쟁에서 패하면서 찰스 1세는 한발 후퇴하지 않을 수 없었다. 그러던 중 1641년 아일랜드의 가톨릭교도들이 봉기하자 찰스 1세는 이들을 진압한다는 명분으로 군대를 일으켰다. 그러나 왕은 그 군대로 아일랜드를 진압하지 않고 자신을 견제하는 의회 지도자를 제거하려 하였고, 그것이 실패하자 이제는 의회파와 전쟁을 벌이게 된다. 잉글랜드는 이제 찰스 1세를 지지하는 왕당파와 의회파로 나뉘었고, 이들 간의 전쟁은 의회파의 승리로 끝이 났다. 의회파의 군대를 장악하고 있던 독립파 신자인 올리버 크롬웰(Oliver Cromwell, 1599-1658)은 왕을 단두대에서 처형하고 자신이 호국경(Lord Protector)에 오름으로써 이후 영국에는 왕이 없는 공위시대가 11년간 이어지게 된다. 이 시기 국교회의 신봉은 불법이 되었으며 국교회의 성직자들은 쫓겨나고 교회 재산은 몰수되었다. 또한 극단적인 청교도였던 크롬웰은 모든 놀이와 연극, 도박과 음주 등을 금지시켰으며 교회의 성상이나 스테인드글라스들을 파괴함으로써 전 국가를 수도원화하고자 했다. 그러나 크롬웰의 사후 영국인들은 1660년 의회선거를 통해 왕정복고를 결정하고 프랑스에 망명해 있던 찰스 2세(Charles II, 1630-1685)를 불러 왕위에 앉혔다.

찰스 2세의 복귀로 인해 국교회가 다시 수립되었고, 1662년에는 모든 성직자로 하여금 국교회의 기도서와 교리가 명시된 39개 조항을 받아들일 것을 규정한 획일법(Act of Univormity)을 제정하였다. 그러나 이전과는 달리 비국교회의 존재를 인정하는 관용을 보였으며 한 걸음 더 나아가 1672년에는 신교자유령(Declaration of Indulgence)을 반포하고 가톨릭과 신교도들에게 신앙에 대한 자유를 허용했다. 찰스 2세의 뒤를 이은 제임스 2세는 가톨릭 신자였지만 개인적 신앙과는 상관없이 국교회의 기존 법을 준수하겠다는 서약을 하고 왕이 되었다. 그는 재위 동안 두 번이나 신교자유령을 반포하고 가톨릭과 비국교도에 대한 처벌법을 유보시켰다. 왕의 이러한 친가톨릭적 성향에 반감을 가진 의회는 제임스의 맏딸 메리와 그의 남편인 네덜란드의 오렌지 공작과 결탁해 피 한 방울 흘리지 않고 제임스 2세를 축출하는 데 성공했다. 1688년에 일어난 이 사건이 바로 명예혁명(Glorious Revolution)이다. 명예혁명 이후 1689년 소집된 의회는 가톨릭교도의 왕위 계승을 법적으로 확실히 배제하는 한편 왕의 권리를 제한하는 권리장전(Bill of Rights)을 발표한다. 따라서 명예혁명 이후 잉글랜드 정치의 중심은 왕에게서 의회로 옮겨지게 되었다. 또한 같은 해에 관용법을 제정함으로써 비국교도들에게 예배장소를 허용하는 한편 국교회 성찬식에 참여하는 것을 허용하는 종교적 관용을 취했다.

이처럼 영국 국교회의 설립에서 명예혁명으로 이어지는 16~17세기 영국의 근대사는 가톨릭과 영국 국교회, 국교회와 신교, 국교회와 독립파 간의 복잡한 갈등과 분쟁으로 점철되었다. 그 결과 17세기에서 18세기로 이어지는 시기, 영국 지성인들이 가장 관심을 가졌던 이슈는 바로 무엇이 참된 종교인가 하는 것이었다.

3. 과학혁명

앞서 살펴보았듯이, 종교개혁자들은 르네상스 인문주의 정신에 투철한 인문주의자들이었다. 에라스무스에게서 볼 수 있듯이 성서에 대한 고등비평을 통한 새로운 방식의 성서 독법과 고대어의 부활은 종래 전승에 의해 무비판적이고 수동적으로 수용되어 오던 종교적 진리 추구의 방식에 일대 전환을 가져왔다. 그것은 바로 계시적 진리로부터 출발하는 하향식(Up Down) 진리 추구의 방식으로부터 경험을 근거로 하여 귀납적으로 올라가는 상향식(Bottom Up) 진리 추구 방식으로의 전환이었다. 다시 말해, 종교개혁자들은 권위와 전승을 통해 전해 내려온 종교적 진리를 수동적으로 수용해 오던 종래의 방식을 탈피해 성서에 대한 능동적인 탐구를 통해 종교적 진리를 추구하고자 하였던 것이다. 종교적 진리는 전승과 권위를 근거로 계시라는 미명하에 더 이상 일방적으로 강요될 수 없었으며, 어떤 진리도 수동적으로 수용하고자 하지 않았다. 바로 이러한 점에서 16세기 종교개혁은 외형적으로 보면 종교의 문제였으나 그 본질에 있어서는 모든 권위에 대한 도전이었다. 그러기에 종교개혁은 모든 학문에 대해 진리 탐구를 위한 새로운 모델을 제공하였던 것이다. 학문의 각 분야에서 활동하던 학자들은 종교개혁자들로부터 지적인 영감을 받았다. 코페르니쿠스(Nicolaus Copernicus, 1473-1543)와 파라켈수스(Paracelsus, 1493-1541)는 자연철학의 루터와 칼뱅이라 불렸으며, 케플러(Johannes Kepler, 1571-1630)는 스스로를 천문학의 루터라 칭했다. 또한 베이컨(F. Bacon, 1561-1626)은 여타의 지적 영역에 혁신과 도약이 필요함을 일깨워 준 사건으로 종교개혁을 이해하였다. 17세기 천문학 혁명의 중심에 서있었던 갈릴레이(Galileo Galilei, 1564-1642)는 가톨릭 신자였음에도 불구하고 종교개혁에 담긴 진리 탐구의 정신, 즉 하향식 진리 추구에서 상향식 진리 추구로의 혁신을 간파하고 이를 실천한 인물이었다.

성서를 무오한 것으로 여겼던 중세 사람들에게는 지구가 태양계의 중심이 아니라 태양을 중심으로 움직이는 행성에 불과하다는 지동설은 받아들이기 어려운 것이었다. 16세기 당시 지식인의 표상이라 할 수 있는 벨라르미노 추기경(Cardinal Bellarmino, 1542-1621)은 1615년에 쓴 한 서간문에서 지동설에 대해 다음과 같이 말하고 있다.

> 태양을 천체의 중앙에 놓고, 지구를 하늘에 떠있는 것으로 가정함으로써 우리가 현상을 설명할 수 있다고 논증하는 것과 실제로 태양이 천체의 중앙에 있고 지구가 하늘에 떠있다는 것을 우리가 논증할 수 있다고 하는 것은 아주 다른 것이다. 나는 첫 번째 논증을 받아들일 수 있다고 본다. 그러나 두 번째 논증에 대해서는 매우 회의적이다. 의심이 드는 경우에는 우리는 교부들이 말씀하신 바처럼 성서를 버리지 말아야 한다.[9]

여기서 벨라르미노 추기경은 자연의 탐구에 있어서 권위를 통해 전승되어 오는 계시적 진리의 중요성을 강조하고 있는 것이다. 과학이 계시의 도움을 받아야 한다는 것은 벨라르미노 추기경뿐이 아니라 당시 대다수 지식인들의 일반적이며 상식적인 생각이었던 것이다. 이에 대해 갈릴레이는 "대공녀 크리스티나에게 보낸 서신"에서 자연을 탐구함에 있어서는 권위에 기반한 계시적(성서적) 진리보다 경험과 이성에 의한 논증이 보다 중요하다고 반박하고 나섰다.

> 자연적 문제를 논함에 있어서 우리는 성서의 권위가 아니라 감각의 경험이나 필연적 논증에서 시작하지 않으면 안 된다고 생각합니다. 왜냐하면 성서와 자연은 다같이 신의 말씀에서 유래했기 때문입니다.

---

9   Finochairo, M. A., *The Galileo Affair*, Berkeley University of California Press, 1989, p. 68.

··· 자연은 엄정하게 불변한 것이어서 자기에게 가해진 법칙의 한계를 절대 넘어서지 않습니다. ··· 성서 속의 성구에 못지않게 신은 자연 속의 현상에서 놀라우리만큼 스스로를 나타내고 있습니다. ··· 감각적 경험을 통해 드러나거나 또는 필연적 논증에 의해 입증된 자연적 현상을 그것과는 상이한 뜻을 지닌 듯한 성서의 문구를 근거로 하여 의문시해서는 결코 안 되고, 또한 비난해서도 안 됩니다.[10]

한마디로 갈릴레이의 주장은 신은 성서를 통해서만 자신을 드러내는 것이 아니라 자연을 통해서도 자신을 드러내고 있다는 것이다. 그러기에 그는 자연을 신의 의지를 보여 주는 제2의 성서라고 생각하였다. 따라서 그는 자연에 담긴 신의 뜻을 알기 위해서는 권위에 기반한 계시적 진리가 아닌 신이 우리에게 부여한 자연적 인식능력인 감각적 경험과 이성을 사용해야 하며, 이렇게 해서 논증된 자연현상에 대한 설명은 이것과 배치되는 듯한 성서의 문구를 근거로 하여 반박해서는 안 된다고 말한다.

갈릴레이는 성서의 목적은 "어떻게 해야 하늘나라로 가느냐(How to go to heaven)"를 가르치는 것이지 "어떻게 하늘이 운행되고 있느냐(How the heaven go)"를 가르치는 데 있지 않다고 말한다.[11] 다시 말해 성서는 구원을 위한 영적인 진리를 알리는 데 그 목적이 있다는 것이다. 그러기에 성서를 문자적으로 그대로 수용하기보다는 그 영적인 의미를 파악해야 한다고 말한다. 갈릴레이에 따르면, 신학이 모든 학문의 여왕이라는 주장은 그 방법론 때문이 아니라 신학이 계시를 통해 영적 구원에 관한 가르침,

---

10 Galileo, "Galileo's Letter to the Grand Duchess Christina," *The Galileo's Affair*, Berkely University of California Press, 1989, p. 93.
11 Ibid., pp. 93-94.

즉 삶의 참된 목적을 알려 주는 지혜의 학문이란 점 때문이며, 물리적 세계에 관한 한 감각의 경험을 통한 실험과 엄정한 이성적 논증에 의해 검증된 이론은 설혹 성서와 배치된 듯 보여도 수용해야 한다고 말한다. 요컨대 갈릴레이의 입장은 하느님께서는 영적인 구원을 위한 지혜는 계시의 말씀인 성서를 통해 주시고 이 땅에서의 육신의 삶을 위한 지식은 이성과 경험에 근거한 과학을 통해 주시고 있다는 것이다.

종교와 과학의 분리(Demarcation) 외에도 갈릴레이는 제2의 성서인 자연이 수학의 언어로 씌어져 있다고 말한다.[12] 자연이 수학의 언어로 씌어 있다는 말은 중세 이래 수용되어 오고 있던 아리스토텔레스의 자연관에 정면으로 배치되는 주장이었다. 아리스토텔레스에 따르면, 자연에는 온, 냉, 건, 습의 네 가지 기본 성질이 있으며 이들 성질이 서로 결합해 4개의 근본원소인 불(온과 건), 물(냉과 습), 공기(온과 습), 흙(냉과 건)을 만들어 내는데, 이 지상의 온갖 물체는 바로 이들 네 가지 원소로 구성된 것이다. 변화나 운동이란 물질이 이들 성질 중 어떤 것을 상실하거나 획득할 때 일어나는 것이다. 갈릴레이는 아리스토텔레스의 이런 유기체적인 질적 세계관을 버리고 대신에 세계가 허공 속에 움직이는 원자로 구성되어 있으며, 이들 미립자의 배열과 운동에 의해 물질의 변화가 일어난다는 고대의 미립자 철학인 원자론을 수용했다. 원자론은 자연탐구에 있어서 커다란 변화를 가져왔다. 사물의 본질에 초점을 맞추어 질적인 측면에서 자연을 탐구하는 아리스토텔레스의 자연철학적 방식에 따르

---

12 "그것(우주)은 수학의 언어로 씌어 있으며, 그것의 문자는 삼각형, 원, 그 밖의 다른 기하학적 도형으로서 이러한 문자를 모르고서는 우리는 그것을 한마디도 이해하지 못한 채 어두운 미로를 방황할 수밖에 없다." Galileo, "The Assayer," *The Controversy on the Comets of 1618,* trans. S. Drake., and C. D. O'Malley., Philadelphia: University of Pennsylvania Press, 1960, pp. 183-184.

면, 돌멩이의 낙하는 우주의 중심에 도달하려는 돌멩이의 자연적 성향 때문이다. 즉 돌멩이가 흙으로 만들어졌기에 그것이 본연의 상태인 흙으로 돌아가려는 성질 때문이다. 그러나 원자론을 수용하게 되면서 낙하현상은 시간과 공간 안에서 이루어지는 분자의 재배열이기에 과학적 탐구는 실험과 관찰을 통해 낙하하는 물체의 질량, 속도의 양적 관계를 논구하는 것이 되었다.

자연에 대한 탐구가 이처럼 질적 측면에서 양적 측면으로 전환되면서 강조되기 시작한 것이 바로 실험과 관찰이다. 뉴턴(Newton, I., 1642-1727)은 누구보다도 자연에 대한 과학적 탐구에서 실험과 관찰의 중요성을 강조한 인물이다. 그는 1687년에 출간된 『프린키피아(*Philosophia Naturalis Principia Mathematica*)』에서 실험적 증거 없이 가정된 추상적 원리를 가설이라 부르며 자신은 이런 가설을 만들지 않는다고 말한다.

> 지금까지 나는 현상들로부터 그러한 중력적 특성들의 원인을 발견할 수 없었고, 그리고 어떤 가설도 세우지 않았다. 왜냐하면 현상들로부터 연역되지 않은 것은 그것이 무엇이든 간에 가설이라고 불려야 하고, 그리고 가설이란 그것이 형이상학적이든 물리적이든 또는 마술적이든 기계론적이든 간에 실험철학에서는 발붙일 수 없기 때문이다. 이 철학에서 특정한 명제들은 현상들로부터 추론되며, 이후 귀납에 의해서 일반명제가 된다. 그러므로 불가입성, 이동성, 물체의 충돌력, 운동법칙들 그리고 중력법칙 등 모두는 발견된 것이다. 그리고 중력은 실제로 존재할 뿐 아니라 우리가 설명한 법칙들에 따라 작용하며 그리고 천상의 물체들과 우리 세계의 운동을 모두를 설명하는 데 엄청난 기여를 하고 있다는 사실만으로 우리에게는 충분하다.[13]

---

13 Newton, I., *Sir Isaac Newton's Mathematical Principle of Natural Philosophy and His System of*

여기서 뉴턴의 요지는 물질의 운동은 공간 안에 작용하는 중력에 의해 지배되며 이 중력의 원인이 무엇인지는 실험과 관찰로 이루어지는 과학적 탐구의 한계를 벗어난다는 것이다. 그렇다면 이 중력의 원인은 무엇일까? 여기서 뉴턴의 신앙이 개입을 한다. 뉴턴은 독실한 기독교인으로서 이 중력이 하느님의 의지의 산물이라고 생각하고 있었다.

> 의심의 여지없이 이 세계는 … 완전히 자유로운 신의 의지로부터 생겨날 수 있었다. … 이 근원으로부터 우리가 자연법칙이라고 부르는 것들이 흘러나왔고, 여기에 가장 지혜로운 신의 계획의 수많은 흔적들이 나타나 보이고 있는 것이다. 그러나 거기엔 필연성의 흔적이라고는 조금도 찾을 수 없다. 그러므로 우리는 이를 불확실한 추측으로부터 찾으려고 애써서는 안 되며 관찰과 실험을 통해 배워야 하는 것이다.[14]

물질의 수동성과 하느님의 의지, 즉 주권을 강조하는 뉴턴의 자연관은 독실한 초기 종교개혁자들의 주의주의와 원자론의 기계론적 세계관을 접목한 것이었다. 이 뉴턴의 자연관은 바로 18세기 근대 자연과학의 방법론을 관찰과 실험으로 정초시킨 출발점이었던 것이다.

이 같은 관찰과 실험에 기초한 근대 실험과학의 등장은 17~18세기 영국 철학자들에게 강한 영감을 주었다. 그들은 소크라테스 이래로 철학이 과학에 비해 발전이 없는 답보 상태를 거듭해 온 까닭을 과거 철학자들이 인간의 능력을 벗어난 형이상학적 탐구에 매달려 왔기 때문이라고 보았다. 그들은 모든 학문이 인간 본성, 즉 인간 능력에 대한 철저

---

the World, trans. Andrew Motte, Florian Cajori. (Ed.), Berkeley: University of California Press, 1934, p. 547.

14 Ibid., Preface.

한 이해에 기반해야 한다고 보았다. 따라서 인간 본성에 대한 학문, 즉 인간학을 모든 학문의 중심에 두었다. 또한 이 인간학에서 진보가 있으려면 종래와 같은 사변 일변도의 탐구방법을 버리고 자연과학에서 성공이 입증된 실험적 방법을 사용해야 한다고 생각했다.[15] 따라서 로크, 버클리, 흄으로 이어지는 영국 경험론자들은 과감하게 사변적인 탐구방식을 버리고 과학에서 사용하던 실험적 방법을 사용해 인간 본성에 대한 탐구에 나섰다. 이제 철학은 자연세계를 다루는 자연철학과 인간 본성을 다루는 도덕철학(Moral Philosophy)[16]으로 이원화되었고 신과 영혼을 다루는 전통적인 사변철학은 종적을 감추게 되었다. 그 결과 이제 자연철학과 도덕철학이란 이름으로 불리는 실험과학이 사변철학을 대신하게 되었고, 종교는 이제 행위와 실천을 위한 신앙의 영역으로만 남게 되었다.[17]

---

15 Hume, D., *A Treatise of Human Nature,* L. A. Selby-Bigge. (Ed.), Oxford: The Clarendon Press, 1978, pp. 15-19.

16 근대에서 사용된 'Moral Philosophy'란 용어는 의무의 개념, 옳고 그름의 기준, 윤리적 개념의 의미 등을 논하는 오늘날 윤리학(Ethics)을 의미하는 것이 아니라 자연철학 (Natural Philosophy)과 대립되는 개념으로서 인간 본성과 연관을 맺고 있는 학문 일반을 가리키는 개념이었다.

17 신의 존재, 영혼의 불멸, 기적과 섭리 같은 형이상학적 논제들은 이성적 사변과 논의의 대상, 즉 학문의 대상이 아닌 신앙의 영역에 속한 믿음의 대상이 되었다. 그로 인해 종교와 과학은 명확한 영역 분리가 이루어졌다(Châtellier, L., "Christianity and the rise of science, 1660-1815," S. J. Brown., and T. Tackett. (Eds.), *The Cambridge History of Christianity: Enlightenment, Reawakening and Revolution 1660-1815,* Cambridge University Press, 2006, p. 261).

제4장

17세기 영국의 종교철학

1. 17세기 영국 이신론자들

　철학이란 삶에 대한 반성적 성찰이란 점에서 시대의 산물이라 할 수 있다. 그런 까닭에 17세기 영국의 철학을 이야기하기 위해서는 먼저 17세기의 영국의 정치·사회적 상황을 이해해야 한다. 영국의 17세기는 엘리자베스 1세의 뒤를 이어 잉글랜드와 스코틀랜드의 통합왕에 오른 제임스 1세(1603~1625)에서 시작하여 찰스 1세(1625~1649), 찰스 2세(1660~1685), 제임스 2세(1685~1688), 윌리엄 3세(1688~1702)와 메리 2세(1688~1694)로 이어지는 스튜어트 왕조 시기였다. 이 시기는 정치적으로는 왕권이 점차 약화되고 의회의 힘이 커지던 시기였으며, 종교적으로는 영국 국교회와 장로교, 가톨릭, 그리고 종교적 관용을 요구하는 독립파가 상호 견제와 대립 그리고 전쟁을 통해 극단적인 사회적 혼란을 야기하고 있던 시기였다. 스튜어트 가의 왕들 역시 헨리 8세가 그랬던 것처럼 자신의 목적을 이루기 위해서라면 종교를 이용하는 데 주저하지 않았다. 제임스 1세는 자신의 신앙인 장로교를 버리고 친가톨릭으로 돌아섰고, 찰스 1세 역시 자신의 정치적 재기를 위해 영국 국교회를 버리고 장로교를 잉글랜드의 국교로 삼기로 스코틀랜드와 약속했다. 17세기는 정치와 종교가 혼재했던 시기로서 국왕의 종교적 선택은 단순한 신앙의 문제가 아니라 정치적 문제였던 것이다.

　17세기 영국사회의 특징은 중세 기사들의 후손으로 영지를 관리해 오며 의회와 지방의 치안판사를 맡아 오던 젠트리 계급의 부상, 그리고 은행가, 대상인, 성공한 자영농과 수공업 장인들로 구성된 중간계급의 등장이다. 젠트리 계급은 16세기에 일어난 헨리 8세의 종교개혁으로 인해 수도원 소유였던 방대한 토지를 얻게 되었고 연이어 일어난 인클로저 운동을 통해 효율적인 농장 경영을 하게 됨으로써 막대한 자본을 축적하였다. 그 결과 젠트리는 전통적인 지주 귀족층을 위협하는 중요한 정치적 계층으로 부상할 수 있었다. 또한 인클로저 운동과 그로 인해 야기된 도시화 현상은 은행가와 상인, 수공업자들로 구성된 중간계급의 등장을 가져오는데 이들 또한 중요한 정치적 계층을 형성한다. 중간계급은 젠트리 계급과 더불어 자연스럽게 의회의 주요 구성멤버가 되었으며 스튜어트 시대에 들어서면서 본격적으로 자신들의 경제적 위상에 맞는 정치적 지위를 요구하게 된다. 그로 인해 왕과 의회는 끊임없이 충돌하였는데, 왕당파와 의회파 간의 충돌이 본격화된 것은 엘리자베스 1세 서거 후 제임스 1세가 왕위에 오르면서부터이다. 잉글랜드와 스코틀랜드의 통합왕이었던 스튜어드가의 왕들은 잉글랜드의 국교인 영국 국교회와 스코틀랜드의 국교인 장로교 사이에서 왕권신수설과 국왕의 수위권을 인정하지 않는 장로교보다는 이를 인정하는 영국 국교회를 옹호하였다. 또한 국교회 내에서도 친프로테스탄적인 저교회파보다는 친가톨릭적인 고교회파의 입장에 섰다. 그 결과 스튜어트 왕조 내내 종교적 갈등이 이어졌으며 내전 또한 끊이지 않았다.

17세기 영국 지식인들의 종교적 견해는 정확히 자기가 속한 집단의 정치적 이해에 따라 달랐다. 왕과 전통적인 대지주 귀족의 입장에 선 사람들은 대체로 영국 국교회를 옹호하는 한편 타종교에 대한 불관용을 주장하였고, 소 젠트리와 중간계층으로 구성된 의회파에 속한 지식인들은 영국 국교회를 비판하며 종교적 관용과 자유를 주장하였다. 17세기 영국을 대표하는 두 사상가 중 한 명인 홉스는 전자에 속한 인물이었으며, 다른 한 명인 로크는 후자에 선 인물이었다.

1) 에드워드 허버트 경

계몽주의 시대의 유럽의 대표적 회의론자로서 기성종교의 권위와 전통에 대해 날카로운 비판을 쏟아 냈던 피에르 벨(Pierre Bayle, 1647-1706)은 17세기 유럽의 분위기를 다음과 같이 전하고 있다.

> 우리의 시대는 자유사상가와 이신론자들로 가득 찬 시대다. 사람들은 이 같은 사실에 놀란다. 그러나 나는 이 세계에서 자신의 권위를 근거로 하여 종교가 자행한 엄청난 파괴, 살인, 절도, 추방, 유괴와 같은 죄악들과 그로 인해 야기된 도덕의 실종과 그런 죄악들을 좇아 나타난 수많은 추악한 일, 위선 그리고 성례(聖禮)의 추악한 남용을 감안할 때 오히려 자유사상가와 이신론자들이 더 많지 않음이 놀라울 뿐이다.[1]

벨의 말처럼 유럽의 17세기는 건전한 상식과 이성의 차원에서 도덕을 이해하고, 진지하게 진리를 추구했던 자유사상가들이 기성종교의 타락한 교권에 맞서 종교의 자유와 종교적 진리를 추구하던 시기였다. 영국의 17세기 역시 다르지 않았다. '영국 이신론의 아버지'로 불리는 허버트 경(Edward Lord Herbert of Cherbury, 1583-1648)은 벨이 말하는 이른바 영국을 대표하는 자유사상가로서 그는 종교를 계몽의 대상으로 보았고, 계몽의 가능성을 데카르트처럼 인간의 이성에서 찾았다.

허버트 경은 젠트리에 속한 귀족이었다. 17세기 영국의 귀족은 세습귀족과 젠트리로 구성되어 있었는데 젠트리는 중세 시절 기사나 부유

---

1   Bayle, P., *Commentaire Philosophique Oeuvres Diverses*, The Hague, 1737, Vol. 2, p. 366.

한 자영농민이 토지를 구입해 귀족의 지위를 얻은 이른바 신흥 귀족 계층이었다. 이들은 헨리 8세가 종교개혁(1534)을 통해 수도원의 재산을 몰수하고 매각하는 과정에서 토지를 얻음으로써 큰 이득을 보았으며 그로 인해 귀족 계층의 한 축을 견고하게 구성하게 되었다. 이들은 주로 의회의 의원으로 그리고 지방행정관인 치안판사로 중앙과 지방의 정치를 일선에서 책임지던 계층이었다. 스튜어트 시대에 들어서면서 내전이 일어나고 명예혁명이 발생하자 이들은 의회와 지방을 장악하고 있었던 까닭에 영국정치사에서 주도적인 역할을 하게 되었다. 허버트 경은 옥스퍼드 대학을 나와 이른 나이에 몽고메리셔 의원으로 의회에 진출했으며 후에는 몽고메리셔의 치안판사가 되었다. 그는 군인으로서, 외교관으로서 그리고 철학자로서 다재다능한 재능을 보였다.

스튜어트 왕가의 제임스 1세와 찰스 1세의 통치기간에 활동했던 탓에 허버트 경은 영국 국교회와 장로교, 그리고 국교회 내의 고교회파와 저교회파의 분리, 프로테스탄트 내의 장로교와 독립파의 분리 등 다양한 형태의 종교적 분파 간의 대립과 분쟁을 목도할 수 있었다. 그로 인해 당시 의회의 촉망받는 의원이자 지식인이었던 허버트 경은 이런 종교적 분쟁을 종식시킬 수 있는 방안을 모색하게 되었다. 그리고 마침내 그가 모든 종교적 갈등을 해결할 수 있는 방안으로 내놓은 것이 인간의 인식능력인 이성을 통해 누구나 보편적으로 인식할 수 있는 이신론에 기초한 자연종교였다.

그는 인간의 이성이 신이 인간의 마음에 심어 놓은 자신의 모상(닮은 꼴)이라면 인간은 그 이성을 통해 신을 인식할 수 있을 것이라는 믿음으로 종교의 계몽을 향해 힘찬 첫걸음을 내디뎠다. 허버트 경이 처음으로 출간한 철학적 저술은 『진리론』으로서 당시의 철학자들에게 유행했던 회의론에 대한 반박을 담은 인식론적 저작물이었다. 이 저서는 『계시, 개연성, 가능성, 그리고 실수와는 다른 진리에 관하여(*De Veritate, Prout Disinguitur a Revelatione, a Verismili, A Possibli, et a Falso*)』라는 긴 제목을 갖고 있는데, 긴 제목이 암시하는 바처럼 그는 당시에 보편적으로 수용되어 오던 권위에 호소하는 방식 대신에 이성을 올바로 사용하여 진리를 식별하는 방식에 관심을 기울였다. 허버트 경은 이 책의 2/3를 인식론에 할애하고 있는데, 여기서 주목할 점은 그가 진리를 네 가지로 구분하고 이들 진리가 인식될 수 있는 조건들에 대해 논의하고 있다는 것이다. 그에 따르면 진리란 인간이 지닌 네 가지 기능, 요컨대 자연적 직관(Natural Instinct), 내감(Internal Sense), 외감(External Sense), 담론(Discursive Thought) 중에서 어느 하나를 통해서 인식될 수 있다. 이 중에서 담론은 경험을 토대로 한 추론을 의미하며, 자연적 직관은 경험과 무관한 이성의 직관을 말한다. 이 이성의 직관을 통해 파악되는 가장 기초적인 진리인 지성의 진리(Truths of the Intellect)를 허버트는 스토아학파가 사용하던 용어를 사용해 '공통관념(Common Notion)'이라고 부른다. 공통관념은 자연적으로 영혼에 각인되어 있는 것이기에 누구나 갖고 있는 보편적 지혜라 할 수 있다. 허버트 경은 어떤 관념이 공통관념인지 여부는 보편적 동의를 통해서 입증될 수 있다고 보았는데 이 같은 보편적 동의가 가능한 것은 공통관념이 모든 사람이 지니고 있는 자연적 직관을 통해 생겨나는 것이라고 보았기 때문이다.

허버트는 『진리론』의 끝부분에서 종교와 계시에 대한 그의 이론을 전개하면서 종교와 관련된 5개의 공통관념을 제시하고 있는데, 바로 이것이 그가 주장하고 있는 이신론의 원리(즉 교리)이다.[2]

---

2   허버트의 거의 모든 저서에서 이 5개의 공통관념이 언급되고 있다.

유일자인 최고의 신이 존재한다.

신은 당연히 경배받아야 한다.

신을 경배함에 있어 가장 중요한 것은 덕과 경건이다.

죄악은 참회를 통해 속죄되어야 한다.

내세에 상벌이 존재한다.[3]

허버트는 이 5개의 원리가 공통관념이라는 확신을 갖고 있었는데 그 확신을 다음과 같이 진술하고 있다.

> 나는 내가 전에 언급했던 바처럼 5개의 원리를 발견했는데 아르키메데스보다 더 행복함을 느꼈다. 우리가 공통적으로 갖고 있는 이성을 올바르게만 사용한다면 이 원리에 다른 어떤 것도 추가할 수 없을 것이며, 이 원리만 지킨다면 사람들은 더 신실하고 경건하게 될 것이며 그로 인해 평화롭고 안정된 사회가 만들어질 것이다.[4]

그가 자연적 능력인 이성의 직관에 관심을 갖게 된 이유는 신이 자비로운 존재라면 인류의 구원이 특정한 사람에게만 국한된 은총이 아니라 모든 사람에게 열려 있는 보편적 은총일 것이라는 그의 종교적 확신 때문이었다.[5] 다시 말해 그는 신이 인류를 사랑하고 인류를 구원하기로 마음먹었다면 일정한 방식으로 신을 믿는 사람, 즉 특정한 교리나 제례를 알고 이를 준수하는 사람에게만 구원의 은총을 허락했을 리가 없다

---

3 Herbert, E., *De Veritate*, trans. M. H. Carré., Routledge Thoemmes Press, 1992, pp. 289-307.

4 Herbert, E., *The Ancient Religion of the Gentiles, 1705*, pp. 364-365. https://archive.org/details/antientreligion00chergoog.

5 Herbert, op. cit., p. 137.

고 생각했다. 그는 구원이 오직 자연적 성사라 할 수 있는 죄에 대한 회개만으로 충분하다고 생각했으며, 신의 보편적 구원이 이루어지기 위해서는 이러한 사실을 모든 사람이 제대로 알아야 하는데 이성을 올바로만 사용한다면 이 같은 사실을 충분히 알 수 있다고 보았다.

허버트 경이 주장하는 선험적인 이신론의 원리들은 모든 사람들이 알 수 있는 공통관념, 즉 보편적 관념답게 당시 사람들이라면 누구나 수용할 있는 내용들로 되어 있다. 신의 존재에 대한 믿음이나, 덕과 경건에 대한 강조, 죄와 회개, 그리고 내세에서의 심판은 17세기 유럽인들이라면 자신들이 믿는 특정 교파의 교리와 의례를 떠나 그 누구도 이의를 제기하지 않을 내용들이었다. 그 점에서 그의 이신론은 충분히 보편적이었지만 바로 그 점 때문에 반교회적이며, 반종파적이며, 반교권적인 특색을 지니고 있었다. 허버트 경은 이들 5개의 원리를 인류를 구원으로 인도하는 참된 보편적 교회의 교리로 보았는데, 그에 따르면 이들 교리는 인류가 탐욕스럽고 교활한 사제들의 속임수에 넘어가기 전에 알고 있었던 자연종교의 교리이다. 허버트를 잇는 이후의 이신론자들은 자연종교의 교리를 정할 때 대체로 허버트가 말한 5개의 원리를 그대로 수용했는데 일부는 이들 5개의 원리 중 일부를 추가하거나 삭제하기도 했다. 이들 5개의 원리는 17~18세기 영국 이신론자들이 주장한 이신론적 종교, 곧 자연종교의 내용을 담고 있다는 점에서 좀 더 자세히 살펴볼 필요가 있다.

유일신의 존재를 주장하는 첫 번째 원리는 이신론이 무신론이나 다신론, 그리고 회의주의나 불가지론과 구분되는 견해임을 보여 준다. 게다가 이신론의 신은 피조물과 구분되는 존재라는 점에서 이신론은 범신론과도 구분된다. 신이 존재한다고 주장하는 이 첫 번째 원리는 유일신에 대한 믿음이 생득적(innate)이라는 이야기가 되는데 이것을 받아들인다면 무신론자의 존재를 설명하기가 어렵게 된다. 이 문제와 관련해 허버트 경은 이 세상에 무신론자들이 있다는 사실을 부정하지 않으며, 무신론자가 생겨난 이유를 타락한 사제들의 속임수 때문이라고 말한다. 타락한 사제들은 자신들의 사욕을 채우기 위해 신을 한낱 제물에 마음을 빼앗기는 존재로 만들어버렸다. 그 결과 신은 어중간한 인격을 갖춘 인간보다도 못한 비루한 존재로 전락되어 조금이라도 생각을 하는 사람들이라면 그런 존재를 신으로 믿지 않게 되었다는 것이다. 그러나 신을 부인하는 사람들도 냉철하게 이성의 관점에서 생각해 본다면 신의 존재를 부인할 수 없을 것이라는 것이 허버트 경의 주장이다.

"신은 당연히 경배받아야 한다"는 두 번째 원리는 첫 번째 원리를 수용할 경우 자연스럽게 수용되는 원리이다. 따라서 허버트 경은 두 번째 원리와 관련해서는 별반 부연설명을 하고 있지 않다. 그런데 유일신이 존재한다는 것이 명확한 사실이라고 해도 왜 우리가 그 신을 경배해야 하는지 그 이유를 알 수가 없다. 다시 말해서 신이 존재한다는 사실로부터 신에 대한 경배의 당위성이 어떻게 도출되는 것인지 납득이 되지 않는다. 이 점은 세 번째 원리와도 연관이 있다.

세 번째 원리는 삶에서 덕과 경건을 보이는 것이 바로 신에 대한 경배에 해당한다고 말한다. 그런데 덕과 경건을 보이는 것이 왜 신에 대한 경배인지 아무런 설명이 없다. 이신론의 신이 인격적인 존재가 아니라면 굳이 신에게 덕과 경건을 보여야 할 이유는 없다. 만약 신이 인간을 창조할 때 덕과 경건을 실천하며 살도록 창조했다면 우리가 덕과 경건을 실천하며 사는 것은 창조의 질서에 부합하는 삶일 뿐 그것을 신에 대한 경배라고 말할 수는 없다. 이는 적절한 운동과 식이요법이 창조의 질서에 부합하는 삶일뿐, 신에 대한 경배 행위가 아닌 것과 마찬가지이다. 다시 말해 덕과 경건의 실천은 보다 나은 삶을 위해 해야 하는 것이지 신을 경배하기 위함은 아닌 것이다. '경배'란 용어는 기성종교에서 사용하고 있는 개념으로서 신을 인격적 존재로 간주하고 있음을 함의하고 있다. 그러기에 "신을 경배하는 데 있어 가장 중요한 것이 덕과 경건이다"라는 이신론의 세 번째 원리는 허버트 경이 신을 인격적인 존재로 보고 있음을 보여 준다. 바로 이 점에서 허버트 경의 이신론이 유신론적인 잔재를 완벽하게 떨쳐 버리지 못했음을 알 수 있다.

죄를 참회함으로써 속죄해야 한다는 네 번째 원리는 교권의 원천인 사제들의 속죄권이 사실은 속임수로 만들어진 것임을 밝히는 데 있다. 사제들은 자연이 정해 준 보편적인 속죄의 성사인 참회를 고해성사나 희생제와 같은 종교의 어두운 의식과 제례로 대체함으로써 그런 의식과 제례를 주관하는 자신들의 신적 권능과 권위를 만들어 냈다. 이로 인해 그들은 자의적으로 속죄의 권한을 행사할 수 있게 되었고 그로 인해 금전적인 이득과 명예를 얻게 되었다. 허버트 경은 사제들이 자신들은 극악무도한 범죄행위에 대해서도 죄를 용서할 수 있다고 말하는데 그들의 말이 사실이라면 비열한 인간들은 그들의 도움을 받아 가며 계속해서 악행을 저지르며 살 것이라고 말한다. 허버트 경의 지적처럼 사실상 교회가 지배했던 중세의 타락한 세상은 그가 우려한 대로 악인들이 판을 치는 세상이었다. 그리고 지금도 세상에는 숱한 교회가 있지만 여전히 신을 믿는다고 고백하는 악인들이 넘쳐 나고 있다.

내세에서의 상벌을 언급하는 다섯 번째 원리는 이신론자들 간에 가장 이견이 많은 원리이다. 이 원리는 신을 인격적이며 도덕적인 존재로 규정하고 있을 뿐 아니라 상식적으로 수용하기 어려운 천국과 지옥에 대한 이야기를 하고 있다는 점에서 논란이 되는 원리이다. 그러나 정작 허버트 경은 이 원리를 이야기하면서도 천국과 지옥에 대해서는 한마디 도 하지 않았으며, 단지 영원한 지복(Eternal Beatitude)을 이야기했을 뿐이 다. 그가 말하는 영원한 지복이란 도덕성과 행복의 비례적 일치를 의미 하는 칸트의 최고선과 다르지 않다. 이 땅에서 선한 삶을 살든 악한 삶 을 살든 모든 인생이 죽음으로 끝이 나는 것이라면 비록 신에 대한 경배 가 덕을 쌓고 경건하게 살아가는 것임을 우리가 냉철한 이성을 통해 성 찰한다고 할지라도 실제로 그런 삶을 살기란 쉽지 않을 것이다. 따라서 도덕성에 대한 구속력을 강화하기 위해서 내세에서 도덕성에 비례하는 행복을 보장해 주는 무언가가 필요하다는 생각을 할 수밖에 없다. 특히 기성종교와는 달리 종교를 도덕으로 환원시키는 자연종교의 경우 이승 에서 도덕적인 삶을 살다 간 사람이 내세에서 영원한 지복을 누린다는 주장은 이신론이 단순한 철학이 아니라 종교임을 보여 주기 위한 최소 한의 요건인 것이다. 허버트 경은 이들 5개의 원리 외에는 자연종교에 어떤 것도 필요하지 않다고 생각했다. 특히 기성종교의 토대가 되는 신 의 초자연적인 계시를 불필요하다고 생각했다. 하지만 그는 초자연적인 계시가 있음을 부정하지는 않았다. 그러면서도 그는 대부분의 경우에는 계시의 진위 여부를 알 수 없어서 계시를 전하는 사람의 권위에 의존할 수 밖에 없음을 비판하였다. 따라서 그는 계시의 진위 여부를 판별하기 위한 4개의 조건을 제시했다.

첫째, 신의 섭리를 이끌어 낼 수 있는 기도나 서원 그리고 믿음이 있어
    야 한다.
둘째, 계시가 다른 사람을 통해 전달되는 경우 전달자의 신뢰성이 문제

가 되기에 본인에게 직접 전달되어야 한다.

셋째, 계시는 선한 것을 권해야 한다.

넷째, 본인이 성령의 역사를 직접 느껴야 한다.[6]

이러한 4개의 조건이 충족되고, 또한 앞서 언급한 이신론의 5개의 원리와 충돌하지 않는다면 비록 어떤 계시가 인간의 이성을 초월하는 것이라 할지라도 그것을 신의 뜻으로 받아들일 수 있다는 것이 허버트 경의 생각이다. 그러나 일반적으로 종교에서 말하는 계시란 타인의 증언에 의존하기에 시간이 흐르면 그것의 진리성은 계시 자체가 아닌 전승에 의존하게 된다. 그리고 전승은 그것을 전달하는 사람의 기억에 의존하는 것이기에 이성에 의한 지식과는 달리 확실성이 아닌 개연성을 지니게 된다. 따라서 허버트 경은 초자연적인 계시의 진리성은 이성의 진리성과는 달리 확실성이 아닌 개연성을 지닐 뿐이라고 말한다.

앞서 언급했듯이 허버트 경은 이신론자임에도 불구하고 계시의 존재를 부인하지 않았다. 그러나 그는 계시의 진위를 판단하는 기준을 이성에 두었을 뿐 아니라 그것을 확실성이 아닌 개연성의 영역으로 분류하였다. 또한 직접적 계시의 경우에도 그것의 진위 여부를 판단하는 기준의 하나로 도덕성을 제시하였다. 이것은 명백히 계시를 이성으로 제한하려는 의도로써 종교의 문제에 있어서 그 주도권이 계시와 신앙에서 이성으로 넘어갔음을 의미한다.

그러나 이성에 근거하여 자연종교를 정초하려는 허버트 경의 시도는 그 출발점부터가 이성적으로 볼 때 수긍하기 어려운 점이 있다. 과연 그가 언급한 자연종교의 5개의 공통관념이 그의 주장처럼 생득적이라

---

6   Herbert, E., Ibid, p. 308.

고 볼 수 있을까? 오늘날 이 문제와 관련해 허버트 경의 주장에 동의할 사람은 거의 없을 것이다. 허버트 경이 말한 공통관념이란 18세기의 영국인들의 상식적 관념일 뿐, 그것이 보편적 관념이라고 주장할 하등의 근거가 없다. 만약 이들 원리를 허버트의 주장처럼 공통관념으로 수용한다면 계시종교의 원리 또한 공통관념으로 수용해야 할 것이다.

2) 토마스 브라운

브라운(Sir Thomas Browne, 1605-1682)은 내과 의사이자 저술가로서 이신론 발전에 상당한 영향력을 끼친 인물이다. 자연과학, 의학, 종교를 비롯해 다양한 방면에 조예가 깊은 문필가로서 그는 자유자재로 고전과 성서의 원전을 인용하는 한편 재치와 유머가 담긴 글을 남겼다.

그는 부유한 상인의 아들로 태어나 18살이 되던 해에 옥스퍼드 대학으로 진학했다. 21살에 옥스퍼드를 졸업한 이후 파두에 대학에서 의학 공부를 시작해 28살에 네덜란드의 레이든 대학에서 의학 학위를 받았다. 이후 그는 의사라는 직업을 갖고 평생을 살았다. 그는 영국 국교회의 신자였지만 과학자이자 의사였기에 과학적 상식으로 볼 때 수용하기 어려운 종교적 신비와 기적을 받아들이지 않았고 기성종교에서 이런 신비적 주장을 하는 것에 대해 매우 비판적이었다. 그렇다고 해서 그가 이신론자들처럼 이성으로는 이해할 수 없는 신앙의 차원을 공공연하게 비판한 것은 아니었다. 브라운은 그의 책『의사의 신앙(Religio Medici)』에서 다음과 같이 고백하고 있다.

나는 의견의 차이로 어떤 사람과 등을 질 수 없으며 또한 나와 의견이 다르다고 해서 그에게 화를 낼 수도 없습니다. 만약 내가 그렇게 한다면 며칠이 못되어 후회하게 될 것입니다. 철학을 하다 보면 진리가 양면성을 지니고 있다는 생각이 드는데 이 점에서 나보다 더 역설적인 사람은 없는 듯합니다. 그러나 신의 문제에 있어서는 내가 지금까지 걸어 온 길을 고수하려고 합니다. 신에 대한 많은 궁금증과 종교에서 이야기하는 많은 비현실적인 이야기들이 비록 내 정신을 어지럽게 만들고 있지만 나의 뇌수까지 미치지는 못했습니다.[7]

비록 자신의 신앙을 버릴 정도는 아니지만 그는 종교에 대해 의구심을 갖게 되었음을 고백하고 있다. 그는 의사였기에 인체에 대한 해부를 하면서 대체 인간의 영혼이 육신의 어디에 있는지 궁금했으며 그 영혼이 대체 어떻게 인간의 육체에 스며들어 왔는지 궁금해했다.

내가 사람의 신체에서 발견한 희귀한 발견과 호기심이 가는 사실들 중에 최고의 사실은 이성적인 영혼을 위한 기관이나 도구가 없다는 사실입니다. 내가 짐승의 뇌에서 발견할 수 있는 것 이상의 것을 나는 인간의 뇌에서 발견할 수 없었습니다. 바로 이 같은 사실은 영혼이 생물학적인 것이 아님을 증거하는 것입니다. 따라서 우리는 인간인 것입니다. 우리 안에는 우리 없이도 있을 수 있는 어떤 것이 있습니다. 그리고 그것은 우리 뒤에도 있을 것입니다. 그런데 그것은 우리 앞에 있지 않았으며, 어떻게 우리 안에 들어왔는지 우리는 알 수 없습니다.[8]

7   Browne, T., "The Works of Sir Thomas Browne," *Religio Medici,* New York: W. E. Rudge, 1928, Vol. 1, pp. 7-10(http://penelope.uchicago.edu/relmed/relmed.html).

8   Ibid., p. 42.

이 밖에도 그는 성서에 나오는 이해할 수 없는 이야기들, 예를 들어, 천지 창조, 아담과 이브의 창조, 원죄, 금단의 열매와 뱀에 대한 저주, 광야에서의 만나, 모세의 죽음을 언급하고 있는 모세 오경을 모세의 저작으로 돌리는 것, 카멜산의 엘리아를 위해 하늘로부터 내려온 불 등 성서에 나오는 다양한 신비와 기적에 대해 이야기하고 있다. 브라운이 『의사의 신앙(*Religio Medici*)』에서 언급한 이들 이야기들은 후일 18세기 이신론자들이 계시에 기초한 기성종교를 비판하는 데 귀한 자료가 되었다. 그러나 정작 이런 의문을 던진 브라운은 이신론자들처럼 신비적 계시와 기적에 근거한 전통 기독교 신앙을 비판하지 않았다.

정념이 이성에 적대적이듯이 이성은 신앙에 적대적입니다. 이성이 주장하는 것을 정념이 받아들이지 못하며 신앙의 눈에는 어리석어 보이듯이, 신앙이 주장하는 것 역시 이성의 눈에는 황당한 것입니다. 그러나 신중하고 온화한 사리분별력만 있다면 문제점을 직시하고 해결할 수 있습니다.[9]

그러나 브라운은 이성과 신앙의 갈등을 구체적으로 어떻게 해결할 수 있는지 사리분별의 실례를 보여 주지 않았다. 그 결과 18세기 이신론자들은, 비록 그가 자신을 신비적 계시와 기적을 부인하지 않은 정통 유신론자라고 자처했음에도 불구하고, 그를 암묵적인 이신론자로 간주하였던 것이다. 비록 자신의 신앙을 이성적으로 해명하지는 못했지만 브라운은 끝까지 자신의 신앙을 저버리지 않았으며 평생을 영국 국교회의 독실한 신자로 살았다. 그는 종교적 분쟁으로 인해 종파간의 논쟁과 증

---

9   Ibid., p. 23.

오가 가득 찬 시대였던 찰스 2세의 치하에서 종파주의에 휩쓸리지 않았
으며 어떠한 종류의 민족주의에도 편승하지 않았다. 그가 이처럼 시류
에 흔들리지 않았던 것은 나름 기독교에 대한 자기만의 분명한 종교관
이 있었기 때문이다. 그는 종교의 본질은 도덕성에 있다고 생각했다. 따
라서 그는 "가난한 자에게 주는 것은 곧 주님에게 꾸어 드리는 것이다
(He that giveth to the poor, lendeth to the Lord)"[10]라는 성서의 구절에 기독교의 핵
심이 담겨 있다고 생각했다. 브라운은 기독교의 정신은 이웃 사랑에 있
으며, 종교와 신앙이란 교리가 아닌 도덕적 실천에 있다고 보았다. 그런
까닭에 그는 이성적 논쟁으로는 결코 해결할 수 없는 교리적 논쟁에 빠
져들지 않았다.

3) 존 틸랏슨

틸랏슨(John Tillotson, 1630-1694)은 17세기 중엽에 태어나 종교적인
갈등이 극에 달했던 시기에 교육을 받았고 국교회의 고위성직자로 살았
던 인물이다. 17세기 중엽, 종교를 통해 잉글랜드와 스코틀랜드를 통합
하고자 했던 찰스 1세의 과욕이 부른 내란과 이후에 전개된 공위기의
혼란을 목도한 틸랏슨은 종교 간의 평화와 국가의 정치적 안정을 기할
수 있는 광교회파 신학을 옹호하였다. 그는 설교와 출판을 통해 광교회
파의 주장을 열정적으로 전파하였으며, 청교도의 융통성 없는 독선적
교리주의와 로마 가톨릭의 미신적 전승에 맞서 양극단을 배격하는 중도
적인 교회론을 채택하였으며, 기독교의 도덕성을 강조하였다. 그는 공

---

10 Proverbs, 19:17.

위시대가 끝나고 왕정 복귀가 이루어지자 영국 국교회의 성직자가 되어 광교회파를 대표하는 인물로 성장했으며 17세기 영국의 정치적 안정에 크게 기여한 인물로 평가를 받는다.

'광교회파(Latitudinarian)'란 말은 공위기였던 1650년대 영국 국교회 내의 고교회파가 영국 국교회를 떠나 독립파에 붙은 국교회의 변절자들을 조롱하기 위해 처음 사용하였다. 그러나 왕정 복귀 후인 1660년대에는 교회에 대한 지배권을 상실한 비국교도들이 고교회파인 로드주의와 독립파인 청교도라는 두 극단적인 입장 사이에서 중도적 입장을 취한 국교회 내 성직자와 신학자들을 가리키는 말로서 사용되었다. 비국교도들은 광교회파를 기회주의자로 보았는데 그들이 도덕만을 강조한다고 해서 그들을 도학자라고 조롱했다. 그런 점에서 광교회파란 용어는 고교회파 국교도나 독립파와 청교도 그리고 장로교도로 구성된 비국교도들이 사용한 것으로서, 공위시대부터 왕정 복귀 시까지 대세에 따라 자신들의 종교와 정치적 신조를 바꾸어 온 변절자들을 가리키는 일종의 비하적 용어였다.[11]

고교회파나 비국교도들은 광교회파가 기독교를 지성을 갖춘 영국인이라면 누구나 쉽게 이해할 수 있고 또한 이를 실천에 옮길 수 있는 몇 개의 기본적인 도덕적 계율로 환원하려 한다고 보았다. 이들의 생각처럼 광교회파는 분명 당시의 관점에서 볼 때 신학적으로 매우 진보적인 주장을 하고 있었다. 그들은 삼위일체를 부인하는 소치니파(Socinianism)나 예정구원을 부인하고 도덕에 기초한 보편적 구원을 주장하는 펠라기우스주의(Pelagianism)를 수용하고 있었기 때문이다. 그 점에서 국교

---

11   Kim, Julius J., "Archbishop John Tillotson and the 17th Century Latitudinarian Defense of Christianity, Part I," *Torch Trinity Journal*, Vol. 11, No. 1, 2008, pp. 141-142.

회 내의 고교회파와 비국교도, 즉 독립파, 청교도 그리고 장로교는 광교회파를 매우 파괴적이며 위험한 이단적 주장으로 간주하였다. 이에 국교회의 한 목사는 광교회파를 다음과 같이 비판하고 있다.

> 광교회파는 모든 것에 무관심하며, 모든 종교에 구원이 있다고 생각합니다. 따라서 종교와 기독교의 문제에 있어서 그들이 취하는 관용은 마땅히 비판을 받아야 하며, 무엇보다 광교회파는 회의주의자로서 비판받아야 합니다.[12]

광교회파가 주장하는 보편적 구원론과 이로부터 도출되는 타종교에 대한 관용적 태도는 당시 기성종교의 입장에서 볼 때 한마디로 기독교에 대한 회의주의로 간주되었던 것이다. 17세기 당시 광교파를 비난하던 어떤 비판자는 광교회파에 대해 "그들은 이성, 이성, 이성을 그들의 삼위일체의 신으로 만들었다"고 비난했으며, 또한 그들은 복음을 폄하하고, 기독교를 한낱 자연신학과 동일시하였고, 기독교의 핵심교리인 신의 은총에 의한 의화의 개념을 도덕을 파괴하는 개념으로 이해하였다고 비판하였다.

그리핀에 따르면, 당시의 기성종교계가 광교회파에 가한 비판은 대체로 세 가지로 요약될 수 있다.

> 첫째는 그들이 종교를 너무 합리적인 것으로서 만들고자 했다는 점이다. 둘째는 그들의 은총과 구원에 대한 교리가 펠라기우스주의였

---

12 Griffin, M., *Latutudinarianism in the Seventeenth-Century Church of England*, Lila Freedman. (Ed.), Leiden: Brill, 1992, pp. 5-13.

다는 것이다. 셋째는 교회의 형태와 예배의식에 있어서 지나치게 수용적이며 느슨했다는 점이다. 칼뱅주의의 입장에서 제기되는 핵심적인 질책은, 이성은 도가 넘게 신뢰한 반면에 계시는 그러지 못했으며, 자연은 지나치게 신뢰한 반면에 은총에 대해서는 그러지 못했다는 것이다. 고교회파 영국 국교회의 입장에서 제기된 비판은 그들이 영국 국교회가 사제복을 입는 것을 반대하는 데 있어서는 장로교와 다르지 않았다는 것이다. 그리고 로마 가톨릭의 입장에서 나온 비판은 그들이 교회의 권위를 가르치는 교리에 대해 충분한 주의를 기울이지 않았다는 것이다.[13]

그러나 당시 분위기는 광교회파를 비난만 한 것은 아니었다. 일련의 사람들은 광교회파를 긍정적인 시각에서 바라보았다. 이런 시각에서 보면 광교회파는 청교도들이 집권했던 공위기간에 나타난 일련의 신학적 흐름에 대응한 하나의 바람직한 움직임으로 이해될 수 있다. 사실 광교회파는 공위기간 동안 영국 국교회에 가해진 불합리한 억압과 청교도들이 취한 분파적인 교리에 대해 이견을 제기한 것이었다.

요컨대, 광교회파는 한편에서는 로마 가톨릭의 미신적 요소에 대해 맞섰고, 다른 한편에서는 청교도의 광신적 요소에 맞섰던 것이다. 그들은 기본적으로 교회의 제도와 예배의식의 중요성을 충분히 인식하고 있었고 실제 그것을 기꺼이 수용하였다. 그러나 그들은 이와는 다른 방식으로 신을 섬기고 예배한다고 하여 그것을 불법시하지도 않았다. 그들은 매사에 모든 일을 극단적으로 처리하기를 원치 않았다. 그들은 자신들과 견해가 다른 사람들과도 대화를 하며 좋은 관계를 유지했으며 철

---

13   Griffin, M., op. cit., p. 9.

학과 신학에 있어서 전적으로 상대방의 사유와 신앙의 자유를 인정했다. 그래서 그들은 당시 사람들로부터 관용을 지닌 사람들이라고 불렸다. 이들의 이런 태도로 인해 광교회파는 16세기 이래 영국인들이 그토록 갈망했던 종교적 안정성을 도모할 수 있는 영국 국교회 내의 지도자들로 기대를 모았다. 그들은 종교간 평화와 국가의 안정을 도모하기 위해서 합리적인 방식으로 종교를 옹호하고자 했으며, 중요하지 않은 교회적 이슈에 대해서는 관용적 자세를 보였고, 구원에 대해서는 중도적인 입장을 취했다. 또한 일상적인 삶 속에서의 도덕적 실천을 강조하는 설교에 주력했다.

광교회파에 속한 인물들은 주로 영국 국교회 내의 젊은 성직자들로서 이들 가운데는 존 틸랏슨(John Tilloston, 1630-1694)을 비롯해 에드워드 스틸링플릿(Edward Stillingfleet, 1636-1699), 시몬 패트릭(Simon Patrick, 1626-1707), 토마스 텐션(Thomas Tension, 1636-1715), 윌리엄 로이드(William Lloyd, 1627-1717) 등이 있었다. 특히 틸랏슨은 이성, 중용, 도덕에 대한 광교회파의 견해를 전파하는 데 주도적인 역할을 한 인물이었다.

존 틸랏슨은 1630년 장로교도였던 로버트 틸랏슨의 아들로 태어나 경건한 청교도적인 가정에서 성장했다. 17살이 되던 해 케임브리지 대학에 진학하였고, 여기서 그는 광교회파의 사상을 접했다. 그가 재학 중이던 17세기 중엽 케임브리지 대학은 일명 케임브리지 플라톤주의자[14]들의 본거지였다. 케임브리지 플라톤주의자들은 이성을 '신의 촛불',

---

14 17세기 중엽(1633~1688) 랄프 커스워드와 헨리 모어가 이끌던 케임브리지 대학의 신학자와 철학자 모임으로서 이들은 신플라톤주의와 데카르트 철학의 영향을 받아 유물론과 종교적 분쟁을 야기하는 독단적인 교조적 기독교에 반대했다. 종교적인 문제에 있어서는 이성이 최종 판단자가 되어야 한다고 보았으며, 종교적 관용을 주장하였다.

'인간의 영혼 속에 담긴 신의 속성', '인간에게 각인되어 있는 신의 징표'
로 보았기에 모든 종교적 문제에 있어서 최종 심판자는 이성이 되어야
한다고 보았다. 따라서 그들은 종교 간 대화를 지지했으며 종교간 대화
를 막는 기독교의 속죄와 믿음에 의한 의화라는 신학적 교리를 받아들
이지 않았다. 틸랏슨은 공위시대의 혼란기에 이들로부터 많은 영향을
받았는데 특히 철학자 헨리 모어(Henry More, 1614-1687)와 신학자 벤자민
휘치코트(Benjamin Whichcote, 1609-1683)로부터 어떻게 종교를 바라보아야
하는지를 배웠다. 덕분에 그는 광신주의와 무신론에 휩쓸리지 않고 종
교를 이성적으로 바라볼 수 있었다.

　　1661년 찰스 2세는 자신의 통치하에서 평화가 회복되고, 교회가
일치를 이루며, 양심을 일깨우기 위해 모든 종교가 사용할 수 있는 통일
된 기도서를 만든다는 목적으로 영국 국교회와 장로교 성직자들을 사보
이로 소집하였다. 그러나 불행히도 이 모임은 넉 달 동안 제대로 운영되
지 않았다. 장로교 온건주의자였던 리처드 박스터(Richard Baxter, 1615-
1691), 토마스 맨튼(Thomas Manton, 1620-1677) 그리고 틸랏슨은 이 사보이
회의에서 로드주의를 답습하는 영국 국교회의 고교회파와 독립파인 청
교도, 그리고 장로교로부터 변절자라는 비난을 들었으며 이들 종교 중
에 어느 하나를 선택하도록 강요를 받았다. 이때의 경험으로 인해 틸랏
슨은 장로교를 떠나 영국 국교회로 전향한다.

　　1662년, 국교회의 기도서와 교리를 따를 것을 요구하는 획일법(Act
of Uniformity)이 제정되자 틸랏슨은 즉각 이 획일법을 수용하였으며 영국
국교회의 주교로 임명되었다. 그로 인해 그는 이 법을 거부함으로 인해
성직을 박탈당한 비국교도 성직자들로부터 변절자라는 비난을 듣게 되
었다.

그는 신학자가 아니라 목회자였다. 그는 기독교의 복음을 전도하고 신이 요구하는 도덕적 계명을 삶 속에서 실천하는 데 참된 기독교의 본질이 있다고 보았다. 따라서 그가 일생 동안 했던 설교의 주제는 기독교의 합리성, 반종교의 어리석음, 신앙의 본질, 도덕적 실천에 관한 것이었다. 이런 주제를 전하는 그의 설교는 당시 청교도, 장로교 등 비국교도의 지나치게 이론적이며 교리적인 설교나 고교회파 국교도의 수사적이며 내세 지향적인 설교와는 확연히 다른 것이었다. 덕분에 그는 1660년대부터 그가 사망한 1694년까지 런던에서 가장 대중적으로 인기가 있으며 가장 영향력이 큰 설교가로서 미국에까지 그의 설교집이 전해져 큰 인기를 끌었다. 이처럼 틸럿슨은 설교와 출판을 통해 대중들에게 광교회파의 메시지인 기독교의 합리성을 전달할 수 있었다. 바로 이 때문에 18세기 대표적 이신론자중 한 사람인 앤소니 콜린스로부터 "모든 사제 중에서 가장 경건하고 합리적인 사람"이라는 칭송을 받았다.

18세기 이신론자들이 특별히 틸럿슨을 주목한 것은 그가 주장한 광교회파의 주장이 종교에 대해 갖고 있던 그들의 문제의식과 크게 다르지 않았기 때문이다. 17세기 영국 국교회의 광교회파와 관련해 그리핀은 광교회파의 특색을 다음과 같이 8개로 요약하고 있다.[15]

① 전통적인 기독교 신조에 대한 수용에 있어서 역사적인 의미의 정통
   을 따름
② 국교회의 기도서와 교리를 수용함
③ 종교의 문제에서 이성을 신뢰함
④ 신학적 최소주의(Minimalism)를 주장함

---

15 Ibid., p. 7.

⑤ 의화의 문제에 있어서 아르미니우스주의를 신봉함

⑥ 교리와 신조보다는 도덕적 실천을 강조함

⑦ 독특한 형식으로 설교함

⑧ 17세기 과학과 왕립학회와 긴밀한 관계를 유지함

그리핀이 지적한 8개 항목을 보면 16세기 다소 엉뚱한 문제로 시작된 영국의 종교개혁이 17세기 광교회파를 거쳐 18세기 전반의 이신론 운동과 후반의 영적 대각성 운동으로 이어지고 있음을 알 수 있다. 1517년 루터에 의해 촉발된 종교개혁은 처음에는 사변화되어 실천력을 상실한 중세 교회에 대한 반발로 일어났지만 시간이 지나면서 정치적 역학관계 속에서 교리적인 논쟁으로 변질되어 또다시 실천력을 상실하는 현상이 나타나게 되었다. 영국에서의 종교개혁은 처음부터 정치적인 역학관계에서 시작되었으므로 애초부터 종교적 실천과는 별반 연관성이 없었다. 17세기 들어 제임스 6세가 잉글랜드와 스코틀랜드의 통합왕이 되면서부터 영국 국교회와 가톨릭의 대립에 이어 영국 국교회와 장로교의 대립까지 가세되면서 종교적 분쟁은 절정에 이르게 된다. 이런 상황에서 미신과 광신의 두 극단을 경계하며 종교 본연의 정신으로 돌아갈 것을 주장하는 광교회파 운동은 영국의 젊은 지식인들에게는 매력적인 주장이 아닐 수 없었다.

광교회파는 교리와 신조에 관한 견해차로 인해 발생하는 종교 간 분쟁은 이성을 통해 해결할 수 있다고 보았으며 종교의 본질은 도덕적 실천에 있다고 보았기에 삶 속에서 도덕적인 삶을 살도록 가르치는 설교를 종교에서 가장 중요시하였다. 이처럼 교리 문제에 있어서 이성에 의한 합리적 해석과 종교적 실천으로서의 도덕의 강조는 18세기 이신론의 토대가 되었으며, 특히 설교를 통한 영적 각성운동은 18세기 후반 대각성 운동의 기반이 되었다.

4) 찰스 블런트

블런트(Charles Blount, 1654-1693)는 허버트 경 이후 꺼져 가던 이신론의 불씨에 다시금 불을 붙인 인물이라고 할 수 있다. 그는 17세기 허버트 경 이후 가장 비중 있는 이신론자였다. 그는 초기 이신론자들 대부분이 그러했듯이 기독교 신앙을 고백하면서도 계시종교로서 기독교의 핵심적인 교리와 신앙을 파괴하는 데 주저하지 않은 인물이었다. 그는 어려서 어학에 탁월한 재능을 보였는데 그로 인해 그는 그리스와 라틴 고전을 자유롭게 인용할 수 있었다. 그는 필로스트라투스(Flavius Philostratus A. D. 170-245), 포르피리(Porphyry of Tyre, A. D. c. 234-c. 305), 켈수스, 루시안(Lucian) 세네카, 키케로, 아베로이스, 에라스무스, 몽테뉴, 스피노자, 베이컨, 홉스, 로크를 자주 인용했다. 그는 이들 철학자들의 저작에서 나타난 다양한 이신론의 개념과 사상을 조합하는 방식으로 자신의 이신론적 주장을 펼쳐 갔다. 바로 그 점에서 그는 독창적이며 수준 높은 철학자는 아니었다.[16]

1680년 그는 『티아나의 아폴리니우스의 생애에 관한 필로스트라투스의 2권의 책(*The Two First Books of Philostratus concernig the Life of Apollonius Tyaneus*)』을 출간했다. 이 책은 초대 교회 시절 기독교에 적대적이었던 이방인 학

---

16 Chisholm, H. (Ed.), "Blount Charles," Encyclopedia Britannica, Cambridge University Press, p.

자들 중의 한 명인 필로스트라투스가 저술한 『티아나의 아폴로니우스의 전기』를 번역한 책이다. 이 책은 예수의 삶이 피타고라스학파의 아폴로니우스의 삶과 유사함을 지적함으로써 예수를 비열한 모습을 지닌 이교도 예언자로 그리고 있다. 그리스어로 쓰인 이 책을 그는 영어로 번역하고 거기에 자신의 이신론을 소개한 긴 주석을 덧붙였다. 1683년에는 허버트 경의 저작과 동일한 제목인 『평신도의 신앙(Religio Laici)』을 출간했는데 이 책에서는 기독교의 잘못된 부분을 지적하고 탈 기독교화된 종교의 긍정적인 면을 이야기하고 있다. 그리고 1695년 블런트의 사후 그의 친구인 질돈(Gildon)에 의해 출간된 『찰스 블런트 작품집(Miscellaneous Works of Charles Blount)』에는 3권의 단편이 담겨 있다. 이 중 첫 번째 단편인 『이성의 신탁(Oracles of Reason)』(1693)에서는 계시에 맞서 이성을 강조하면서 성서에 대한 개개인의 자유로운 해석을 촉구하였다. 그는 창세기에 대한 의심을 제기하고, 계시와 기적을 부인하고 세계의 다원성을 주장함으로써 전통적으로 수용해 오던 기독교의 믿음들에 의문을 제기했다. 한 걸음 더 나아가 무신론자들에게는 관용을 베풀되 광신자들에게는 관용을 베풀지 말아야 한다고 주장하였다. 이 책으로 인해 그는 온갖 사악함을 도모하는 자유사상가의 괴수로 몰렸다. 이 책에 담긴 다른 2편의 작품은 초기 작품을 수록한 것으로서 두 번째 단편인 『세계의 영혼(The Anima Mundi)』(1679)은 무신론, 광신, 기도와 우상숭배에 대해 논의하면서 광신자가 가장 위험한 무신론자이며, 지혜가 있고 근면하며 기도하는 사람이라면 누구나 천국에 갈 수 있다고 말하고 있다. 마지막 세 번째 단편인 『에베소의 다이아나는 위대하다(Great is Diana of the Ephesians)』(1680)에서는 이교도의 희생제를 들어 기성종교야말로 미신이라고 주장하고 있다. 그는 이 책에서 사제와 성서, 그리고 기적에 대해 비판하고 있는데 흥미 있는 것은 기독교의 성직자들이 타락한 원인을 이집트의 사제들에서 찾고 있다는 점이다. 그에 따르면, 아브라함이나 모세는 이집트 사제들로부터 속임수를 배운 사기꾼이었다는 것이다. 그는 천국과 인간의 타락, 홍수와 노아의 방주, 태양의 정지, 만나 등 모든 기적과 신비를 부인하면서 성서가 지극히 인간중심적인 관점에서 기술되었음을 지적하고 있다. 그는 허버트 경이나 토마스 브라운 경처럼 종교의 본질은 도덕에 있다고 보았으며 종교에서 어떠한 신비와 기적도 받아들이지 않았다.

영국 이신론과 관련해 블런트의 사상에 주목해야 하는 까닭은 그가 초대 교회 당시 반기독교적인 저술에서 활용되었던 방식인 기독교와 이교도의 유사성을 지적하는 방식을 되살려 냈다는 점이다. 그는 자신의 강점인 고대어에 대한 지식을 활용해 고대 이교도의 역사와 전설이 기독교의 신비 및 기적과 유사함을 지적함으로써 기독교의 불합리성을 비판하고 있다. 그는 신의 권능과 섭리는 자연계에 특별한 간섭의 형태로 개입하는 것보다 경이로운 자연의 법칙을 통해 더 잘 설명될 수 있다고 주장했다. 다시 말해 신은 그가 창조한 것을 짓밟는 방식으로 이 세상을 통치한다기보다는 그 자신이 정한 자연의 방식대로 통치한다고 보는 것이 합리적이라는 것이다.

1689년 블런트는 그의 아내가 죽자 처제와 결혼을 원했다. 그러나 당시 영국에서는 처제와의 결혼은 종교적으로 허락되지 않았다. 그러자 그는 1693년 캔터베리 대주교에게 편지를 써서 허락을 구했으며 그의 책 『이성의 신탁』에서도 처제와 결혼하는 것을 허용해야 한다는 주장을 펴기도 했다. 그는 자신의 청원이 거절되자 자살로 자신의 삶을 마감했다. 성서에 기록된 창조신화를 믿고, 온갖 계시와 기적을 의심 없이 받아들이던 당시의 평범한 기독교인들에게 그의 죽음은 사악한 삶을 살아온

한 지식인의 자기 파멸로 받아들여졌다. 그는 토마스 스프랫(Thomas Sprat, 1635-1713),[17] 스피노자(Baruch Spinoza, 1632-1677), 홉스(Thomas Hobbes, 1588-1679)처럼 당시의 반기독교적인 성향의 지식인들이야말로 미신으로 어두워진 세상을 자연적인 이성과 자연철학, 자연종교의 빛으로 환하게 밝히는 사람들이라고 생각했으며 그 자신도 그와 같은 사람이라고 믿었다.[18]

2. 토마스 홉스

홉스(Thomas Hobbes, 1588-1679)가 유신론자인지, 이신론자인지, 아니면 무신론자인지에 대해서는 논쟁의 여지가 있다. 그러나 분명한 사실은 홉스의 견해가 17~18세기 영국 이신론자들과 상당한 공통점이 있

17　로버트 보일(Robert Boyle, 1627-1691)을 중심으로 한 일군의 학자들이 런던 왕립학회를 설립하고 실험과학의 관례와 가치를 전파하기 시작했다. 이들은 자명한 '사실'과 사실에 대한 해석을 명확하게 구별하고, 논란의 여지가 없는 '사실'에만 집중함으로써 공통의 대화 기반을 마련하고자 했다. 이들은 자신들에게 가해지는 종교계의 비판에 맞서기 위해 설립된 지 불과 10년도 안 된 왕립학회의 역사를 쓰는 작업에 착수했다. 토마스 스프랫은 그 작업을 담당했던 성공회 목사였다. 그는 이 책에서 왕립학회의 정신이 평화를 이룩했다고 말했다. 그는 실험철학자들의 모범적 활동을 다음과 같이 기록했다. "우리는 (이들 왕립학회 회원들에게서) 잉글랜드 국민으로서는 진풍경이라 할 장면을 목도하게 된다. 동의하지 않는 당파의 사람들, 그리고 어울리지 않는 삶의 방식을 가진 사람들이 증오하는 법을 잊고 모두가 동일한 작업의 진보를 위해 함께 어울리며 지내 온 장면을 말이다."

18　Redwood, J. A., "Charles Blount, Deism, and English Free Thought," *Journal of the History of Ideas*, Vol. 35, No. 3, 1974, p. 497.

으며 특히 18세기 영국 이신론자들에게 많은 영향을 주었다는 점이다.

홉스는 옥스퍼드 대학을 졸업했다. 그는 잠시 프랜시스 베이컨의 비서로 일을 했으며 이후 데본셔가의 가정교사로 오랫동안 일하였다. 영향력 있는 가문과 인연을 맺은 덕분에 그는 당시 유럽의 대표적인 지식인들과 만나 교분을 쌓는 기회를 가질 수 있었다. 그는 갈릴레오를 만났으며 그로 인해 파듀아 학파의 분해와 결합의 방법론이란 과학적 방법론을 배울 수 있었고, 데카르트를 통해 정의, 공리, 공준으로부터 추론의 과정을 통해 정리를 이끌어 내는 기하학적 방법을 배웠으며, 에피쿠로스학파의 유물론을 부활시킨 가상디와의 교류를 통해 유물론적 세계관을 갖게 되었고, 허버트 경과의 친분을 통해 이신론적인 신 개념과 자연종교의 개념을 알게 되었다. 홉스는 이처럼 17세기 당시 최고 수준의 과학자와 철학자를 만나 친분을 나눴지만 이들의 사상을 무비판적으로 수용한 것은 아니었다. 홉스는 매우 독창적인 인물로서 당시의 과학적 방법론과 학문적 지식 그리고 새로운 철학을 기반으로 자신만의 독특한 세계관을 형성했다. 그리고 이를 바탕으로 17세기 영국의 현실문제에 대한 답을 줄 수 있는 정치철학과 종교철학을 제시했던 것이다.

홉스는 매우 다양한 주제에 관심을 가졌지만 그가 가장 관심을 갖고 주력했던 분야는 정치철학과 종교철학이었다. 찰스 1세의 치하였던 1640년 그는 왕당파를 지지하는 정치 관련 소책자를 집필했다. 이 책으로 인해 그는 위험인물로 낙인이 찍혀 프랑스로 피신하게 되었는데 이때 프랑스에서 출간한 소책자가 바로 『시민론(*De Cive*)』이다. 홉스는 1651년 이 책을 좀 더 다듬어 영국에서 출간했는데 바로 이 책이 홉스의 정치철학과 종교철학을 담고 있는 『리바이어던(*Leviathan*)』이다. 이 책은 유물론적인 세계관에 입각해 신과 종교를 이해하고, 종교에 대한 국가의 지배와 종교에 대한 불관용을 주장하고 있는데 이로 인해 그는 장로교, 가톨릭, 자유주의자, 왕당파 모두를 적으로 만들어 버렸다. 그 결과 이신론자들은 홉스로부터 많은 영향을 받았음에도 불구하고 자신들의 생각과 홉스의 생각을 비교하는 것 자체를 좋아하지 않았으며, 심지어는 자신의 견해가 그와는 다름을 강조하기 위해 그에 대한 비판에 나섰다.

1) 신의 존재와 본성에 대하여

홉스는 형이상학적 관점에서는 유물론자였다. 그런 까닭에 그는 무신론자로 간주되었다. 그러나 그는 단 한 번도 자신의 입으로 신의 존재를 부인하지 않았으며 더 나아가 『리바이어던』의 절반 이상을 성서에 기초해 그리스도 왕국론을 전개하고 있을 뿐만 아니라 기독교 신앙을 고백하기까지 한다. 그런 점에서 볼 때 그를 무신론자로 단정 짓기는 쉽지 않다. 그러나 그가 생각한 신이 영적인 존재가 아니라 물질적 존재라는 점에서 그가 무신론자가 아니라 유신론자라는 주장 역시 영적인 실체로 신을 이해하는 기독교적인 관점에서 볼 때 쉽게 수긍이 가지 않는 주장이다.

홉스에 따르면, 실체란 오직 물체뿐이기에 '신이 영적인 실체로 존재한다'고 말하는 것은 '존재하지 않는 것이 존재한다'고 말하는 것이기에 자기모순적인 주장인 것이다. 사람들이 영(Spirit)이라고 말하는 것은 너무 미세하여 감각적으로 지각되지 않을 뿐이지, 실상은 물질이라는 것이 홉스의 견해이다. 홉스에 의하면 신은 엄밀하게 말하자면 영적인 존재가 아니라 물질적인 존재이다. 그럼에도 불구하고 사람들이 신을 영적인 실체라고 말하는 것은 "신을 눈에 보이는 물체로 정의하게 되면 속된 느낌을 줄 우려가 있기 때문에 가능하면 이런 속된 느낌으로부터 멀리 떨어져 있는 존재로 부각시켜 신에게 명예를 부여하려는 경건한 마음에서 그렇게 하는 것"[19]일 뿐이다. 그러나 실상은 물리적 실체 외에 다른 실체란 존재하지 않기에 신을 물질로부터 독립된 실체로 생각하는 것은 잘못이다. 만약 물질 외에 영적인 실체가 있다고 주장할 경우 이 두 개의 실체가 어떻게 상호작용을 하는지를 설명해야 하는 난제(Aphoria)에 직면하게 된다.

홉스는 『리바이어던』에서 신의 존재를 논증하고 있는데 토마스 아퀴나스가 『신학대전』에서 보여 준 우주론적 증명과 유사한 논증을 사용하고 있다.

> 영원하고 무한하며 전능한 유일신의 존재를 인정하는 것은 성격이 좀 다르다. 이것은 장차 다가올 일에 대한 두려움에서 생긴다기보다는 자연적 물체의 원인, 그것들의 여러 가지 힘이나 작용에서 온다고 하는 편이 더 쉬울 것이다. 즉 어떤 결과를 두고 그것과 가장 가까운 직접 원인을 추론하고, 그로부터 그 원인의 원인을 추론한다. 여러 원인 추구에 매진하는 사람은 마침내 '최초의 기동자'에 이르게 된다. 이것은 이교도 철학자들마저 인정한 것으로서 모든 사물의 최초이자 영원한 하나의 원인이 반드시 존재한다는 것이다. 사람들이 '하느님'이라는 이름으로 부르는 존재의 본질은 바로 이것이다.[20]

19 홉스, 『리바이어던』, 최공웅 · 최진원 역, 서울: 동서문화사, 2009, 12장, p. 115.
20 위의 책, p. 114.

그는 원인을 알고자 하는 호기심으로 인해 원인에 원인을 좇다보면 그보다 더 앞선 원인이 없으며 모든 것의 원인이 되는 영원한 궁극적 원인에 이르게 되는데 인간은 이것을 신이라고 부른다고 말한다.[21] 그러나 신은 경험적 지각의 대상이 될 수 없다는 점에서 인간은 신의 본질에 대해서는 아무것도 알 수가 없다.

우리가 상상하는 것은 모두 '유한한' 것이다. 그러므로 '무한한' 것에 대해서는 어떤 관념도 개념도 없다. 자신의 마음속에 무한대의 이미지를 그릴 수 있는 사람은 아무도 없다. … 어떤 것이 무한하다는 것은 그 끝이나 한계를 생각할 수 없음을 뜻하며, 그것은 그 말이 적용되는 대상의 개념이 아니라 우리 자신의 무능력을 나타내는 개념이다. 따라서 우리가 '하느님'이라고 부르는 것은 하느님에게 명예를 부여하기 위해서이지, 결코 신에 대한 개념을 가지기 위해서가 아니다. 왜냐하면 하느님은 이해할 수 있는 존재가 아닐 뿐 아니라, 그 위대함과 에너지는 개념화할 수 있는 것이 아니기 때문이다. 앞에서 말한 것처럼, 무슨 일이든지 우리가 개념을 파악하는 것은 우선 감각을 통해, 전체를 한꺼번에, 또는 부분적으로 받아들인 것이므로, 감각의 대상이 아닌 것을 표현하는 사고란 있을 수 없다. 따라서 어느 누구도 일정한 장소에 있고 일정한 크기를 지닌 것이 아니면 어떠한 것도 개념화할 수 없다. 또 어떤 것이든 모든 것이 동시에 이 장소에 있으면서 다른 장소에도 있는 것이 아니며, 2개 이상의 사물이 동시에 같은 장소에 있을 수도 없다. 그런 것은 어떠한 것도 지금까지 감각의 대상이 된 적이 없고 또한 될 수도 없는 것들이며, 기만당한 철학자 및 기만당했거나 기만하고 있는 스콜라 학자를 믿고 떠들어 대는 터무니없는 이야기일 따름

---

21 위의 책, 11장, p. 167.

이다.[22]

요컨대 신은 감각적으로 지각 불가능(Unconceivable)한 존재이기에 개념적으로 정의 불가능(Undefianble)한 존재이며 따라서 이해 불가능(incomprehensible)한 존재이다. 그럼에도 불구하고 신이 무한한 존재니 보편적 존재니 하는 것은 신을 경배하고 찬양하기 위한 언표일 뿐 신을 이해하여 사용하는 언표는 아닌 것이다.

2) 종교에 대하여

홉스에 따르면, 신앙과 예배로 이루어지는 종교는 우주론적인 논변을 통해 추론될 수 있는 '최초의 기동자'에 대한 믿음에서 비롯되는 것이 아니다. 이 '최초의 기동자'는 세계의 기원과 운동을 설명하는 존재일 뿐 인간의 운명과는 무관한 존재이기에 신앙과 예배의 대상이 될 수 없기 때문이다. 따라서 홉스는 신의 존재에 대한 믿음과는 별도로 종교의 시원을 다음과 같이 설명하고 있다.

> 원인을 알려고 하는 의욕에서: 첫째, 눈에 보이는 모든 것의 원인을 탐구하려는 것이 인간 특유의 본성이다. 정도의 차이는 있지만, 모든 사람은 자신의 행복과 불행의 원인을 알고자 하는 정도의 지적 호기심은 가지고 있다.
> 일의 발단에 대한 고찰에서: 둘째, 인간은 어떤 일이 시작되는 것을

---

22   위의 책, 3장, p. 38.

보고 더도 말고 덜도 말고 그것이 시작된 바로 그때 그 일이 시작되도록 결정한 어떤 원인이 있었을 것이라고 생각한다.

일의 연속에 대한 관찰에서: 셋째, 짐승의 경우에는 일상의 먹이나 안락, 쾌락을 좇는 것 말고는 다른 행복이 없다. 눈에 보이는 일의 순서와 관련 및 의존관계를 관찰하거나 기억하지 못하고 장차 닥칠 일에 대한 예견을 거의 또는 전혀 하지 못한다. 그러나 인간은 하나의 사건이 다른 사건에 의해 어찌하여 생겨났는지를 관찰하고, 그런 사건들의 전제와 결과를 기억한다. 그리고 사건의 참된 원인을 확인할 수 없을 때는 (행운과 불행의 원인은 대부분 눈에 보이지 않기 때문에) 자신의 상상력을 따르거나 또는 자기 편이면서 자기보다 현명하다고 생각되는 사람들의 권위에 기대어 원인을 추정한다.

종교의 자연적 원인, 다가올 시간에 대한 염려: 세 가지 특징 가운데 앞의 두 가지는 걱정거리를 만든다. 이미 일어났거나 앞으로 일어날 일에는 모두 원인이 있다고 확신하며, 두려운 해악으로부터 자신을 지키고, 자기가 바라는 선을 얻기 위해 꾸준히 노력하는 사람은, 다가올 시간에 대한 끊임없는 불안을 느끼지 않을 수 없다. 그러므로 인간은 누구나, 특히 유달리 걱정거리가 많은 사람은 프로메테우스—신중한 사람이란 뜻이다—와 비슷한 상태에 놓이게 된다. 프로메테우스는 광막한 카프카스 언덕에 꽁꽁 묶인 채 날마다 독수리에게 자신의 간을 쪼아 먹힌다. 독수리는 밤사이에 회복된 간을 낮에 다시 와서 쪼아 먹기를 되풀이한다. 지나치게 앞날을 멀리까지 내다보고 걱정하는 사람 또한 프로메테우스와 같은 괴로움을 느끼게 된다. 죽음이나 빈곤 또는 이런저런 재앙의 두려움에 휩싸여 잠잘 때를 제외하고는 잠시도 편할 날이 없다.

그것은 그들로 하여금 보이지 않는 힘을 두려워하게 한다: 이 영원한 두려움은 마치 어둠 속에 있는 것처럼 원인에 대해 알지 못하는 한, 항상 인간을 따라다니면서 어떤 대상을 찾는다. 따라서 두려움의 대상이 눈에 보이지 않을 때는 행운이나 불행의 직접적인 원인을 '보이지 않는 힘'에 의한 것으로 돌릴 수밖에 없다.[23]

홉스의 말을 요약하면 자신의 행운과 불행의 원인을 알고자 하는 호기심과 모든 사건에는 원인이 있다는 생각이 결합될 때, 자신의 미래를 좌우한다고 생각하는 보이지 않는 힘에 대한 두려움이 생겨나며 이로 인해 인간은 프로메테우스처럼 평생을 두려움에 싸여 지내게 된다는 것이다. 이 두려움이 인간의 무지와 만날 때 종교가 생겨난다. 홉스는 종교의 원인이 되는 무지를 종교의 씨앗이라고 부르며, 이 무지가 인간의 상상과 정념과 만날 때 어리석은 종교적 의식이 생겨난다고 말한다.

첫째로 유령이 있다는 생각, 둘째로 이차적 원인에 대한 무지, 셋째로 두려워하는 대상에 대한 헌신, 넷째로 우연히 생긴 일을 어떤 조짐으로서 받아들이는 것, 이런 것들이 '종교'의 씨앗이다. 그런데 사람마다 상상, 판단, 정념이 서로 다르기 때문에 위의 네 가지 사실로부터 생겨나는 의식은, 어떤 사람이 받드는 의식이 다른 사람의 눈에는 대부분 어리석은 것으로 비칠 만큼 다양하게 발전해 온 것이다.[24]

종교의 기원에 대한 홉스의 견해를 요약하면 종교의 씨앗이라 부르는 인간의 무지가 두려움과 불안 가운데서 정념과 상상력과 결합하면, 이성의 눈으로 볼 때는 지극히 불합리하며 심지어는 어리석어 보이기까지 한 다양한 형태의 종교적 교리와 의례가 만들어지는 것이다. 종교마

23　위의 책, 12장, pp. 113-114.
24　위의 책, 12장, p. 117.

다 상이한 종교적 교리와 의례를 갖게 되는 것은 일차적으로는 무지에 의해 촉발된 정념과 상상력이 사람마다 다르기 때문이지만 그보다는 종교의 창시자나 입법자들이 신자들을 쉽게 복종시키고 자신들의 지배하에 두기 위해 종교적 교리나 의례를 악용하기 때문이다. 그 결과 종교는 인간의 구원을 명분으로 교리나 의례의 문제로 갈등과 분열 그리고 전쟁의 소용돌이에 빠져들지만 실상 그 내막을 들여다보면 교세 다툼인 것이다. 유럽에서 가장 치열한 종교적 갈등이 일어났던 16~17세기를 살았던 지성인답게 홉스는 이런 종교적 갈등을 해결할 방법을 그 당시 최고의 학자들과의 교류를 통해 모색했다. 홉스는 일단 그 답을 기독교의 역사에서 찾았다. 313년 콘스탄티누스 황제에 의해 공인되기 전까지 기독교는 이방민족이 믿는 미신적 종교에 불과했지만 황제에 의해 공인됨으로써 비로소 종교가 되었다는 사실에 홉스는 주목한다. 홉스가 찾은 답은 국가를 종교 위에 놓는 것이었다.

> 머릿속에서 상상하거나 공개적으로 인정된 이야기를 듣고 상상한, 보이지 않는 힘에 대한 '두려움'은 종교라고 부르고, 공개적으로 인정되지 않은 경우에는 미신이라 부른다.[25]

국가의 공권력, 즉 법에 의해 인정을 받지 않는 한 보이지 않는 힘에 대한 믿음과 경배는 종교가 아니라 단지 미신일 뿐이라는 것이다. 홉스가 이처럼 중세의 전통으로부터 이탈해 종교에 대한 국가의 우위를 주장한 데는 나름대로 철학적 논거가 있었다.

---

25 위의 책, 6장, p. 65.

3) 교회에 대한 국가 우위론

홉스가 교회에 대한 국가 우위론을 주장하는 철학적 논거는 그의 유물론적인 세계관에서 비롯된다. 홉스는 유물론자답게 보편자의 실재성을 부인하는 후기 스콜라 철학의 영향을 받아 보편자의 실재를 믿지 않는 유명론(Nominalism)을 받아들였으며 그 결과 중세교회를 지탱해 온 기독교의 핵심 이념인 보편적 교회를 부인하였다. 중세 시절 국가에 대한 교회의 우위론을 뒷받침하는 논거는 초대 교회 시절부터 주장되어 온 보편교회론이었다. 보편적 교회란 그리스도가 머리가 되고 그리스도를 믿는 신자들이 그 지체가 되는 영적인 공동체를 말하는 것으로서, 이른바 눈으로 볼 수 없는 '보이지 않는 교회(Invisible Church)'를 말한다. 교황은 단순히 이 땅 위에 세워진 가시적 교회의 수장이 아니라 비가시적인 보편교회를 대리하는 대리자란 점에서 천상의 권위를 부여받은 인물이기에 세속의 나라를 다스리는 왕은 마땅히 교황의 지배하에 있어야 한다는 것이었다. 그러나 유명론의 주장처럼 교황이 대리자가 되는 눈에 보이지 않는 보편적 교회란 존재하지 않으며 오직 불완전한 이 땅 위의 세속적 교회만 있을 뿐이라면 국왕에 대한 교황의 수위권을 주장할 논거가 사라지게 된다. 이는 교회와 국가를 분리해 영적인 지배와 세속적 지배를 구별하는 것이 무의미함을 의미하는 것이다.

> 따라서 지상에는 모든 그리스도교도가 복종해야 하는 절대적인 교회는 존재하지 않는다. 왜냐하면 지상에는 모든 코먼웰스들이 복종해야 하는 권력은 없기 때문이다. 군주와 국가의 영토 안에 그리스도교도들이 있을 뿐이다. 그러나 그들은 자신이 속한 코먼웰스에 복종해야 하므로 다른 어떠한 인격의 명령도 따를 수 없다.

교회가 명령, 판결, 사면, 단죄 등을 할 수 있다면, 그 교회는 그리스도교도들로 구성된 정치적 코먼웰스와 같다. 코먼웰스가 '시민 국가'라고 불리는 이유는 그 백성이 '인간'이기 때문이며, '교회'라고 불리는 이유는 그 백성이 '그리스도교도'이기 때문이다. '현세적'이거나 '영적'인 통치는 사람들에게 그들의 합법적 주권자를 둘이라고 오해하도록 하기 위해 생겨난 말에 지나지 않는다. 신자들의 육체는 부활 뒤에는 영적이며 영원하겠지만, 이 세상에서는 썩어 들어가는 천한 것일 뿐이다. 그러므로 이 세상에서는 국가나 종교에 대한 현세적 통치 이외에 다른 통치는 없으며, 국가와 종교의 통치자가 어떤 교리의 가르침을 금지하면, 그 교리를 백성들에게 가르칠 수 없다. 또한 통치자는 하나여야만 한다. 그렇지 않으면 코먼웰스 내에 반드시 분파와 내란이 발생한다.[26]

홉스의 요지는 보편적 교회란 없기에 이 땅에 사는 동안은 지상의 통치자를 따라야 한다는 것이다. 홉스는 그리스도를 믿지 않는 통치자와 집권자일지라도 그들의 권세는 하느님으로부터 온 것이니 그들의 명령에 복종하며 순종해야 한다고 이야기한 성 베드로와 성 바울을 언급한다. 그러면서 하느님께서 주권을 부여한 그리스도교도인 통치자와 집권자에 대한 복종은 당연한 것이라고 말한다.[27]

모든 그리스도교 코먼웰스에서 정치적 주권자가 최고 목사이며, 그에게는 자기의 국민들이라는 양 떼를 돌볼 책임이 있고, 따라서 그의 권한에 의해 다른 모든 목사들이 세워지며, 그들에게 목사직의 수행에

---

26 위의 책, 39장, pp. 452-453.
27 위의 책, 42장, pp. 480-481.

요구되는 권한이 주어지기 때문에, 가르침과 전도, 그 밖에 목사직의 수행과 관련된 모든 권리는 정치적 주권자로부터 나온다고 할 수 있다. 목사들은 정치적 주권자의 대행자에 지나지 않으며 그것은 도시의 위정자나 법정의 재판관, 군대의 사령관이 모두 코먼웰스의 대행자에 불과한 것과 같다.[28]

그리스도교도인 주권자는 정치적 권리와 교회적 권리의 이러한 통합을 통하여 인간이 가질 수 있는 모든 권력을 사용한다. 이로써 정치적으로나 종교적으로나 국민들의 외적 행위를 다스릴 수 있으며, 국민을 통치하는 데 필요한 법을 제정할 수 있다. 국가와 교회는 동일한 사람들로 구성되어 있기 때문에, 주권자는 코먼웰스의 국민을 다스리는 동시에 교회의 신도들을 다스린다.

그러므로 그리스도교도인 주권자는 원한다면 자신의 국민들에 대한 종교적 통치를 교황에게 위임할 수도 있다. 그러나 이때 교황은 그 일에 있어서는, 주권자에게 종속되어 주권자의 영토 안에서 그 직무를 수행한다. 이 직무에 관련하여 교황은 정치적 주권자의 권한, 즉 정치적 권한을 갖는 것이지, 하느님의 권한, 즉 하느님이 준 권한을 수행하는 것은 아니다. 그러므로 주권자가 자기 국민들의 이익을 위하여 필요하다고 판단한다면 교황에게 맡긴 직무를 해제할 수 있다.[29]

결국 이 지상의 통치자는 『리바이어던』 표지에 있는 그림처럼 왕관을 쓰고 오른손에는 국가의 힘을 상징하는 칼을 들고, 왼손에는 종교적 권위를 상징하는 사교장(司敎杖)을 든 지상의 절대 권력자가 된다.

---

28 위의 책, 42장, p. 515.
29 위의 책, 42장, p. 521.

홉스가 살았던 17세기 영국은 정치적으로나 종교적으로 최대의 혼란기였다. 그의 눈에 비친 사회란 만인에 대한 만인의 투쟁이 일어나는 곳이며, 이런 상태를 종식시키는 일은 지상의 통치자를 단일화하는 것이었다. 홉스는 이런 주권자의 단일화를 성서에 나오는 하느님의 나라의 소망과 연결 짓는다. 그리고 하느님 나라의 소망은 곧 하느님 나라를 세울 메시아를 소망하는 것이었다.

홉스에 따르면 메시아는 구세주, 목자, 왕이라는 세 가지 임무를 갖고 있는데 성경을 보면 예수 그리스도는 영혼을 구원하는 구세주와 목자로서의 역할은 수행했지만 아직 이 땅에 평화를 가져오는 왕으로서의 임무는 수행하지 못했기에 그가 또다시 재림한다면 이 땅을 지배하는 왕으로 올 것이라고 말한다.

> 성경에서 구세주의 세 가지 직무를 찾아볼 수 있다. 첫째는 '속죄자', 즉 '구원자'로서의 직무이다. 둘째는 '목자' 및 조언자 또는 '교사'로서의 직무인데, 하느님이 구원하기로 결정한 사람들을 개종시키기 위해 하느님이 보낸 예언자로서의 직무이다. 셋째는 '왕', '영원한 왕'으로서의 직무인데, 이것은 '아버지' 밑에서 수행하는 직무로서, 모세와 대제사장들이 그들의 시대에서 수행했던 일과 같다. 이 세 가지 직무에는 상응하는 각각의 시대가 있다. 그가 이 세상에 처음 왔을 때 우리의 죗값으로 십자가에 자신을 바쳐 희생함으로써 그가 행한 우리의 속죄, 일부는 그가 당시에 했고, 일부는 현재 그의 대행자들이 하고 있으며, 그가 재림할 때까지 계속될 우리의 개종, 마지막으로 그가 다시 온 뒤에는 선민들에 대하여 그의 영광스러운 지배가 시작되어 영원히 계속되는 것이다.[30]

---

30 위의 책, 41장, p. 467.

혼란한 세속적 세계를 청산하고, 이 땅에 평화의 세계를 구축하는 것은 만인의 소망이자 정치적이며 종교적인 혼란기를 살았던 홉스의 소망이었다. 그래서 홉스는 메시아가 전능하신 하느님으로, 영존하신 아버지로, 그리고 평강의 왕으로 강림한다는 이사야 9장의 예언처럼 이 땅의 혼란을 종식시키기 위해 정치적 주권자로 온다고 보았던 것이다.

게다가 홉스는 종교와 정치를 그 목적에서 보자면 사람들을 기존 질서(법, 평화, 자비, 시민사회)에 순응하게 만든다는 점에서 결국은 하나라고 보았으며,[31] 따라서 교회를 국가의 지배를 벗어나 있는 집단으로 생각하지 않았다.

> '한 명의 주권자에 의해 통일된, 그리스도교 신앙을 고백하는 사람들의 집단으로, 그의 명령에 따라 모이고, 그의 권위 없이 모여선 안 된다.' 그리고 모든 코먼웰스에서 정치적 주권자의 허가가 없는 합의체는 불법이므로 코먼웰스가 모임을 금지한 경우에는 교회 또한 불법적 합의체가 된다.[32]

요컨대 교회란 정치적 주권자를 중심으로 통합된 그리스도교 신자들의 모임일 뿐 국가와 분리될 수 있는 집단이 아니라는 것이다. 그러기에 교회의 선택 역시 정치적 주권자에 의해 결정될 수밖에 없다고 말한다. 홉스의 이러한 종교에 대한 입장은 스튜어트 왕가를 무너뜨리고 영국 국교회를 불법화한 크롬웰 정권의 입장을 옹호하는 듯이 보인다. 따라서 왕당파는 홉스를 배신자로 규탄하였다. 그러나 정권에 의해 교회

---

31 위의 책, 12장, p. 118.
32 위의 책, 39장, p. 452.

가 선택되어야 한다는 그의 주장은 크롬웰 정권을 구성하고 있던 독립파와 장로교로부터도 배척되었다. 홉스의 견해는 어떤 종교도 국교가 될 수 없다고 본 독립파나 신교의 자유를 주장한 장로교 모두로부터 수용될 수 없는 주장이었기 때문이다.

3. 존 로크

로크(John Locke, 1632-1704)는 홉스와 동시대를 산 영국의 철학자로서 17~18세기 영국 철학자들 중에서 가장 영향력 있는 인물이라 할 수 있다. 그는 젠트리 가문의 출신으로서 옥스퍼드 대학을 나왔으며, 새프츠베리 백작과 인연을 맺으면서 평생을 정치적 동지로서 그리고 그의 정치적 입장을 이론으로 정립하고 지지해 주는 역할을 한 조력자로서 지냈다. 영국 역사상 가장 정치적으로 혼란스러웠으며, 종교적으로도 가장 분란이 많았던 17세기 스튜어트 왕조 시절에 활동을 한 인물답게 그의 주된 철학적 관심은 종교와 정치였다. 그는 홉스와 더불어 영국의 대표적인 근대 정치철학자이면서 동시에 18세기 영국 이신론자들에게 가장 큰 철학적 영감을 준 인물이었다. 대표작인 『인성론』을 통해 정립한 경험론을 바탕으로 그는 신의 존재와 본성, 계시와 기적, 이성과 신앙, 자연종교와 계시종교에 대한 자신의 입장을 철학적으로 전개해 나갔다. 그는 18세기 영국 이신론자들에게 이신론의 철학적 근거인 인식론적 토대를 제공했지만 정작 그 자신은 이신론자가 아니었다. 그렇다고 그가 정통 기독교 신자였던 것도 아니었다. 그는 삼위일체를 부정한 아리우스파 기독교인이었으며, 심지어는 예수의 신성을 부인하기까지 하였다. 그런 점에서 그는 분명 정통 기독교인이 아니었다. 하지만 그는 정통 기독교에서 주장하는 계시와 기적, 종교적 의례를 모두 받아들였으며 이신론에 정초한 자연종교를 수용하지 않았다. 그런 점에서 그는 기성종교와 자연종교의 양극단 사이에서 중용을 모색했던 인물이었다고 할 수 있다.

1) 신의 존재에 대하여

로크는 이신론의 아버지라 불리는 허버트 경과 달리 인간은 신에 대해 어떠한 생득적 관념도 가질 수 없다고 말한다. 그러나 로크는 허버트 경이 주장하는 자연종교의 5개 원리에 대해서는 대체로 동의하고 있다. 다만 그것이 생득적 진리라는 주장에 대해서 동의하지 않을 뿐이다. 그가 자연종교의 원리를 생득적 진리로 수용하지 않는 것은 만약 이것을 생득적 진리로 인정할 경우 미신과 광신으로 오도될 수 있는 종교적 교리까지도 자칫 생득적 진리라고 주장될 수 있었기 때문이다.[33]

로크에 따르면, 중국인, 태국인, 브라질인처럼 신을 믿지 않는 종족이나 또는 개인적인 무신론자들이 존재하고 있다는 사실은 신의 관념이 생득적이지 않음을 보여 주는 단적인 증거라고 말한다. 게다가 이 세상에 비록 단 한 명의 무신론자도 존재하지 않으며 모든 사람이 신에 대한

---

33 Locke, J., *An Essay concerning Human Understanding*, Oxford University Press, 1975, bk. I, ch. 4, sec. 24.

관념을 갖고 있다고 해도 이들이 갖고 있는 관념이 생득적임을 입증하는 것은 아니라고 말한다. 왜냐하면 이들의 관념이 경험적 관찰과 반성에 의해 생겨난 것일 수 있기 때문이다. 어린아이들의 경우를 보면 그들이 갖고 있는 신의 관념은 그들이 교회나 부모로부터 배운 것이며, 또한 사람들이 저마다 신에 대한 다른 관념을 가질 수 있다는 것은 신의 관념이 생득적이지 않다는 사실을 보여 준다.[34]

허버트 경이 신에 대한 생득적 관념을 주장한 까닭은 인간을 구원하고자 하는 신의 선하심을 미루어 볼 때 모든 사람이 신에 대한 생득적 관념을 갖고 있을 것이라 생각했기 때문이다. 그러나 로크는 허버트 경의 이런 논리는, 하느님은 선하시기에 인간에게 이성과 손 그리고 건축재료를 주시기보다는 손수 인간에게 다리와 집을 지어 주셨어야 한다고 주장하는 것과 같다고 말한다. 로크에 따르면, 신에 대한 관념은 가장 합리적이며 자연적인 관념이기에 사람들이 자연적인 인식기능(감각과 반성)을 제대로 사용만 한다면 얼마든지 단일하며 무한한 존재로서의 신에 대한 관념을 갖게 될 것이라고 말한다.

로크는 신에 대한 지식을 자기 자신의 존재에 대한 직관적 지식에 근거한 논증적 추론을 통해서 얻을 수 있다고 말한다.

우리 자신의 존재에 대하여 우리는 그것을 매우 분명하게 그리고 매우 확실하게 지각하므로 어떤 증명을 할 필요도 없고 또 할 수도 없다. 왜냐하면 어떠한 것도 우리 자신보다 우리에게 더 분명한 것은 있을 수 없기 때문이다. 나는 생각하고, 추리하고, 쾌락과 고통을 느낀다. 이것들 중 어떤 것이 나 자신의 존재보다 나에게 더 분명할 수 있겠는

---

34 Ibid., bk. 1, ch. 4, sec. 8-11.

가? … 내가 회의하는 것을 내가 안다면, 내가 회의라고 말하는 그 사고에 대해 확실한 지식을 갖고 있는 만큼 회의하는 사물의 존재에 대해서도 확실한 지식을 갖고 있다. 그 경우 우리는 우리 자신의 존재에 대해 직관적인 지식을 가지며, 우리가 존재한다는 내적으로 분명한 지각을 갖는다는 것을 경험에 의해 확신하게 된다.[35]

이어서 로크는 자기 자신의 존재에 대한 직관적 지식을 근거로 신의 존재를 논증적으로 추론해 낸다.

그래서 영원한 어떤 것이 존재해야 한다면 … 그것은 필연적으로 사고하는 존재이어야 한다고 추리하는 것은 아주 명백하다. 왜냐하면 사유하지 않는 물질이 사고하는 지성적인 존재를 산출한다고 생각하는 것이 불가능하듯이, 무가 스스로 물질을 산출한다고 생각하는 것은 불가능하기 때문이다. … 첫 번째 영원한 존재인 것은 무엇이든 이후에 존재할 수 있는 모든 완전함을 그 안에 필연적으로 포함해야 하고 현실적으로 적어도 그 완전함을 소유해야 한다.[36]

요컨대, 신의 존재에 대한 로크의 논증은 다음과 같이 요약될 수 있다. 나는 사고하는 존재로서 시작을 지닌 존재임을 직관을 통해 안다. 그런데 시작을 지닌 존재는 그 자신을 산출할 수 없기에 어떤 다른 것에 의해 산출되어야 한다. 그러나 이 세상에 존재하는 모든 것은 시작을 지닌 존재이기에 그 존재를 설명하기 위해서는 그 자신이 시작을 지니지 않은 존재, 영원으로부터 존재하는 존재, 즉 신이 있어야만 한다. 또한

---

35   Ibid., bk. 4, ch. 9, sec. 3.
36   Ibid., bk. 4, ch. 10, sec. 10.

다른 어떤 것에 의해 산출된 것은 그것을 산출한 것이 지니고 있지 않은 특성을 가질 수 없다는 점에서 신은 이 세상에 존재하는 두 가지 종류의 존재인 사고하는 존재와 사고하지 않는 존재 모두를 산출할 수 있는 존재여야 한다. 이런 논증적 추론을 통해 우리는 영원으로부터 존재하는 비물질적인 존재로서의 신이 존재하고 있다는 확실하고도 분명한 진리에 도달하게 된다.[37]

2) 계시와 신앙 그리고 기적

로크는 인식의 직접적인 대상이 되는 우리의 관념은 우리의 자연적 인식기능(감각과 반성)으로부터만 생겨나며, 인간의 이성은 이들 관념들 간의 일치와 불일치의 관계를 판단함으로써 지식을 얻는다고 말한다. 그러나 로크는 허버트 경처럼 감각과 반성 그리고 이성적 추론 외에도 지식에 이르는 방법으로 계시와 신앙의 길을 열어 놓고 있다. 로크는 신앙이란 이성의 추론을 통해서는 이해할 수 없는 명제를 발언자에 대한 신뢰를 기초로 하여 수용하는 것이라 말한다. 결국 인간이 지식에 이르는 방식은 감각과 반성으로부터 오는 관념들에 기초해 명제를 판단하는 이성과 그리고 계시로부터 오는 명제를 전달자에 대한 신뢰를 근거로 하여 수용하는 신앙, 두 가지인 것이다.

로크에 따르면, "이성의 빛을 주시는 하느님께서 어찌하여 우리에게 계시의 빛을 주시지 않겠는가?"[38]라고 반문하고 있다. 신은 이성을 통

---

37 Ibid., bk. 4, ch. 10, sec. 6.
38 Ibid., bk. 4, ch. 18, sec. 8.

해서는 확연하게 이해하기 어렵거나 또는 이해가 불가능한 지식을 주시기 위해 얼마든지 계시를 사용할 수 있다는 것이다. 물론 계시의 도움 없이 이성만으로도 충분히 알 수 있는 지식이 있다. 예를 들어, 신의 존재와 그의 비물질적 본성, 신이 영원하며 전지하고 전능한 존재라는 사실, 신을 경외하고 경배해야 한다는 것 등은 우리가 사물을 인식하고, 빛의 원천인 태양을 아는 것처럼 감각과 반성 그리고 이성적 추론을 통해 충분히 인식할 수 있다. 그러나 천사의 존재와 타락, 죽은 자의 부활에 대한 지식과 같이 이성을 통해 알 수 없는 것이나 또는 올바른 예배의 방식이나 도덕적 삶을 규정하는 종교적 계율처럼 이성을 통해서 어느 정도 알 수는 있지만 좀 더 분명하게 알아서 권위적 근거를 제공해야 하는 것들에 대해서는 계시가 필요하다. 따라서 로크는 계시가 없다면 종교는 선한 삶의 열매를 맺을 수 없다고 말한다.

인간은 대체로 이 세상을 살면서 색욕과 물욕에 빠져 살게 되고, 미신에 현혹되어 속죄제를 드리며, 자신의 탐욕적인 삶을 정당화하며 산다. 따라서 대중들에게는 죽은 자의 부활, 이승에서의 도덕적인 삶에 대한 내세에서의 상벌 등에 대한 계시적 지식이 필요하다. 이런 계시적 지식이 없다면 사람들은 깨끗한 양심에 따라 도덕적인 삶을 살기보다는 자신의 탐욕을 채우는 삶을 살게 될 것이다. 그러기에 로크는 이성을 통해 확실하게 알 수 없는 도덕과 구원의 문제에 있어서는 계시와 신앙의 개입을 허용하고 있다. 그러나 로크의 계시에 대한 허용은 매우 제한적이었다. 그는 성령에 의한 깨달음을 일종의 계시로서 수용하지는 않았다. 신뢰할 수 있는 증거가 없기 때문이다. 그는 유일하게 입증된 계시는 성서뿐이라고 말한다. 그러면서 그는 신약성서에 나오는 성서의 구절을 인용해 계시임을 입증하는 증거로 기적을 들고 있다. 성서를 보면 니고 데모는 "선생이여, 우리는 당신이 하느님이 보내신 선생인지 압니다. 왜냐하면 하느님이 함께하시지 않는다면 어느 누가 그 같은 기적을 행할 수 있겠습니까?"라고 말한다. 로크에 따르면, 사람들은 진기한 사건일수록 좀처럼 그것을 사실로 받아들이지 않지만, 일단 그러한 사건이 일어났음이 분명하게 확인이 되면 그 사건이 초자연적인 것일수록 그 사건을 일으킬 존재는 신밖에 없다고 보기에 그것이 신으로부터 온 것이라고 생각하게 된다.

예를 들어, 나사렛 예수는 그가 신이 보낸 선지자임을 고백했다. 그는 말씀으로 바다를 잠잠케 했다. 이것은 기적이었으며 따라서 그의 주장을 받아들이지 않을 수 없었다. 어떤 이는 이것이 우연히 일어난 일이라고 생각하고 따라서 아무런 기적도 일어나지 않았다고 생각한다. 그러나 나중에 그가 예수가 바다를 걷는 것을 목격했다면 그는 그것을 기적이라고 말하며 예수를 믿게 될 것이다. 그러나 영력으로 그런 것을 할 수 있다고 생각하는 사람이 있다면 그는 그것에 별로 영향을 받지 않을 것이다. 그러나 그 역시 만성 중풍병자를 치료하는 예수를 본다면 그것이 기적임을 인정하고 자신의 마음을 바꿀 수도 있다. 그러나 이 사건 역시 어떤 사람은 받아들이지 않을 수도 있다. 그러나 그 사람도 후에 장님의 눈을 뜨게 하고 죽은 자를 일으켜 세우는 기적을 본 후에는 예수가 전한 모든 말을 신이 전한 계시로 받아들일 수 있다. 바로 이 같은 사실은 어떤 사건이 기적이라고 인정되면 그 기적을 행한 사람의 말은 거부되지 않는다는 점을 보여 준다. 기적을 인정할 때 사람들에게는 그것이 신이 보낸 증거라는 확신이 생기며 그로 인해 그것이 진리임을 거부하지 못하게 된다.[39]

39　Locke, J., "A Discourse of Miracles," *The Works of John Locke*, Scientia Verlag Aalen, 1963,

로크는 기적과 기적이 충돌할 때는 보다 위대한 기적이 신의 기적이라고 말한다. 신의 전능함과 지선함을 고려할 때 신은 그가 보낸 메시아를 고난에 빠뜨리고, 사기꾼을 옹호하기 위해 그의 위대한 힘을 사용할 리가 없기 때문이다. 그래서 성경에 나오는 바처럼 모세는 늘 그의 상대보다 위대한 기적을 행하였던 것이다. 그러므로 메시아임을 자처하는 어떤 사람이 기적을 행했을 때 그것보다 더 위대한 기적을 행하는 사람이 나타나지 않는 한 그 사람은 신이 보낸 메시아로 받아들여야 하는 것이다. 로크는 여기서 한 걸음 더 나아가 그 사람이 전하는 계시의 내용을 통해 그가 행하고 있는 것이 기적인지 아닌지를 판별하는 지침을 언급한다.

① 신은 자신의 명예를 손상시키거나 자연종교와 도덕의 규범과 일치하지 않는 것을 전하기 위해 메시아를 보내지 않는다.
② 사람의 관심을 끌지 않는 것, 또는 잠시 생각만 해도 알 수 있는 것, 또는 자연적인 인식능력만으로도 충분히 알 수 있는 것을 전하기 위해 메시아를 보내지는 않는다.
③ 메시아가 전하는 계시의 말씀은 하느님의 영광을 드러내며 동시에 인간이 매우 관심을 갖는 내용이어야 한다.[40]

로크에 따르면, 메시아가 전하는 계시의 내용이 이상 세 가지 조건을 만족할 때 그가 행한 기적은 신의 기적이 되어 그의 말이 계시임을 입증하게 된다는 것이다. 이처럼 로크는 계몽주의 철학자답지 않게 기

Vol. 8, p. 259.
40 Ibid., pp. 261-262.

적에 높은 신뢰성을 부여하고 있다. 그러나 그가 기적에 대해 갖고 있던 신뢰성은 이성보다 높은 것은 아니었다. 비록 기적이 계시의 신뢰성을 보증한다고 하지만 적어도 그 기적보다 더 위대한 기적이 나타나지 않는 한에서만 그런 것이다. 그런 점에서 그 계시가 신으로부터 왔는지는 개연적일 수밖에 없다. "설혹 아무리 높은 개연성을 지니고 있다고 해도 확실성에 이를 수는 없으며, 확실성이 없이는 그 어떤 것도 참된 지식이 될 수 없다"[41]는 점에서 계시보다는 이성이 지식을 획득하는 보다 안전한 수단인 것이다. 이에 그는 다음과 같이 말한다.

> 앞서 내가 언급하였듯이 우리의 관념과 지식의 원리로부터 명확한 증거를 갖고 있는 경우 이성은 적절한 판관이며, 계시는 이성의 판결에 동의하여 확증할 수는 있으나 그것을 무효화할 수는 없다. 우리가 이성의 명료하며 자명한 판단을 내린 경우 그것이 신앙의 문제라는 구실하에 그 판단을 버리고 그것과 상반된 견해를 주장할 수는 없다. 신앙은 이성의 명백한 판결에 반대할 권한을 가질 수 없다.[42]

요컨대, "이성의 빛이 닿지 않는 곳에서는 신앙이 우리를 도와줄 수 있지만 우리의 지식이 닿는 곳에서는 신앙은 지식에 간섭하거나 그것과 충돌할 수 없다"[43]는 것이다. 이 말은 이성을 초월하는(Beyond Reason) 것과 이성에 어긋나는(Against Reason) 것을 구분하여 이성에 어긋나는 것은 신이 우리에게 직접 부여한 인식의 모든 원칙과 토대를 파기한다는 점에서 마땅히 수용될 수 없으나 이성을 초월하는 것, 즉 참된 계시는 수용

---

41 Locke, J., *An Essay concerning Human Understanding*, bk. 4, ch. 3, sec. 14.

42 Ibid., bk. 4, ch. 18, sec. 6.

43 Locke, J., *Essays on the Law of Nature*, Oxford University Press, 1954, pp. 277-278.

되어야 한다는 것이다.[44] 로크의 이 같은 주장은 "은총(계시)은 자연(이성)을 파괴하지 않고 오히려 그것을 완성한다"[45]는 토마스 아퀴나스의 중세적 믿음을 그대로 수용하고 있는 것이다. 그러나 로크는 아퀴나스가 이성을 초월하는 교리로 본 삼위일체, 성육신, 원죄와 같은 기독교의 핵심교리들을 이성에 어긋난다는 이유에서 계시적 진리로 수용하지 않았다. 로크가 이처럼 아퀴나스와는 달리 신앙이 아닌 이성을 최후의 심판자요, 안내자로 삼아 기독교의 핵심교리들을 배격한 데는, 해석상 왜곡의 여지가 있는 신비적 계시를 제거함으로써 종교의 타락을 막겠다는 계몽적 의지가 담긴 것으로 이해할 수 있다. 이처럼 이성을 통해 올바른 신앙을 정초하고자 하는 로크의 종교적 열의는 그의 종교에 대한 관용의 이론에서 더욱 빛을 발한다.

무어(J. T. Moore)에 따르면, 로크의 종교철학의 핵심주제가 되는 종교적 관용이론은 기본적으로 인간 본성에 대한 그의 이해에 기초하고 있다. 왜냐하면 인간은 자신이 이해할 수 없는 것에 대해서는 참된 동의를 하지 않는다는 것이 바로 로크가 보는 인간 이해력의 본성이기 때문이다.[46] 사실상 종교적인 문제에 있어서 이성의 동의가 없이 계시가 일방적으로 강요되는 경우 그것은 결코 종교적인 동의나 신앙(또는 구원의 확신)을 이끌어 낼 수 없으며 결국 개인의 구원과는 거리가 먼 것이 되고 만다.

44 Locke, op. cit., bk. 4, ch. 18, sec. 5.
45 Aquinas, T., *Summa Theologica*, I, Q 1, A 8.
46 Moore, J. T. "Locke on Assent and Toleration," *Journal of Religion*, Vol. 58, 1978, p.35.

다른 사람의 견해가 참되고 건전한 것이라 할지라도 내가 마음으로 철저히 승복하지 못한다면 그것을 쉽게 따르지 못할 것이다. 내가 양심의 명령에 반해서 행한 모든 것은 그것이 무엇이 되었든 결코 나를 복된 곳으로 인도하지 못할 것이다. 나는 내가 좋아하지 않는 방식으로 부자가 될 수 있고 또한 내가 신뢰할 수 없는 치료방식으로 질병에서 나올 수도 있다. 그러나 내가 싫어하는 종교, 내가 혐오하는 경배의 방식으로는 구원을 받을 수가 없다. 따라서 불신자로 하여금 타인의 신앙 고백을 겉으로 믿는 것처럼 보이게 만드는 것은 쓸데없는 짓이다. 오직 신앙과 내면적인 진실성만이 신을 받아들일 수 있는 것이다.[47]

바로 이처럼, 이해할 수 없기에 마음속으로 확신이 서지 않거나 승복되지 않는 것에 대해서는 어느 누구도 신앙심을 가질 수 없기에, 만약 정부가 특정한 종교적 신념과 그것의 공개와 예배의 형식을 개인에게 강요할 경우에는 그것은 예배드리는 자를 구원으로 인도할 수가 없으며 심지어는 개인의 구원을 가로막는 결과가 되는 것이다. 그러므로 로크는 영혼의 구원과 영생을 추구하는, 종교적이며 개인적인 사안에 대해서는 정부가 특정한 종교적 교리와 의례를 강요할 것이 아니라 모든 종교에 대해 관용을 베풀 것을 요구한다. 그러나 로크가 처음부터 종교적 관용을 주장했던 것은 아니다. 크롬웰(Oliver Cromwell, 1599-1658)의 사후에 나타난 극심한 정치종교적 혼란기를 체험한 로크는 『관용에 관한 소론(Essay on Toleration)』(1667)에서는 정부는 국가의 안녕과 질서를 위해서 예배형식을 결정할 권리를 갖고 있다고 주장하였다. 그러나 1689년에 익명으로 출간된 『관용에 관한 서간(Letter concerning Toleration)』에서는 영혼의

---

47   Locke, J. *A Letter Concerning Toleration*, Indianapolis: Bobbes-Merrill Co., 1955, p. 34.

구원과 관련된 종교적 사안이 개인의 신앙과 연관된 사적인 것이라는 이유에서 국가 공권력의 개입을 반대하였다. 로크가 이같이 진보적 견해를 취한 것은 그가 정부의 기능을 국가의 안녕과 질서를 유지하는 데서 찾지 않고 각 개인의 자유와 권익을 보호하는 데서 찾기 시작했기 때문이다. 한마디로 정부의 기능에 대한 인식의 전환이 이루어진 것이다. 그러나 그는 무신론자와 가톨릭 신자에 대해서는 종교적 관용을 허용하지 않았는데, 무신론자의 경우는 사회를 결속하는 요인인 약속이나 계약 그리고 명세 등이 이들에게는 아무 효력도 발휘하지 못할 것이라 생각했기 때문이고, 가톨릭 신자들의 경우는 교황이라는 별도의 군주를 섬기고 있기에 그들에 대한 관용은 종교적인 사안을 넘어선다고 보았기 때문이다.

로크가 이처럼 종교적 관용에 대해 일면 진보적인 입장을 취하면서도 다른 일면에서는 제한적인 입장을 취한 것은 두 가지 측면에서 그 이유를 설명할 수 있다. 하나는 정치적인 이유로서 그의 종교적 관용이론은 정치적으로 휘그당과 새프츠베리 경의 추종자였던 그가 가톨릭의 허용과 개신교의 약화를 통해 왕권 강화를 추구한 제임스 2세의 대사면령에 정치적으로 맞서기 위해 제안된 것이라는 설명이다. 다른 하나는 실용적인 이유인데 종교적 관용을 통해 이교도들 간의 상거래 활성화와 대외무역을 촉진시키고자 하는 새프츠베리 경의 입장을 옹호하기 위한 것이라는 설명이다.[48] 실상 새프츠베리 경은 네덜란드의 상황을 주시했고, 네덜란드의 상업적 성공이 종교적 관용을 허용한 데 있다고 보았다. 따라서 사실상 로크의 종교적 관용이론은 새프츠베리 경의 입장을 이론

---

48 우도 틸, 『로크(John Locke)』, 이남석 역, 한길사, 1988, p. 55.

적으로 뒷받침하기 위한 것이었다고 보아야 한다. 이처럼 로크의 종교적 관용이론은 그의 철학적 관심에서 비롯된 것이라기보다는 실상은 정치적 필요성에서 비롯된 것이었다.

3) 자연종교에 대하여

로크는 허버트 경의 이신론과 자연종교에 대해 상당 부분 공감을 표했지만 그렇다고 그의 입장을 수용한 것은 아니었다. 로크는 평생 영국 국교회의 신자로 살았으며 자신을 이신론자나 자연종교론자로 생각해 본 적이 없는 사람이었다. 그럼에도 불구하고 종종 로크는 이신론자로 간주되었으며, 18세기 영국 이신론자들은 그들의 사상적 토대를 마련해 준 위대한 철학자로 그를 칭송했다. 그도 그럴 것이 로크는 기독교를 지탱하고 있는 주요 핵심교리들을 모두 부인하였기 때문이다.

로크는 신약성서에서 예수를 메시아로 부를 때 늘 '하느님의 아들'이란 표현이 사용되고 있는데 이 표현은 당시에 예수가 신성을 지닌 인물, 즉 신이라는 이야기가 아니라 그가 하느님이 보낸 메시아라는 의미였다고 말한다.[49] 게다가 로크는 예수의 십자가에서의 죽음을 모든 인간의 죄를 대속한 구속의 사건이 아니라 죄를 지은 인간이 구원을 받을 수 있는 가능성을 보여 준 사건으로 이해한다. 다시 말해 비록 십자가에서 죽임을 당했지만 예수는 하느님에 의해 구원을 받아 영원한 생명을 얻

---

49 Locke, J., "The Reasonableness of Christianity," *The Works of John Locke,* Vol. 7, Scientia Verlag Aalen, 1963, p. 29.

었다는 것이다.[50] 또한 그는 예수의 대속적 구원론의 전제가 되는 원죄론 역시 받아들이지 않았다. 로크는 각자의 죄는 그 자신에게만 국한된 것이며, 아담이 죄를 짓고 죽은 후 그 후손들에게 인간 본성의 타락이 일어났다는 그 어떤 증거도 성서에서 찾아볼 수 없다고 말한다.[51]

예수의 십자가 사건은 인간의 구원 가능성을 보여 준 사건이며, 따라서 인간의 구원은 예수를 메시아로 믿는 믿음으로 이루어지는 것이 아니라 회개와 회개에 따른 선한 삶의 실천을 통해 이루어지는 것이라고 말한다.[52] 그는 또한 칼뱅주의에서 주장하는 바와 같이 예정구원론이나 성령의 개입을 통한 타율적인 회개를 받아들이지 않았다. 따라서 겉으로 드러난 일부 주장만으로 볼 때 그의 주장은 이신론이나 자연종교와 별 차이가 없어 보인다. 그러나 로크는 자신의 성장배경이 되는 경건주의적인 개신교도의 입장을 떠나지는 않았다. 그는 앞서 언급했듯이 모든 종교에 대한 관용을 주장하는 이른바 광교회파(Latitudinarian)였다. 그렇지만 모든 종교의 근원적 동질성을 주장하는 자연종교가 종교로서 기능을 할 수 있다고 보지 않았으며 더 나아가 자연종교가 인류에게 유익한 종교라고 생각하지도 않았다.

로크는 1695년 익명으로 출간한 『기독교의 합리성(The Reasonableness of Christianity)』에서 자연종교의 문제점을 신랄하게 비판하고 있다. 여기서 로크가 지적하는 자연종교의 문제점은 대체로 세 가지로 요약될 수 있다.

첫째, 자연종교의 신은, 냉철한 이성에 따라 판단하고 행동하기보

50   Ibid., pp. 162-164.
51   Ibid., p. 7.
52   Ibid., p. 28, p. 105.

다는 감각과 욕망에 치우치기 쉬운 일반 대중들의 마음에 와닿기 어려운, 너무나 추상적인 존재라는 점이다.

　어떤 사람의 경우에는 감각과 욕망이, 또 어떤 사람의 경우에는 부주의한 태만함이 그리고 대부분의 경우에는 불안이 그들의 정신을 혼미케 하며 그로 인해 그들은 사제들의 조종을 받게 되며, 신에 대한 그릇된 생각을 갖고 사제들이 기뻐할 어리석은 제의를 통해 신을 섬기게 된다. 공포나 술책이 일단 생겨나면 곧 종교적 헌신이 이루어지며, 종교는 변화하지 않게 된다. 참된 신에 대한 이 같은 암흑과 무지의 상태에서 악덕과 미신이 판을 치게 된다. 게다가 이성은 어떠한 도움도 줄 수 없으며 또한 바랄 수도 없는데, 이 경우에 이성의 목소리는 전혀 경청되지 않기에 전혀 무관한 것으로 판단된다. 어느 곳에서는 사제들은 종교에서 이성의 역할을 배제함으로써 그들의 제국을 견고히 한다. 따라서 수많은 잘못된 개념과 날조된 제의에 파묻혀 세상은 참된 유일신을 보지 못한다. 합리적이며 사색적인 사람들은 신을 찾을 때 최고의 비가시적인 유일신을 발견한다. 그러나 그들이 그 신을 인식하고 숭배하게 되었다면 그것은 단지 그들의 마음속에서일 뿐이다. 그들은 가슴 깊은 곳에 비밀히 이 진리를 숨기고 있으며 사람들에게 그것을 감히 말하지 않는다. 하물며 자신들에게 유익한 날조를 용의주도하게 수행하는 사제들은 말할 것도 없다. 그러므로 우리가 알고 있듯이 지혜와 덕을 말하는 이성은 우리가 순종하고 섬겨야 할 신은 오직 한 분이라는 사실을 대중들에게나 특정 집단에게나 설득할 만한 권위를 갖고 있지 못하다.[53]

53　Locke, J., op. cit., 1963, pp. 135-136.

로크의 주장은 한마디로 말해서 이신론적인 믿음에 기초한 자연종교는 이성의 역할을 철저히 배제하고 인류의 나약한 감각과 욕망, 부조리와 태만함 그리고 불안을 파고들어 악덕과 미신을 조장하는 기성종교를 대체할 수 없다는 것이다. 물론 일부 지성인들이나 성직자들 중에서 이신론을 믿는 사람들이 있을 수 있으나 이성을 통해 알게 된 믿음은 인간의 불안과 탐욕을 잠재울 수 없다는 것이 로크의 지적이다.

둘째, 로크가 지적하는 자연종교의 또 다른 문제점은 그것이 고난이나 어려움이 수반되는 선한 삶, 즉 값진 열매가 있는 삶을 촉구할 만큼 강력한 동기를 유발하지 못한다는 것이다. 로크에 따르면, 도덕적인 삶은 누구나 칭송하는 삶이지만 그것을 실천하기란 결코 쉽지 않은 일이다. 따라서 고난과 역경에도 불구하고 선한 삶을 살아가도록 용기를 북돋아 주는 내세와 영생의 축복에 대한 계시적 교리가 없는 자연종교는 실천을 지향하는 종교가 될 수 없다.

실상 철학자들은 덕의 아름다움을 보았다. 그들은 사람들이 관심을 갖고 그것에 찬동하도록 덕을 칭송하였다. 그러나 덕이 없는 사람들은 기꺼이 덕을 행하지 않는다. 덕을 존중하고 그것을 칭송하지 않는 사람은 없다. 그러나 여전히 덕에 등을 돌리고 그것을 포기해 버린다. … 그러나 현재 저울의 한쪽 덕의 편에 엄청난 불멸의 행복을 놓게 되면 덕에 대한 관심이 쏠리게 되며, 덕은 엄청난 구미를 끌게 된다. … 내세의 말할 수 없이 무궁한 즐거움에 눈을 뜨게 하라. 그러면 그들은 가슴을 움직이는, 확고하며 강력한 어떤 것을 발견하게 될 것이다. 천국과 지옥의 이야기는 현세의 즐거움과 쾌락을 물리치고 덕으로 향하게 하고 그것에 대한 용기를 줄 것이다. … 이러한 토대 위에서 그리고 바로 이 위에서만 도덕은 확고하게 설 수 있고, 모든 경합에서 이길 수

있는 것이다.[54]

로크는 도덕의 참된 체계가 이성을 통해 파악되고 또 이성을 통해 입증될 수 있다고 해도, 덕을 실행에 옮기는 원동력은 이성의 지적인 동의에서 나오는 것이 아니라는 사실을 명확하게 인식하고 있었다. 따라서 그는 덕을 실천하기 위해서는 이성의 동의 외에 덕에 대한 관심을 끌 수 있는 내세에 관한 교리가 필요하다고 주장한다. 물론 허버트 경이 언급한 자연종교의 5개의 원리에도 내세에 관한 항목이 포함되어 있기는 하지만 그것은 매우 모호하며 간략한 2개의 진술을 근거로 하고 있다. 하나는 우리의 양심이 내세에서 상벌이 있음을 암묵적으로 가르쳐 주고 있다는 것이며, 다른 하나는 내세에서의 상벌의 전제조건이 되는 인간의 불사성(Immortality)과 관련해 만약 신이 원하기만 한다면 인간을 불사로 만들 수 있을 것이라는 사실은 어느 누구도 부인할 수 없는 공통개념이라는 것이다. 그런데 내세의 상벌을 주장하는 허버트 경의 이런 논거가 감각과 욕망을 따라 사는 일반 대중들의 마음을 움직여 세상의 쾌락을 버리고 경건한 삶을 살도록 하는 동기가 될 수 있을까? 로크는 여기서 계시와 그것이 참임을 입증하는 기적의 필요성을 언급한다. 토마스처럼 눈으로 보아야만 비로소 믿는 사람들을 위해 신은 친히 부활한 예수를 그들에게 보내 손바닥과 옆구리의 창 자국을 보여 주고 있는 것이다. 다시 말해 도덕적인 삶을 이끌어 내기 위해서는 대중들의 이성에 호소할 것이 아니라 그들의 감각과 감성에 호소해야 하는 것이다. 그러기에 계시가 필요하며, 계시가 없는 자연종교는 대중들을 움직일 힘이 없

---

54 Ibid., pp. 150-151.

는 것이다.

셋째, 자연종교의 문제점은 여기서 끝나지 않는다. 일반 대중들이 자신의 양심을 돌아볼 만큼 순박하지도 않으며 또한 옳고 그름을 제대로 식별할 수 있을 만큼 양식과 식견도 없다는 사실을 자연종교가 간과하고 있다는 점이다.

> 내가 아는 한 자연이성에 의해 세워진 완벽한 자연종교는 그 어디에도 없다. 독자적인 이성이 명료하게 자신의 참된 토대 위에서 도덕을 세운다는 것은 여간 어려운 것이 아니다. 대중들이 그리고 인류의 대다수가 확실하면서도 손쉽게 이해할 수 있는 방법이 있는데 그것은 이성의 길고 복잡한 추론을 통해 대중을 이해시키려고 하기보다는 신으로부터 보냄을 받았으며 그로부터 가시적인 권위를 받은 사람이 왕이자 입법자로서 대중들에게 그들의 의무를 이야기하고 복종을 요구하는 것이다. 대부분의 사람들은 교육 수준이나 능력이 부족하여 그러한 긴 추론을 숙고할 형편이 되지 못한다. 우리는 구세주의 시대가 오기 전 철학자들이 했던 시도가 실패로 끝났음을 익히 알고 있다.[55]

로크가 자연종교를 수용하는 대신에 기독교를 고수하는 이유는 성경에 나오는 산상수훈에서 볼 수 있듯이 신으로부터 보냄을 받은 예수가 백성들에게 도덕적으로 살도록 설득하려 한 것이 아니라 단지 신을 기쁘게 하는 삶이 무엇인지를 알렸다는 데 있다. 그가 볼 때 대중의 이성에 호소하는 종교는 종교가 아니라 철학인 것이다. 그런데 기독교는 대중의 이성에 호소하지 않는다는 것이다. 로크는 실천을 본질로 하는 종

---

55 Ibid., p. 139.

교가 대중들의 마음을 움직이기 위해서는 이성보다는 계시와 교권에 기초해야 한다는 사실을 너무도 잘 인식하고 있었기 때문이다. 그러나 또 한편으로는 계시와 교권의 지나친 강조가 종교의 타락을 가져올 수 있다는 사실을 역사적 사실과 그 자신의 체험을 통해 분명하게 인식하고 있었기에 로크는 계시나 교권의 확대를 경계하지 않을 수 없었다.

로크에 따르면, 만약 신이 글줄이나 읽은 학자나 배운 사람만을 구원하고자 한 것이 아니라 모든 사람을 구원하기로 했다면, 아는 것이라고는 고작 쟁기나 보습을 다루는 것뿐인 무식한 농사꾼도 구원을 받게 하기 위해서 구원에 대한 계시의 말씀인 복음은 누구나 이해하고 따를 수 있도록 쉽고 단순해야 한다. 그러므로 로크는 예수가 하느님이 보내신 메시아임과 세상 끝 날에 모든 사람이 부활하여 그들의 행적대로 심판을 받게 될 것이라는 말을 믿고 죄를 회개하고 선한 삶을 산다면 누구나 구원을 받을 수 있다는 것이 기독교의 복음이라고 말한다.[56]

로크가 이처럼 단순한 구원관을 주장한 것은 이신론과 유신론 그리고 자연종교와 계시종교의 양극단 사이에서 중용을 모색한 결과라 볼 수 있다. 그의 중용적인 입장은 모든 종교적 의례와 교리를 배격하고 이신론적 믿음과 도덕적 실천만을 강조해 온 자연종교의 입장에서 볼 때는 기성종교에 가까운 주장이었다. 반면에 계시와 종교적 의례 그리고 교권에 기초한 기성종교(가톨릭과 프로테스탄트)의 입장에서 볼 때는 무신론에 가까운 주장이었다.[57] 그런 까닭에 로크는 사실상 양쪽 모두로부터

56　Ibid., pp. 157-158. "믿음과 회개, 즉 예수가 메시아임을 믿는 것과 선한 삶, 이들 두 가지는 영생을 얻는 자들이 취해야 할 새로운 계약의 필수적 조건들이다."[Locke, J.(1963), Ibid., p. 105.]

57　당시 이신론은 무신론의 동의어였다. 자연의 질서와 공존하는 신이란 결국 신의 권능을 제약받는 신이며 이는 전능자로서의 유일신을 부인하는 것과 마찬가지이기 때문

환영을 받지 못했다.[58] 이신론자들은 로크의 중용적 태도를 애써 외면하고 그들의 구미에 맞은 주장만을 취사선택하였으며, 휘그당 소속 성직자나 지성인들 역시 종교적 관용을 주장하는 그의 견해를 지지했으나 그 밖의 신학적 입장에 대해서는 이단이라고 몰아붙였다.[59] 그럼에도 불구하고, 로크는 영국 이신론자들이 인식하지 못했던 교리와 의례가 구원의 메시지를 담아내는 종교의 육화된 부분이란 사실을 인식하고 있었다. 또한 상식과 이성보다는 기적과 신비에 이끌리며, 양심의 자유가 주는 고통보다는 노예적 환희를 추구하는 대중들의 나약한 본성을 정확히 인식하였다. 그런 점에서 그는 양파껍질을 벗기듯 종교의 교리나 의례가 이성의 눈에 불합리하게 보인다고 해서 무턱대고 벗겨 버리지 않았다. 그는 어디까지 벗겨 버려야 할지를 깊이 고심했던 누구보다 사려 깊은 종교개혁자였다.

이다.

58 간결한 교리를 믿고, 도덕적 실천을 신께 드리는 최상의 경배라고 믿는 기독교를 이상적인 종교로 간주한 그의 종교관은 1697년 『기독교의 합리성』을 심리한 미들섹스의 법정으로부터 삼위일체를 부정하고 범심론과 무신론을 장려한 이단적인 책이라는 취지의 판결을 받았다.

59 우스터의 주교 에드워드 스틸링플릿(Edward Stillingfleet, 1635-1699)은 로크의 주장이 정통 기독교의 주장과 어긋날 뿐 아니라 이신론을 부추기고 있다고 비판했다.

제5장

18세기 영국 이신론

18세기 영국 이신론은, 영국 이신론의 아버지로 불리는 허버트 경을 비롯해 홉스, 블런트와 같은 유물론적인 이신론자들, 그리고 틸랏슨, 브라운, 로크와 같은 광교회파 자유주의 사상가들의 잇따른 출판을 통해, 17세기에 그 싹이 조용히 영글어 가고 있었다. 물론 영국 이신론이 영국 내에서만 영향을 받은 것은 아니었다. 유럽의 대표적인 범심론자인 스피노자(Baruch Spinoza, 1632-1677), 회의론자인 피에르 벨(Pierre Bayle, 1647-1706) 같은 대륙의 자유주의 사상가들 또한 18세기 영국 이신론 탄생에 심대한 영향을 미쳤는데 이는 18세기 영국 이신론자들의 저서를 통해 분명하게 알 수 있다.

　　이들 17세기 초기 이신론자들과 자유주의 사상가들의 영향 외에도 영국 이신론의 탄생에 영향을 준 환경적 요인이 있었다. 그것은 극도로 혼란했던 영국의 정치적 상황이었다. 호국경으로 전 영국을 통치했던 크롬웰의 사망 이후 스튜어트 왕가의 복귀는 퓨리탄의 엄격한 도덕과 신학에 대한 반동을 가져왔다. 이 같은 정치적 상황은 종교적 관용을 주장하는 광교회파의 등장을 가져왔고, 사회 저변에 관용에 대한 분위기가 형성되면서 이신론에 대해 매우 우호적인 분위기를 조성하였다. 1695년 출판의 자유를 확대하고자 하는 취지에서 출판법에 대한 수정이 이루어지자 이신론과 관련된 출판물들이 급속하게 증가하기 시작했는데 이로 인해 온 나라가 이신론에 대한 논박으로 시끄러워지게 되었다. 기독교 역사상 기독교 신앙과 성서가 자유주의자들에 의해 그토록 가혹한 공격을 받았던 적은 없었으며, 이에 맞서 나온 기독교계의 호교론 작품들 또한 유래를 찾아볼 수 없을 만큼 많았다. 그 결과 영국은 그야말로 어디서나 토론이 벌어지는 사회가 되었으며 토론의 단골 주제는 종교였다.

이신론 운동은 앞서 언급했듯이 17세기 초 허버트 경으로부터 시작되었다. 허버트 경은 자연종교의 원리를 제시했고, 자연종교의 충족성과 보편성을 주장했으며, 자연종교의 타락을 이기적이고 사기성이 농후한 사제들의 탓으로 돌렸다. 홉스는 자연종교의 보편성을 주장하기 위해 기독교를 비판하는 방법을 사용하였다. 홉스는 종교의 기원에 대한 설명을 덧붙였고, 전통적인 계시와 영감에 대한 교묘하고도 숙련된 공격을 가했으며, 성서에 대한 비판을 하였고, 성서의 계율과 관련된 여러 문제를 논쟁으로 끌어들였다. 블런트는 이런 논쟁을 이어 가는 가교 역할을 했다. 그는 성서에 나오는 여러 이야기들을 이단종교의 원전에 나오는 이야기들과 비교하는 방식을 사용했는데 이는 고대의 반기독교적 논객들이 사용하던 수법이었다. 그는 또한 종교적 논쟁에 천문학의 발전을 끌어들였고, 수많은 성서의 인물들과 이야기들을 비판했는데 18세기 영국 이신론자들 역시 이 방법을 사용하였다. 특히 블런트는 "우리의 미래 행복을 위해 반드시 필요한 규칙은 당연히 모든 사람에게 일반적으로 알려졌어야만 한다. 계시종교의 어떤 규칙도 모든 사람에게 계시되지 않았으며 될 수도 없으며 따라서 계시종교란 미래 행복에 필수적인 것일 수 없다"[1]라고 주장했는데 바로 이것은 18세기 영국 이신론자들이 자연종교를 지지하고 계시종교에 대해 비판적인 태도를 취하는데 결정적인 논거를 마련해 주었다.

로크는 분명 이신론자가 아니었지만 허버트 경을 제외하고 이신론운동에 그보다 더 영향력을 끼친 인물은 없을 것이다. 18세기 영국 이신론자들은 로크의 경험론적 철학 위에서 그들의 이신론을 전개했다. 그

---

1 Blount, Charles, *Miscellaneous Works of Charles Blount, Oracles of Reason*. 1695, p. 126.

들은 관용에 대한 자신들의 우호적인 입장을 지지할 수 있는 논거를 로크에게서 찾았고 로크의 지식에 대한 정의(Definition)가 종교의 신비적 요소를 반박하는 데 적절하다는 것을 알았다. 로크의 기적에 대한 새로운 정의는 성서의 기적을 반박하고자 했던 그들에게 많은 도움을 주었다. 그들은 기독교를 가능한 한 최상의 이성적인 종교로 만들고자 노력하였던 것이다. 로크는 이성으로 종교적 진리의 대부분을 발견할 수 있다고 보았으며, 별로 중요하지 않은 몇몇 개의 종교적 진리만 계시를 통해 알 수 있다고 생각했다. 그러나 이신론자들은 로크보다 한 걸음 더 나갔다. 그들은 이성으로 종교의 모든 진리를 발견할 수 있기에 계시가 불필요하다고 주장한 것이다. 종교를 도덕적인 것으로 만들고 의례와 형식을 거부한 점에서 로크는 이신론자들과 별반 다르지 않았다. 또한 로크가 전통적 계시의 문제점과 자연종교의 중요성에 대해 언급한 내용은 이신론자들을 매우 만족시켰다. 그리고 로크가 삼위일체와 그리스도의 신성에 대해 유니테리언 또는 아리안적 태도를 보인 것은 그의 입장이 예수를 단순한 인간으로 간주하는 이신론자들의 입장과도 다르지 않음을 보여 주었다. 바로 이 점으로 인해 일부 이신론자들은 로크를 이신론의 선구자로 평가하였지만 일부 이신론자들은 그가 이신론을 수용하지 않았다는 점에서 그를 자신의 철학과 신념이 일치하지 않는 이른바 지적 사기꾼이라고 폄하하였다. 그러나 이런 논란에도 불구하고 로크가 18세기 초, 영국 이신론자들의 출현에 가장 영향력을 준 인물이라는 사실에는 이론의 여지가 없다.

1. 전성기(1696~1741)의 이신론자들

대체로 17세기 말에서 18세기 전반기에 이르는 시기를 이신론의 전성기로 보고 있다. 좀 더 구체적으로 말하자면 1695년 로크의 『기독교의 합리성』이 출간된 이듬해 톨런드는 『신비하지 않은 기독교(*Christianity Not Mysterious*)』를 출간했는데 이 책은 이신론 논쟁의 발단이 되었다. 이 책이 출간된 1696년부터 1742년 헨리 도드웰의 책 『논증에 기초하지 않은 기독교』가 출간되기 전 해인 1741년까지를 이신론의 전성기로 본다.[2] 대체로 1730년대 초에는 여러 이신론자들에 의해 18세기 영국 이신론의 주요 사상이 정립되었다고 할 수 있다. 레슬리 스티븐에 따르면, 다양한 이신론자들에 의해 전개된 영국 이신론은 계시종교가 주장하는 기적과 계시 그리고 신비를 부정하는 비판적 부분과 계시종교의 도덕과 내세에 관한 교리를 인정하는 긍정적 측면으로 구성된다. 전자는 이른바 파괴적 이신론(Destructvie Deism)이라 불리고, 후자는 자연종교의 원리를 구성한다는 점에서 건설적 이신론(Constructive Deism)이라고 불린다. 대부분의 18세기 영국 이신론자들은 파괴적 이신론자에 해당되었으며 아주 소수만이 건설적 이신론자에 해당되었다. 그리고 이들 건설적 이신론자들 역시 허버트 경의 자연종교의 원리를 넘어서지 못하고 있었으며 그들의 철학적 토대는 한결같이 로크의 경험론이었다.

18세기 전반기에 활동한 영국 이신론자들로는 존 톨런드(John Toland, 1670-1722), 섀프츠베리 백작(Earl of Shaftesbury, 1671-1713) 윌리엄 휘

---

2   Orr, J., *English Deism: Its Roots and Its Fruits*, pp. 149-150; Gap, P., *Deism: An Anthology*, Van Nostrand, pp. 9-10.

스턴(William Whiston, 1667-1752), 앤소니 콜린스(Anthony Collins, 1676-1729), 버나드 맨더빌(Bernard de Mandeville, 1670-1733), 윌리엄 울러스턴(William Wollaston, 1659-1724), 토마스 울스턴(Thomas Woolston, 1669-1731), 매튜 틴달(Matthew Tindal, 1656-1733), 토마스 모건(Thomas Morgan, d. 1743)이 있다. 이들은 허버트 경이나 홉스, 로크와 같은 선배 철학자들의 사상을 상당 부분 원용해 자신들의 견해를 피력했다는 점에서 별반 독창적이지 못했으며 또한 깊이도 없었다. 그러다 보니 그들의 주장 또한 기존의 것과 별반 다르지 않았다. 그럼에도 불구하고 피터 게이는 이들의 철학이 나름대로 의미가 있었다고 말한다.

> 그들은 역사상 상당한 의미를 갖고 있었다. 그들은 유럽의 종교적 지도를 다시 그렸다. 그들은 깊이 있는 사상가는 아니었지만 적들의 약점을 예리하게 파악했다는 점에서 날카로운 사상가였다. 게다가 그들의 중심원리—그들이 시계공으로 생각한 하느님이 태초에 모든 사람에게 이성을 통해 알 수 있는 윤리적인 계율을 주었다는 원리—는 그것이 지닌 문제점을 떠나 정서적으로 호소력이 있었으며, 논리적으로도 설득력이 있는 철학이었다. 독일 사상이 이신론의 단계에 접어드는 것을 목격했던 괴테는 뉴턴 과학과 상식을 추종하는 분위기 속에서 이신론은 완벽하게 합리적인 종교로 수용되었다고 말하였다. 이신론자들은 적절한 역사적 순간에 거기에 적합한 주장을 했던 것이다. 그들이 사라진 것은 그들이 토론에서 졌기 때문이 아니라 그들의 가르침과 비판이 널리 받아들여져 진부한 것이 되었기 때문이다.[3]

---

3   Gay, P., *The Enlightenment: An Interpretation: The rise of Modern Paganism*, New York: Alfred · A · Knopf, 1966, pp. 374-375.

피터 게이의 지적처럼 영국 이신론의 사조는 시대를 반영한 것으로서 과학과 상식이 진일보한 계몽주의 시대 지식인이라면 누구나 한번쯤 가져 봄 직한 사상이었다. 실상 18세기 영국 이신론자들은 자신들이 부정적 또는 파괴적 이신론을 주장하는 것이 계시종교를 파괴하기 위함이 아니라 하느님이 처음에 인류에게 허락했던 순수한 자연종교를 회복하기 위한 것이라 생각했다. 그러기에 18세기 영국 이신론은 계몽주의 시대 영국에서 벌어진 색다른 십자군 운동이었던 것이다.[4]

1) 존 톨런드

톨런드(John Toland, 1670-1722)는 로크의 영향을 받은 첫 번째 이신론자인데 그는 로크의 『기독교의 합리성』이 출간된 이듬해인 1696년에 대표작 『신비하지 않은 기독교(*Christianity Not Mysterious*)』를 출간하였다. 그는 이 책이 출간되기 이전인 1691년에 "레위족(The Tribe of Levi)"을 통해 기독교의 성직주의를 신랄하게 비판하였으며, 1698년 출간된 『존 밀턴의 생애(*The Life of John Milton*)』를 변호하기 위해 다음 해인 1699년에 출간한 『아민토르 또는 존 밀턴의 생애에 대한 변호(*Amyntor; or The Life of John Milton*)』에서 성서의 정경(Canon) 여부를 문제 삼고 나섰다. 그리고 1718년에 출간된 『나사렛 사람들(*Nazarenus*)』에서는 기독교가 자연종교와 다른 점을 비판하였다. 그는 로크 외에도 브루노(Bruno)와 스피노자의 영향을 많이 받았는데 그 영향으로 인해 1720년에 출간한 『범신론(*Pantheisticon*)』에서 일원론적 범신주의(Monistic Pantheism)를 주장함으로써 이신론에서

---

4   Ibid., p. 540.

한 걸음 더 나간 매우 진보적인 입장을 취했다.

『신비하지 않은 기독교』에서 톨런드는 자신을 기독교의 개혁자라고 자처하며 '기독교인'이라는 말은 자신에게 붙여지는 가장 영예로운 명칭이라고 말했다. 그는 성서가 전하고 있는 기독교가 이 세상에서 가장 탁월하고, 완벽하며, 신성한 종교라는 사실에 대해 추호의 의심도 갖고 있지 않으며 따라서 자신은 영국 국교회의 교리와 예배의식을 기꺼이 따를 것이라 말했다. 그는 영국 국교회는 세계에 존재하는 그 어떤 교회보다 흠이 적은 교회라고 보았다. 그러면서도 그는 신학자, 감독, 종교회의 등의 권위는 인정하지 않았다. 그리고 성서가 올바르게 해석되기만 한다면 성서에 호소하는 것이야말로 진리에 이르는 최선의 방법이라고 생각했다. 그가 이처럼 한편에서는 기성종교에 대해서 옹호하는 듯한 말을 하면서도 다른 한편에서는 기성종교에 대해 강한 부정적인 태도를 보인 것은, 현실 속의 기독교가 엄청나게 타락했다고 보았기 때문이다. 톨런드의 설명에 따르면, 로마 황제에 의해 기독교가 갑자기 국교로 공인이 되자 이교도 성직자들과 철학자들은 기독교인이 되는 것이 자신들에게 유리하다고 판단해 앞다투어 기독교로 개종하였을 뿐 아니라 자신들의 권력과 영향력을 유지할 목적으로 기독교에 신비적인 요소를 집어넣음으로써 결국은 기독교를 타락시켰다. 따라서 참된 기독교인이 되고자 한다면 교회에서 말하는 신비와 이것과 연관된 여러 종교적 의례로부터 벗어나야 한다는 것이다.[5]

톨런드는 전반적으로 기독교에 대해 부정적이었다. 그러나 그가 기독교를 부정했던 것은 아니었다. 그는 기독교의 핵심교리라 할 수 있는

---

5 Toland, J., *Christianity Not Mysterious*, with a new Introduction by John Valdimir Price, Routledge/Theommes Press, 1995, p. 154.

신의 존재에 대한 믿음, 영혼의 불멸, 내세에서의 상벌을 받아들였다. 이런 점에서 본다면 그는 자연종교를 주장했던 허버트 경의 추종자였다고 할 수 있다.

1699년에 출간한 『아민토르 또는 밀턴의 생애에 대한 변호(*Amyntor; or A Defense of Milton's Life*)』에서 톨런드는 성서의 정경 문제를 다루고 있는데 이것은 이신론 운동에 중요한 공헌으로 간주된다. 톨런드는 이 책에서 집중적으로 성서의 정경과 위경을 구분할 근거가 없음을 지적하였으며, 그 근거로 트라야누스 황제(98~117) 시대까지도 정경이란 것이 없었음을 지적하고 있다[6]. 이처럼 성서의 정경 여부를 문제 삼음으로써 성서에 담겨 있는 많은 신화와 기적의 신빙성에 대해 의문을 제기하는 방법은 훗날 이신론자들이 성서를 공격할 때 흔히 사용하는 방법이었다.

이신론과 관련해 톨런드의 가장 중요한 공헌은 종교적 신비에 대한 공격이었다. 그는 로크의 인식론을 토대로 하여 종교적 신비를 공격하였다. 로크에 따르면, 모든 사람은 경험을 통해 마음속에 관념을 형성하며, 이들 관념들이 상호 일치하는지 여부에 따라 긍정을 하기도 하고 부정을 하기도 한다. 관념은 정신의 직접적인 대상이며, 정신은 관념을 수용함에 있어 전적으로 수동적이다. "관념은 우리의 모든 추론의 유일한 재료이자 토대인 것이다." 그리고 "지식이란 다름 아닌 우리 관념들에 대한 일치와 불일치에 대한 지각이다." 2개의 관념이 일치하는지 여부는 중간 관념의 매개 없이 지각될 경우 자명한 진리이며, 1개 이상의 중간관념이 필요한 경우에는 추론이 필요하다. 추론은 의심스럽고 모호한 어떤 것을 자명하게 알려진 것과 비교함으로써 그것의 확실성을 밝히는

6   Toland, J., *Amyntor; or a Defense of Miton's Life,* London: John Darby, 1699, pp. 69-71.

이성의 기능이다. 그리고 어떤 것이 자명하지 않으며 또한 아무런 중간 관념도 없을 경우, 그것은 개연성의 범주에 속하게 된다.

경험과 권위는 사람들이 정보를 얻는 두 가지 수단이다. 경험은 내재적인 것과 외재적인 것 두 가지가 있으며, 권위는 인간적인 것이 있고 신적인 것이 있다. 인간은 속임수에 자주 넘어가는데 이것을 방지할 수 있는 가장 확실한 방법은 관념과 그 대상이 정확한 일치를 보여 주는 증거에 있다. 톨런드에 따르면, 만약 공통관념에 반하거나, 관념이 명료함을 결하고 있거나, 또는 관념의 일치와 불일치가 명료하게 지각될 수 없는 경우에는 어떤 것도 참된 지식으로 받아들여서는 안 된다. 왜냐하면, "명백하게 우리의 명석 판명한 관념이나 우리의 공통관념에 반하는 것은 이성에 반하는 것"[7]이기 때문이다. 따라서 톨런드는 그 어떤 신비스러운 것도 지식으로 수용될 수 없다고 말한다.

톨런드는 로크보다 더 로크의 인식론을 고수하였는데 그는 신비를 관념과 관념들 간의 관계에 있어서 명료성을 결하고 있는 경우로 보았다. 따라서 그는 신비를 지식으로서 받아들이지 않았다. 18세기 영국 이신론자들은 대부분 신비를 수용하지 않았는데 이것은 톨런드의 영향 때문이었다. 물론 신비에 대해 반감을 가졌던 것은 톨런드만은 아니었다. 로크 역시 삼위일체론과 같은 기독교의 신비적 교리에 대해 반감을 갖고 있었다. 그럼에도 로크는 기독교와 성서에 신비적 요소가 있음을 부인하지 않았다. 이성에 반하는 것과 이성을 초월한 것을 구분하고, 이성에 반하는 것은 받아들일 수 없지만 이성을 초월하는 것, 즉 신비는 그것이 잘 증언된 계시(즉 성서)를 통해 보고될 경우 수용되어야 한다고 생

---

7 Toland, J., op. cit., 1995, p. 25.

각했던 것이다. 반면에 톨런드는 그 어떤 신비도 인정하지 않았다. 여느 이신론자들처럼 성서에 신비하거나 이성을 초월한 그 어떤 것도 담겨 있지 않다고 말하지는 않았지만, 대신에 그는 참된 기독교는 신비스러운 것을 담고 있지 않기에 이성을 초월한 어떤 것도 받아들일 수 없다고 말하였다. 기적에 대한 로크의 정의가 기적에 대한 일반적 정의보다 덜 초자연적인 것이라고 한다면 톨런드의 정의는 여기서 한걸음 더 나아가 로크의 정의보다도 덜 초자연적인 것이다. 그는 기적을 모든 인간의 능력을 초월한 것이자 자연법칙의 일상적 작용에서는 쉽게 관찰할 수 없지만 여전히 자연의 법칙에 따라 발생하는 것으로 정의하였기 때문이다.

톨런드는 자신을 기독교인이라 말했다. 그러나 그는 기독교와 성서 속에 들어 있는 모든 신비스러운 것, 즉 이성을 초월한 것으로 보이는 모든 것들을 그것들이 기독교와 성서를 타락시킨다는 이유로 거부하였으며 문제가 되는 성서의 구절들은 오직 비유적으로만 해석되어야 한다고 주장하였다.[8] 그러나 정작 그는 이런 구절들이 어떻게 비유적으로 해석되어야 하는지에 대해서는 아무런 언급도 하지 않았다.

2) 섀프츠베리 경

앤소니 애슐리 쿠퍼(Anthony Ashley Cooper, 1671-1713), 섀프츠베리 3세 (Earl of Shaftesbury)는 로크의 정치적 후견인이었던 섀프츠베리 백작의 손자로서 로크로부터 직접 교육을 받았다. 그는 명문 가문 출신으로서 정

---

8   Ibid., p. 115.

치계에서 활동할 수 있었지만 병약하여 외부 활동을 하는 대신에 주로 사색과 저술을 하며 시간을 보냈다. 그는 어린 시절부터 로크로부터 사교육을 받은 덕분에 풍부한 지적 소양을 갖출 수 있었으며, 그로 인해 정치, 종교, 도덕, 철학 분야에서 다양한 소논문(Pamphlet)을 발표하였다. 1711년에 그는 이미 써놓은 소논문 5편과 새로 쓴 5편을 모아 『인간, 예의범절, 여론, 시대의 특성(*Characteristics of Men, Manners, Opinions, Times*)』이라는 책을 출간했다. 이 책은 그가 생전에 간행한 유일한 저서로서 18세기 지식인들로부터 많은 사랑을 받았다.

그는 주로 두 명의 가공적인 인물을 등장시켜 종교에 대해 논쟁을 하는 방식으로 자신의 견해를 피력했기에 그의 견해가 정확히 무엇인지 알 수가 없다. 게다가 그는 재치 있는 재담과 풍자, 그리고 아이러니를 많이 사용하였는데 이로 인해 자신의 생각을 대중들에게 효과적으로 전달하면서도 자신의 생각을 직접적으로 드러내지는 않았다. 종교적 관용을 입에 올리기 쉽지 않던 시대인지라 섀프츠베리는 이런 집필방식을 선택함으로써 종교적 탄압을 피하는 동시에 자신이 하고 싶은 이야기를 에둘러 말할 수 있었던 것이다. 그는 스스로를 독실한 기독교인이라 생각했기에 이신론자들에 대해 좋은 감정을 갖고 있지 않았다. 이신론자들을 무신론자라고 보았으며 그들이 솔직하지 않다고 비난했다. 그리고 당시 신앙심 없이 방탕하게 사는 사람들에게 흔히 붙여 주던 '자유사상가'란 호칭을 이신론자들에게 붙여 주었다. 이신론자들에 대해 이처럼 강한 반감을 보인 것으로 인해 일부 학자들은 섀프츠베리가 이신론자가 아니었다고 말한다. 그러나 그의 사상을 들여다보면 그는 철두철미한 이신론자였다.

1736년 이신론 운동이 절정에 달했을 때 시골목사라는 익명으로

『이신론의 치유책(*Cure of Deism*)』[9]이라는 책이 출간되었는데 이 책의 속표지에서 '이신론의 두 사제(the Two Oracles of Deism)'란 제목으로 섀프츠베리와 틴달의 사진이 실렸다. 또한 포프(A. Pope)는 섀프츠베리의 저서 『인간, 예의범절, 여론, 시대의 특성』이 그 어떤 저서보다도 계시종교에 유해하다고 말했으며, 로버트슨은 영국인들이 생각하는 대표적인 이신론자는 섀프츠베리와 볼링브로크라고 말했다. 이들의 증언에 따르면 섀프츠베리는 이신론자였다고 할 수 있다. 그러나 당시 '무신론(Atheist)', '이신론(Desit)', '신앙이 없는 자(Infidel)', '회의론자(Skeptic)' 따위의 용어들은 논쟁이 가열되면 상대에게 흔히 내뱉던 경멸조의 용어였기에 섀프츠베리의 사상이 실제로 이신론으로 분류될 수 있는지는 보다 세밀히 따져 보아야 한다.

　　일단 섀프츠베리의 주장을 허버트 경의 자연종교의 5개 원리와 비교해 보면 이들 간에 공통점이 많음을 알 수 있다. 섀프츠베리는 인간이 덕과 우정, 정직함과 신앙심을 갖고 태어날 뿐 아니라 종교, 경건한 마음, 공경하는 마음, 그리고 신에 대해 전적으로 헌신하는 마음을 갖고 태어난다고 말한다. 또한 그는 옳고 그름의 감정이 인간에게 자연적인 것이라고 말하면서 종교가 윤리와 상충하는 경우 종교보다는 윤리나 도덕을 우선시하였다. 그는 인간이 이성에 의해 최고의 존재인 신이 있다는 믿음에 이를 수 있으며, 신에 대해서는 마땅히 경배를 해야 하며, 종교의 핵심은 도덕에 있다는 주장을 피력하였다.[10] 이 세 가지 주장은 허버트

9　　The Cure of Deism: or The Mediatorial Scheme by Jesus Christ the Only True Religion. In Answer to the objections started, and to the very imperfect account of the religion of nature, and of Christianity, 긴 제목이 말해 주듯이 이 책은 이신론에 대한 반박서였으며 그 저자는 목사였던 엘리사 스미스(Elisha Smith, 1683-1740)였다.

10　　Shaftesbury, A., *Characteristics of Men, Manners, Opinions, Times, etc,* London: Grant

경의 자연종교의 5개 원리 중 처음 3개에 해당하는 것이다. 그러나 섀프 츠베리는 4번째 원리인 참회에 대해서는 아무 말도 하지 않았다. 그리 고 5번째 원리인 내세에서의 상벌에 대해서도 명확한 입장을 표명하지 않았다. 내세에서의 상벌에 대한 기대나 두려움 때문에 행동하는 것을 도덕적이라고 보지 않았기 때문에, 내세에서의 상벌에 대한 믿음을 주 장하지 않았던 것이다. 그러나 그는 내세에 대한 믿음이 사람들을 도덕 적으로 살게 하는 데 도움을 줄 것이라는 생각에서 이 원리를 적극적으 로 부인하지도 않았다.[11]

여느 이신론자들이 그러하였듯이 섀프츠베리의 이신론은 이신론 의 원리를 주장하는 구성주의적 측면과 기성종교를 비판하는 비판적 측 면으로 구성되어 있다. 그의 비판적 측면 에서 가장 주목할 점은 성서에 나오는 기적에 대한 비판적 관점이다.

> 우리는 질서 정연한 자연의 행로에 대해서 지겨워한다. 천체의 주 기와 그 법칙들, 정확하고 균형 있는 지구의 공전은 우리를 일깨우고 우리의 감동을 이끌어 내지 못한다. 우리에게는 놀라움과 전율에 빠지 게 할 수수께끼와 경이로운 일들이 있어야 한다. 조화, 질서 그리고 일 치는 우리를 무신론자로 만들며, 불규칙, 불일치는 우리로 하여금 신을 믿게 만든다. 세상이 그 행로대로 움직인다면 한낱 우연에 불과한 것이 고, 터무니없이 움직인다면 지혜의 결과인 것이다.[12]

한마디로 섀프츠베리는 기적을 신의 존재를 입증하는 증거로 생각

Richards, 1900, Vol. 1, pp. 237-238.

11 Ibid., p. 270.

12 Shaftesbury, A., Ibid., Vol. 2, p. 94.

할 수 없다는 것이다. 그는 성서에 기록된 기적에 관한 이야기들에 강한 불신을 드러냈다. 모세가 인도한 이스라엘 백성의 이집트 탈출기(에굽에 대한 열 가지 재앙과 홍해의 갈라짐), 여호수아에 의한 가나안 정복기, 요나의 기적, 동정녀에 의한 그리스도의 탄생, 오순절 성령강림 등에 강한 의문을 제기하였다. 한마디로 그는 성경을 초자연적인 계시로서 간주하는 것에 대해서 반대하였다. 또한 그는 여느 이신론자들과 마찬가지로 반성직주의자였으며 종교적인 저술가나 연설가들에게 특히 적대적이었다. 그는 '명상록'이니 '사유'니 하는 용어가 들어간 제목의 책을 쓴 종교적 저술가들을 특히 더 신랄하게 비난하였다. 그는 이스라엘인들이 이집트로부터 성직제도를 배웠다고 생각했으며, 성직자들을 박해를 통해 자신의 세속적 이익을 챙기는 사람들로 규정하였다.[13]

샤프츠베리는 로크와는 달리 확실한 이신론자였다고 볼 수 있다. 계시와 기적에 대한 그의 반감이 로크보다 더 강했기 때문이다. 그는 로크가 성실한 사람이며 신실한 기독교 신자임을 인정하면서도 그가 18세기 이신론자들과 같은 편이 되어 자유주의 사상가인 틴달을 공격하지 않은 것을 탓하였다.[14] 그는 로크가 이신론자에 맞서 초자연적인 계시를 인정한 것은 기성종교계로부터의 비난을 피하기 위한 일종의 위장이었다고 보았다. 기적에 근거하여 계시를 옹호하고 있는 로크의 견해에 동조하지 않았으며, 설혹 기적이 발생한 것이 사실이었다고 해도 그 사실

---

13 Ibid., pp. 189-194.
14 샤프츠베리는 신실한 기독교인이란 계시가 아니라 이성에 기초하여 하느님을 믿는 사람이라고 강조한다. 그러나 틴달은 초기에 하느님의 계시인 성서가 종교로부터 미신적인 요소를 몰아낼 수 있게 해준다는 주장을 했으며, 신실한 기독교인임을 자처하는 로크 역시 이런 주장을 한 틴달을 옹호하였다. 샤프츠베리는 틴달과 로크 모두 성서를 수용했다는 점에서 그들을 신실한 기독교인으로 보지 않았다.

은 영적으로 무의미하다고 보았다. 로크는 내세에서의 상벌이 기독교가 가르치는 도덕적인 삶을 위하여 강력한 제재의 역할을 할 수 있다고 보았다. 따라서 내세에서의 상벌에 대한 확실한 지식을 얻기 위해서 계시가 필요하다고 주장했다. 하지만 섀프츠베리는 이승에서나 저승에서나 상벌의 제제가 갖는 가치를 인정하지 않았다. 상벌 때문에 도덕적으로 사는 것이라면 실상 그런 삶은 도덕적으로 가치가 없다고 보았기 때문이다.[15] 로크는 무신론이 사회와 도덕의 기반을 훼손한다고 보았기에 무신론자에게까지 종교적 관용을 확대하는 것에 반대했다. 그러나 섀프츠베리는 무신론이 도덕에 별반 영향을 주지 않는다고 보았으며, 오히려 신에 대해 잘못된 개념을 갖는 것이 더 심각한 문제라고 반박하며 로크와는 달리 무신론을 옹호하였다. 하지만 그는 무신론자가 아니었다. 그는 자신을 독실한 유신론자로 자처했다. 문제는 신에 대한 그의 믿음이 계시가 아닌 이성에 기초한 것이라는 점이다. 그는 계시와 기적에 기초한 신앙보다는 이성에 기초한 신앙이야 말로 신실한 믿음이라고 생각했다. 따라서 자신의 스승인 로크가 자신처럼 이성의 목소리에 철저하게 순종하지 않았다는 점을 아쉬워했다. 철저히 계시와 기적을 배격하고 이성의 토대위에서 도덕을 본질로 하는 자연종교를 참된 기독교로 보았다는 점에서 섀프츠베리는 로크보다 훨씬 기성종교에 위협이 되는 위험한 이신론자였다.

기성종교에 대한 섀프츠베리의 비판과 관련해 특별히 주목할 점은 그가 위트와 해학 그리고 실례를 활발하게 사용했다는 점이다. 물론 섀프츠베리 이전의 이신론자들 중에서도 해학을 사용한 사람이 있지만 그

---

15 Ibid., Vol. 1, p. 267.

어느 누구도 그만큼 광범위하게 사용하지는 않았다. 그는 이른바 해학의 철학을 추구한 사람이었다. 1709년 그는 "재치와 해학의 자유(Freedom of Wit and Humor)"라는 소논문을 발표했으며 『인간, 예의범절, 여론, 시대의 특성』에서는 좋은 해학은 광신주의에 대처하는 최선의 방책이자 경건과 참된 종교를 위한 최선의 토대라고 말한다. 요컨대, 해학은 참된 종교와 거짓된 종교를 판별하는 리트머스지로서 참된 종교는 해학의 테스트를 잘 견뎌 낼 뿐 아니라 그것을 통해 더 강해지지만 반면에 거짓 종교는 해학의 테스트를 통해 그것의 잘못된 점이 드러나게 된다는 것이다.

> 만약 어떤 주제에 대해 자신의 생각을 진지하게 말하기 두렵다면 풍자적으로 표현하도록 해라. 압제가 조롱을 키우는 것이다. 압제가 강할수록 풍자는 신랄해지고, 억압이 심해질수록 해학은 더욱 정교해질 것이다.[16]

당시 진리와 권위의 상징이었기에 어떤 비판도 허용되지 않았던 성서에 대해 섀프츠베리는 이른바 '해학의 테스트'를 했던 것이다. 그리고 그를 추종한 이신론자들 역시 그를 좇아 그와 똑같은 일을 했다. 섀프츠베리는 이성주의자답게 종교의 본질을 도덕으로 보았다. 따라서 도덕적 실천을 우리가 지켜야 할 유일한 종교적 실천이라 말하는 자연종교를 옹호하는 한편 해학이라는 무기를 사용해 성서를 무비판적으로 수용해 온 기성종교(즉 기독교)를 비판한 뛰어난 이신론자였다.

---

16 Ibid., pp. 50-51.

3) 윌리엄 휘스턴

대체로 휘스턴(William Whiston, 1667-1752)은 이신론자로 분류되지 않는다. 그러나 그가 이신론 발전에 지대한 공헌을 했음은 분명하다. 그는 이신론자가 아니었지만 그렇다고 해서 정통 기독교인도 아니었다. 그는 케임브리지에서 수학을 공부했으며 뉴턴의 뒤를 이어 1703년부터 1710년까지 케임브리지에서 수학과 천문학을 가르치기도 했다. 1707년 그는 성서에 나타난 예언의 성취에 대해 보일 강연을 했고, 이듬해인 1708년에 『교황 헌장(Apostolic Constitutions)』이란 소책자를 썼다. 이 책의 집필로 인해 그는 그리스도의 신성과 삼위일체설을 부인하는 아리우스주의(Arianism)가 초대 기독교의 핵심사상이었다고 믿게 되었으며, 이 같은 이단사상으로 인해 그는 1711년 케임브리지를 떠나게 된다.[17] 1722년 그는 『구약 원전의 복원(Essay Towards Restoring the True Text of the Old Testament)』을 출간했는데, 여기서 그는 구약이 유대인에 의해 타락했다는 이신론적 취지의 입장을 받아들이면서 구약의 예언이 신약에서 실현되었다는 기독교의 주장을 거부하였다. 그리고 여기서 한 걸음 더 나아가 외경의 자료들을 근거로 원래의 구약을 복원하고자 하였다.

신학적인 관점에서 보면 휘스턴의 저술은 학술적으로 별 가치가 없다. 그러나 두 가지 이유에서 그의 저술에 주목할 필요가 있다. 하나는 이신론 논쟁에서 예언의 문제를 제기하였다는 것이고, 다른 하나는 18세기 영국 이신론의 대표적 인물 중 하나인 앤소니 콜린스로 하여금 그의 주저인 『기독교의 근거와 이유에 대한 논의(A Discourse of the Ground and

---

17 Yolton, J. W., Price, J. V., and Stephens, J., *The Dictionary of Eighteenth-century Bristish Philosophers*, Vol. 2, Thoemmes press, 1999, pp. 948-949.

Reason of the Christian Religion)』를 출간하게 한 직접적인 계기를 제공했다는 점이다.[18] 이 책에서 콜린스는 휘스턴을 비판한다는 명목으로 글을 쓰고 있지만 실상은 기독교의 예언에 대해 주목할 만한 의미 있는 비판을 하고 있다. 앞서 언급했듯이 로크와 홉스는 기적을 계시의 적절한 증거로 간주하였고 이들 외에도 여러 사람이 기적을 집중적으로 논의하였다. 그렇지만 휘스턴의 책이 출간되기 전까지 영국 이신론자들은 기독교가 기적보다는 예언에 기초한 종교라는 사실을 간과하고 있었다. 휘스턴은 바로 이 점을 일깨워 주었던 것이다. 이후 기적에 대한 비판보다 예언에 대한 비판이 비판적 이신론의 핵심 주제가 되었다.

4) 앤소니 콜린스

콜린스(Anthoy Collins, 1676-1729)는 영국의 이신론자들 중에서 가장 중요한 인물이다. 콜린스는 로크가 죽기 전 마지막 18개월을 그와 친밀한 우정을 나누었다. 그럼에도 불구하고 콜린스는 로크와는 달리 이신론자가 되었다. 로크의 사후인 1707~1708년, 콜린스는 영혼의 불멸성에 대한 도드웰과 클라크의 논쟁과 연관해 소책자를 썼는데 여기서 그는 영혼의 물질성을 주장하면서 영혼의 불멸성을 받아들이지 않았다. 사유가 물질과 아무 연관이 없다는 것을 입증하는 것이 불가능하다는 취지의 로크의 견해를 받아들였기 때문이다. 그는 영혼의 불멸성에 대한 믿음이 이집트의 사제들에게서 비롯된 것이라 주장했는데 바로 이 점에서 그는 급진적인 이신론자였다.

---

18   Orr, J., *English Deism: Its Roots and Its Fruits*, WM. B. Eerdmans Pub. Co, 1934, p. 129.

이신론에 대한 콜린스의 가장 중요한 기여는 그가 익명으로 출간한 2권의 책이다. 하나는 1713년에 출간된 『자유사상에 대한 논의(A Discourse of Free-Thinking, Occasion'd by the Growth of a Sect Call'd Free-Thinkers)』이고, 다른 하나는 『기독교의 근거와 이유에 대한 논의(A Discourse on the Ground and Reason of the Christian Religion)』이다. 이 두 작품으로 인해 콜린스는 일약 이신론의 지도적 인물로 부상하였다.

『자유사상에 대한 논의』는 관용과 자유사상에 대한 논증을 담고 있는데, 이 책에서 전개된 논증들은 이미 로크가 자신의 『관용론』에서 전개한 것들이었다. 이 책의 마지막 부분에서 콜린스는 소크라테스로부터 프랜시스 베이컨, 존 틸랏슨, 허버트 경, 존 로크에 이르는 위대한 사상가들의 목록을 제시하고 있는데 콜린스는 이들을 '자유사상가'라고 불렀다. 콜린스가 여기서 사용한 '자유사상가'란 말은 당시에 통용되던 '신앙심 없이 방탕하게 사는 사람'이란 의미가 아니라 '계시를 거부하고 신에 대한 이신론적 개념을 갖고 있는 사상가'를 의미하는 것이었기에 즉각적인 반론을 불러일으켰다.

콜린스는 여느 이신론자들처럼 성서와 기독교에 적대적이었다. 만약 어떤 책이 신으로부터 온 것이라면 신이 쓴 것이기에 인간이 쓴 책보다 더 의미가 명확하게 쓰여 있어야 한다. 그런데 성경을 보면, 무수히 많은 상이한 해석들이 존재한다. 이는 성서가 인간이 쓴 다른 책들보다 뛰어난 책이 아님을 보여 주는 것이다. 게다가 성직자마다 성서에 대해 상이한 가르침을 전하고 있으며 성서의 정경 채택이나 성서에 대한 해석에 있어 교단마다 다른 입장을 보이고 있다. 따라서 콜린스는 성서가 이처럼 혼란을 야기하기에 인생의 바른 지침서가 될 수 없다고 말한다.[19] 여기서 한걸음 더 나아가 사기성이 농후한 성직자들이 여러 가지로 해석이 가능한 모호한 성서를 오랫동안 진리의 말씀으로 수호해 왔다는 사실을 지적함으로써 성서야말로 신뢰할 수 없는 책이라는 점을 넌지시 암시하고 있다. 그는 또한 이교적 종교에 나오는 기적과 성서 속의 기적을 비교함으로써 기독교의 신뢰를 떨어뜨리는 고전적 방법을 사용하였다. 예를 들어, 처녀에게서 태어나서 마침내 온 세계가 고대하던 신이 된 소모노콘돈(Sommonocondon)에 대한 사이암의 설화와 그리스도의 동정녀 잉태설을 비교함으로써 기독교의 성모 잉태설이 이런 고대 종교에서 볼 수 있는 설화에 지나지 않음을 우회적으로 언급하고 있다.[20]

콜린스의 중요한 저작인 『기독교의 근거와 이유』는 『자유사상에 대한 논의』가 출간된 11년 후에 발간되었는데 이 책에서는 초기 작품에서 주장한 많은 것들을 반복해서 이야기하고 있다. 그는 경건을 가장한 사기꾼들에게 초대 기독교인들이 얼마나 잘 속았는지를 이야기하기 위해 교회의 역사가 주교와 성직자의 사기성과 신도들의 어리석음으로 점철되어 있음을 이야기하고 있다. 또한 구약성경이 심각하게 타락했다고 주장하며 자신의 주장이 옳음을 입증하기 위해 여러 사람들의 말을 인용하는 한편 고대 문헌 해석의 문제점을 지적하고 있다. 그에 따르면 구약의 문제점은 이스라엘 백성이 이집트에 오랜 기간 정착함으로써 이집트의 종교와 습속에 물들었을 뿐 아니라 지도자인 요셉과 모세가 이집트의 종교를 자신들의 신앙에 차용했다는 점이다.[21]

따라서 기독교에 대한 콜린스의 비판은 구약에 대한 신뢰성에 의문을 제기하는 데서 시작한다. 콜린스는 기독교는 신약에 근거하며, 신약

---

19 Collins, A., *A Discourse of Free-Thinking*, London, 1713, pp. 52-53.

20 Ibid., pp. 52-53.

21 Collins, A., *A Discourse on the Ground and Reason of the Christian Religion*, 1724, pp. 22-23.

은 다시 유대교의 근거가 되는 구약에 근거한다고 말한다. 문제는 구약이 신약의 근거임을 입증하기 어렵다는 점이다. 콜린스의 주장에 따르면, 기독교가 구약에 근거하게 된 것은 기독교의 정당성을 무리하게 구약의 예언으로부터 이끌어 내려한 사도들 때문이었다. 만약 사도들의 의도대로 구약의 예언이 신약에서 실현되었음을 입증할 경우 기독교는 정당성을 확보하지만 그렇지 못할 경우에는 거짓 종교로 전락하게 된다. 문제는 구약의 예언이 신약에서 문자 그대로 실현되지 않았다는 점이다. 이에 오리겐과 같은 초대 교부는 이 문제를 해결하기 위해 성서를 비유적으로 해석함으로써 구약의 예언이 신약에서 성취되었다고 하였으나 콜린스는 이런 비유적 해석을 수용하지 않는다.[22]

이 밖에도 콜린스는 구약과 신약의 정경 여부와 영감에 대해서도 의문을 던졌다. 또한 예수 그리스도에 대해 가졌던 유대인들의 반감을 근거로 기독교가 구약에 근거한 종교임를 공격하였고, 예수와 사도들이 자신들의 주장을 옹호하기 위해 자주 구약의 예언을 들었는데 바로 이것은 아전인수 격인 인용일 뿐 아니라 이교도에서 흔히 사용하는 수법임을 지적했다.[23]

그는 찰스 블런트의 견해를 수용해 계시와 기적을 타락한 성직자들의 속임수라고 생각해 모든 계시와 기적을 강력하게 부인했고, 구원을 위해 필요한 교리 즉 복음은 모든 사람에게 알려져야 하고 쉽게 이해될 수 있어야 한다는 점에서 단순한 구원의 교리를 주장하는 자연종교를 지지하였다. 콜린스의 이신론은 이처럼 주로 성서의 예언과 기적을 반

---

22 Ibid., p. 31, p. 39.
23 Ibid., pp. 27-28. 그는 그리스도의 탄생을 정당화하기 위해 처녀가 아이를 낳을 것이라는 이사야 예언을 신약에서 사용하고 있음을 비판하고 있다.

박하는 한편 성직자의 타락과 속임수를 공격하는 데 초점이 맞추어져 있었다. 그런 점에서 그의 이신론은 철저하게 파괴적 이신론이었다.

5) 버나드 맨더빌

맨더빌(Bernard de Mandeville, 1670-1733)은 네덜란드 태생으로 레이덴 대학에서 의학과 철학을 공부한 의사였다. 1690년 폭정을 편 행정관 반 니펠트에 대항해 로테르담에서 일어난 폭동에 가담하여 그를 파면시켰다. 그러나 이후 그 행정관이 윌리엄 3세에 의해 복권되자 영국으로 망명하여 런던에서 병원을 개업하는 한편 문필가로서 활동하였다. 1705년 「불평하는 벌떼 또는 의인이 된 악당(*The Grumbling Hive or, Knaves Turned Honest*)」이라는 짧은 시를 발표하였고, 이어 1714년에는 반은 시이고 반은 산문인 작품 『꿀벌의 우화 또는 개인의 악덕과 사회의 이익(*The Fable of the Bees; or, Private Vices Public Benefits*)』을 발표하였다. 이 두 작품을 통해 그는 인간의 악덕이라고 여겨지는 이기심과 물질적 욕망을 누구나 지니고 있는 인간의 본성으로 보았으며, 이 본성을 잘 이용해 법과 제도를 만든다면 오히려 사회가 발전할 수 있다고 주장하였다. 그는 절약을 미덕으로 보고 소비를 이기심과 물욕에서 비롯되는 악덕으로 보던 당시의 사회 통념과는 달리 소비야말로 부의 증대와 실업의 해소를 가져오는 유익한 행위라고 주장하였다. 이로 인하여 중세적인 기독교 윤리에 젖어 있던 당시의 지식인과 성직자들로부터 도덕과 덕을 공격하고 악덕을 조장한다는 신랄한 비판을 받았다. 특히 『꿀벌의 우화』에서 인간 본성의 이기적 본성과 물욕을 숨기고 이를 죄악시 여기는 성직자들의 위선을 철저히 비판하였기 때문에 성직자들의 강력한 반발을 사게 되었다.

> 주피터를 섬기는 성직자들이
> 위로부터 축복을 얻어 주는 일을 맡고 있었는데
> 많이 배우고 말 잘하는 놈은 어쩌다 있고
> 대부분은 엉터리에다 무식하건만
> 그들 모두 검열을 통과하여
> 게으름과 관능과 탐욕과 오만을 숨기고 있었으니
> 그 재주 소문나기는 옷감 숨기는 재단사나
> 독한 술 숨기는 뱃사람에 뒤지지 않았다.
> 야윈 얼굴에 초라하게 차려입은 놈들은
> 빵을 달라고 신비롭게 기도했는데
> 속셈인즉 잔뜩 쌓아 둘 만큼 달라는 것이었지만
> 글자 그대로 더 많이는 받지 못했다.
> 이 거룩한 일꾼들이 굶주리는 동안
> 그들이 모시는 게으른 놈들은
> 넉넉함에 빠져 지냈으니 그 얼굴에는
> 은총이 내려 준 건강과 풍요가 남김없이 드러났다.[24]

이 시의 주제는 반성직주의이다. 맨더빌은 누구보다도 신랄한 반성
직주의자였다. 그는 성직자들의 말과 행위의 불일치 그리고 터무니없이
높은 수입을 비난했다. 그는 검약과 절제를 미덕이라고 가르치는 성직
자들이 본을 보이지 못하고 오히려 물욕을 추구하고 있음을 비판했다.

---

24 Mandeville, B., *The Fable of the Bees; or Private Vices Public Benefits, etc,* London, Allen and
   West; Edinburgh, J. Mundell, 1795, p. 11; 버나드 맨더빌, 『꿀벌의 우화: 개인의 악덕,
   사회의 이익』, 최윤재 역, 문예출판사, 2010, p. 100.

특히 이 시에서 알 수 있듯이 신교 성직자들보다 주교제도를 갖고 있는 가톨릭 사제들을 한층 더 비난했는데 그렇다고 해서 그가 신교의 편에 서서 종교개혁자들을 지지한 것도 아니었다.

『꿀벌의 우화』 다섯 번째 대화를 보면, 여기서 맨더빌은 계시종교를 거부하고 자연종교를 옹호하고 있다. 그러나 그는 대화체 형식으로 논의를 전개함으로써 자신의 견해가 무엇인지를 노골적으로 밝히지 않았다. 그러나 여섯 번째 대화의 끝부분에서는 계시와 더불어 계시종교인 기독교에 대한 믿음과 실천의 필요성을 고백하고 있는데 아마도 당시에 이 책을 읽은 사람들이라면 어느 누구도 그의 신앙 고백을 액면 그대로 받아들이지 않았을 것이다. 그도 그럴 것이 그는 기독교의 교리나 이상과는 거리가 먼 주장이라 할 수 있는 사회악의 필요성을 주장했기 때문이다. 다시 말해, 사회악이 있어야만 위대한 사회를 건설할 수 있다는 것이다. 이 같은 주장으로 인해 그는 악덕을 조장한다는 이유로 미들섹스 법정에 서게 되었다.

맨더빌은 특이하게도 섀프츠베리를 비판했는데 그 이유가 성서에 대한 섀프츠베리 식의 해학적 비판이 결국은 계시종교를 무너뜨리려는 불손한 의도가 담겨 있기 때문이라는 것이다. 맨더빌의 이 같은 주장은 얼핏 보면 그가 이신론자가 아니고 정통 기독교를 옹호하는 계시종교의 수호자인 듯이 보인다. 그러나 당시 맨더빌의 책을 읽은 사람들은 그 역시 섀프츠베리와 같은 이신론자이자 계시적 종교의 적이라고 생각했다. 그런 그가 섀프츠베리를 비난하고 나선 것에 대해 혹자는 그가 자기에게 쏠리는 비난을 피하기 위해 속임수를 쓴 것이라고 말한다.

콜린스와 마찬가지로 맨더빌의 이신론은 주로 파괴적, 즉 비판적 이신론에 해당하는 것이었다. 그가 수용한 긍정적 이신론, 즉 자연종교는 허버트 경이 처음 제안했던 것과 비교할 때 그 내용이 매우 빈약한 것이었다. 그도 그럴 것이 그는 덕에 대해 별로 기대하지 않았으며 낙관주의를 망상으로 규정하였기 때문이다. 그로 인해 역설적이게도 그의 이신론은 그가 상종하고 싶지 않았던, 신분이 낮은 계급에 속한 거친 사람들, 즉 대중들이 좋아할 만한 것이었다. 그런 점에서 그는 이신론을 대중에 확산시키는 데 나름대로 기여를 했다고 할 수 있다. 섀프츠베리와 대부분의 이신론자들이 이성의 빛은 계시의 도움 없이도 그 자체로 충분하다고 주장한 데 반해 이신론을 반대하는 사람들은 자연계시(이성)의 가치를 최소화하기 위해 계시의 빛이 필요하다고 주장했다. 그런데 맨더빌은 이 극단적인 양자 사이에서 이성의 빛과 계시의 빛, 모두를 꺼버리고 인간 본능의 빛, 즉 순수한 자연의 빛을 보여 주려고 했던 것이다. 그런 점에서 그는 누구보다 이성이 아닌 인간본성을 신뢰했던 특이한 자연종교론자였다.

6) 윌리엄 울러스턴

울러스턴(William Wollaston, 1659-1724)은 은퇴한 영국 국교회 목사로서 1722년에 『자연종교의 서술(The Religion of Nature Delineated)』을 출간했다. 이 책은 1746년에 7판이 발행될 만큼 대중들에게 널리 알려졌고, 그만큼 영향력도 컸다. 대부분의 이신론자들의 저술이 비판적인 데 반해 이 책은 매우 긍정적이고 세련되었으며, 무엇보다 깊은 사색이 묻어났다. 그가 이 책의 집필을 통해 의도했던 것은 성서나 기독교 또는 사제들에 대한 공격이 아니라 자연종교를 정립하고 그것을 옹호하기 위함이었다.

울러스턴은 이신론자이기 전에 성공회 목사였기에, 이신론자들의 공격으로 인해 기독교와 계시에 대한 믿음이 흔들리자 무언가 확실한 토대를 지닌 종교의 필요성을 느끼던 사람들을 위해 이 책을 썼던 것이다.

로크는 한때 수학의 경우처럼 인간이 이성을 통해 확실성을 갖는 도덕체계를 세우는 것이 가능하다고 생각했다. 그러나 로크는 정작 이것이 필요하다고 생각하지는 않았다. 성서가 완벽한 도덕 체계를 제공하고 있다고 생각했기 때문이다. 그러나 18세기 초의 상황은 달랐다. 17세기 후반부터 시작된 영국 이신론자들은 앞다투어 기성종교의 토대가 된 성서와 계시를 불합리한 것으로 몰아붙였고, 성직자 집단을 물욕으로 가득 찬 사악한 무리로 규정하였다. 이런 상황에서 울러스턴은 계시나 성서에 기초하지 않으면서도 완벽한 도덕체계를 제공할 수 있는 새로운 종교를 정립하고자 했던 것이다. 따라서 울러스턴은 목사직에서 은퇴하자 일찍이 로크가 제안했던 이성에 의해 도덕적 체계를 세우는 일에 착수하였다.

울러스턴은 수학처럼 확실성을 갖는 완벽한 도덕체계를 자연종교로부터 이끌어 내고자 하였다. 그러나 그가 제시한 자연종교는 거의 한 세기나 앞서 허버트 경이 제시했던 자연종교와 그 내용이 많이 유사했다. 울러스턴의 자연종교는 모든 존재의 최초 원인으로서 신의 존재를 주장하고 있으며, 허버트 경의 주장처럼 영혼의 비물질성과 불사성을 주장하고 있다. 또한 신이 정의롭다는 사실과 선한 사람이 항상 이승에서 그들의 선행에 대해 충분히 보상받지 못한다는 점, 그리고 악인이 그들의 악행에 대해 이승에서 정당한 벌을 받지 못한다는 사실을 고려할 때 이런 부정의와 불공평을 바로잡기 위해서는 분명 내세가 있어야 한다고 주장했다. 게다가 선한 신이 그의 피조물들에게 고통보다는 쾌락을 훨씬 많이 주었음에도 불구하고, 그들은 이승에서 살 때 쾌락을 많이 누리지 못하고 살았다. 그러기에 선한 신이 의도했던 만큼 그의 피조물들이 쾌락을 누리기 위해서라도 반드시 내세가 있어야만 한다는 것이었다.[25] 이런 식으로 이승에서의 인간의 삶이 얼마나 고달픈가를 지적하면서도 인간이 윤리적으로 살아야 하는 이유를 마련하기 위해서 내세적 종교의 필요성을 주장하였던 것이다.

7) 토마스 울스턴

울스턴(Thomas Woolston, 1669-1731)은 영국 이신론자 중에서 기성종교에 대해 가장 거칠고 격렬한 비판을 가한 이신론자였다. 레슬리 스티븐에 따르면, 그는 정신이 온전치 못한 사람으로 이신론자 중에서 가장 스캔들이 많은 인물이었다. 기독교에 대한 그의 욕설은 아주 상스럽고 노골적인 것이었으며, 그의 해학과 농담은 선을 넘어서는 것이었다. 이신론에 대해 우호적인 시선을 보내던 사람들까지도 울스턴에게는 곱지 않은 시선을 보낼 정도였다. 이처럼 표현상의 문제로 인해 많은 비판을 받았지만 울스턴은 이신론의 발전에 상당한 기여를 하였다. 울스턴은 1705년에 『유대교와 이방종교에 맞선 오래된 기독교 변증론의 부활(*The Old Apology for the Truth of the Christian Religion Against the Jew and the Gentiles Revived*)』을 출간하였고, 1723년과 1724년에는 『목사에게 준 무료 선물(*Free Gifts to the Clergy*)』을 출간하였다. 이 밖에 울스턴의 주요 저서로는 1727년부터 1930년까지 6권으로 출간된 『기적에 대한 논의들(*Discourses on Miracles*)』

---

25 Wollaston, W., *The Religion of Nature Delineated*, London: Samuel Palmer, 1726, p. 202.

과 1721년에 출간한『불신자와 배교자의 중재자(*The Moderator Etween an Infidel and an Apostate*)』가 있다.

울스턴은 케임브리지 대학을 졸업했으며 재학 시절 교부들의 작품을 열심히 공부했는데 이때 기독교에 적대적이었던 켈수스[26]나 포르피리[27]의 논변을 배웠던 것으로 알려진다. 그는 목사에 대한 적대감, 특히 개신교 목사에 대한 적대감이 상당하였다. 그는『불신자와 배교자의 중재자』에서 콜린스와 그를 비판하는 목사들 사이에서 이른바 심판관 역할을 하고 있는데 여기서 그는 콜린스를 켈수스나 포르피리보다 뛰어난 논증가라 말하며, 일방적으로 그의 편을 든, 매우 편파적인 심판관이었다.

울스턴의 주요 저서들은 주로 기적에 대한 비판들로 채워져 있는데, 예언에 대한 논의로 인해 한동안 관심을 끌지 못하던 기적에 대한 논의를 다시 끄집어냈다는 점에서 그 의의가 크다고 할 수 있다. 그러나 기적에 대한 그의 논의는 철학적인 것이 아니었다. 성서에 나오는 수많은 기적을 끄집어내어 그것이 이성적으로 볼 때 납득할 수 없다고 공격하는 것이었다. 그는 성서에 나오는 기적들, 즉 물을 술로 만든 것, 예수의 변모, 물고기 두 마리와 떡 다섯 덩이로 오천 명을 먹인 것, 무화과 나무

---

26 2세기에 활동한 최초의 반기독교적인 이교도 철학자로서『참된 토론(*Alethes Logos*)』이란 책을 남겼다. 그는 그리스도교에 대해 그것의 로고스 교리나 고상한 윤리규범에 대해서는 찬양했지만 성서에 나오는 기적과 그리스도의 부활 등에 대해서는 강하게 비판을 하였다. 초대 교회의 교부였던 오리게네스(Origenes, 185-254)는『켈수스를 논박함(*Contra Celsus*)』(8권)을 썼는데 여기를 보면 켈수스의 저서와 더불어 그의 논변을 알 수 있다.

27 Porphyry(232-303)는 신플라톤 학파의 철학자로서 켈수스와 마찬가지로 반기독교적 이교도 철학자였다. 그는 15권으로 된『기독교를 통박함(*Kara Christianon*)』이란 저술을 통해 성서의 비합리성과 기독교의 반국가주의를 비판했다. 그의 저서는 초대 교회의 교부들에 의해 많은 반박서가 나오기도 했는데 대표적인 예가 교부(教父) 에우세비우스(Eusebius, 263-339)의『포르피리우스의 반박서』(25권)이다.

를 저주하여 말라죽게 만든 것, 죽은 라자로를 소생시킨 것, 그리고 그리스도의 부활을 비판하고 있다.[28] 울스턴은 기적을 논의함에 있어 콜린스가 사용한 우화적 방법(Allegorizing Method)을 주로 사용하면서 초대 교부들이 기적을 사실이 아닌 우화로 이해하고 있었다는 점을 강조하였다. 그는 성서에 나오는 기적을 문자적으로 이해하려고 할 경우 그것이 너무 불합리하여, 도무지 믿을 수 없을 것이라고 말한다. 따라서 그런 기적을 사실이라고 우기기보다는 교부들의 가르침대로 우화적으로 해석해야 한다고 말한다. 한편 예수의 기적을 비판하는 켈수스의 논변을 소개하면서 그의 논변이 어느 누구에 의해서도 반박되지 않았음을 강조한다. 그는 성서의 기적과 이교도의 기적을 비교하는 블런트의 방식을 그대로 차용하고 있다. 물을 포도주로 만든 예수 그리스도의 기적과 블런트로 인해 널리 알려지게 된 티아나의 아폴로니우스(Apollonius Tyanaeus)의 이야기를 비교하면서 한 걸음 더 나아가 예수가 선한 사람이 아니었다고 말한다.[29] 이 같은 주장은 대부분의 이신론자들이 그리스도의 신성을 부인하면서도 그의 인간성에 대해서는 존경을 표했던 것과는 분명 다른 점이었다. 이 점을 통해 알 수 있듯이 그의 반기독교적인 성향은 아주 극단적인 것이었다.

울스턴은 방대한 분량의 이신론 관련 저작을 집필했다. 그러나 그의 저작 대부분이 기독교를 비방하는 부정적인 내용이었으며 그 표현 또한 상스럽고 세련되지 못했다. 바로 그런 점 때문에 그의 저작은 많은 사람들에게 흥미를 끌기는 했지만 설득력은 없었다.

---

28 Woolston T., *The Works of Thomas Woolston*, London, Printed for J. Roberts, 1733, Vol. 1. *First Discourse on Miralces*, pp. 51-57.

29 Ibid., Vol. 1, *Sixth Discourse on Miracles*, p. 6.

8) 매튜 틴달

틴달(Matthew Tindal, 1656-1733)은 영국 이신론자들 중에서 가장 명성을 떨친 인물이었다. 오랫동안 옥스퍼드 대학과 관계된 법률가로서 살았으며 한때 영국 국교회에서 로마 가톨릭으로 전향했다가 다시 영국 국교회로 돌아왔다. 영국 이신론을 대표하는 이신론자로 불릴 만큼 그에게 명성을 준 것은 그가 74세 때인 1730년에 출간한 1권의 책,『창조만큼 오래된 기독교 또는 복음 자연종교의 재등장(*Christianity as Old as the Creation: or The Gospel a Republication of the Religion of Nature*)』이다. 이 책은 이신론자들이 공통적으로 주장하고 있는 것들을 완벽하게 상설한 책으로서 영국에서 이신론에 대한 뜨거운 반응을 이끌어 내는 데 크게 기여하였다. 그로 인해 이 책은 이신론의 바이블(Deistic Bible)이라고 일컬어졌으며, 틴달은 이신론의 위대한 사도(the Great Apostle of Deism)로 불리게 되었다.

앞서 언급했듯이 틴달은 초기 이신론자들이 단편적으로 제공한 이신론의 다양한 구성요소들을 이 책에서 종합적으로 기술하고 있다. 그의 설명에 따르면, 허버트 경과 울러스턴은 주로 자연종교의 구성적 측면, 즉 자연종교의 원리를 세우는 데 기여하였고, 로크는 이신론자는 아니었지만 종교에서 이성의 역할을 확장하였으며, 톨런드는 이성에 반대되는 것과 이성을 초월한 것을 구분하는 로크에 반대해 모든 신비스러운 것을 비판했고, 그 밖에도 성서의 정경 여부에 대해서도 공격을 시작하였다. 홉스는 종교의 기원에 대한 자연주의적 설명을 시작했으며 그역시 여느 이신론자들처럼 성서의 정경 여부를 비판했을 뿐 아니라 기적이나 예언을 보고하는 성서의 내용도 비판했다. 블런트는 구원에 필요한 것은 모든 사람이 알아야 한다는 견해를 제시하였으며 기독교의 계시와 기적을 이교도의 전승과 비교함으로써 기독교가 이교도의 교리를 모방했음을 암시하였다. 섀프츠베리는 제의적인 종교에 맞서 도덕을 강조하였으며, 논쟁에서 해학을 도구로 사용하였다. 홉스와 로크는 만약 특별계시란 것이 있다면, 기적과 예언이 계시를 전달해 주는 사람에 대한 적절한 신임장이 될 것이라고 생각했다. 그러나 이 같은 생각은 예언과 성취 그리고 기적을 언급하고 있는 성서의 구절들을 문자적으로 해석할 수 있음을 의미하는 것이다. 반면에 콜린스는 특별계시란 없으며, 모든 예언은 비유적으로 받아들여야지, 문자적으로 해석해서는 안 된다고 주장하였는데, 울스턴 역시 이에 동의한다. 성서의 구절을 문자적 해석이 아닌 비유적으로 해석해야 한다는 콜린스와 울스턴의 주장은 예언과 기적이 증거적 가치를 지닌다는 홉스와 로크의 주장을 반박하는 것이다. 홉스를 제외하고 거의 모든 이신론자들은 관용을 지지했다. 또한 대부분의 이신론자들은 특히 맨더빌과 울스턴은 가장 신랄한 반성직주의를 주장했다. 흥미 있는 사실은 모든 이신론자들이 자신들을 기독교에 반대하는 적대자로 생각하기보다는 기독교를 개혁하려는 일종의 종교개혁자로 생각했다는 점이다.

틴달이 제시한 이신론 논변은 그가 생각하는 신의 개념으로부터 전개된다. 신은 완전자이므로 그가 인간에게 허락한 종교 역시 완벽해야만 하며 개선의 여지가 있을 수 없다. 이로부터 틴달은 성서처럼 나중에 인간에게 주어진 계시가 창조 시에 인간에게 주어진 종교를 개선할 수는 없다고 결론을 내린다. 신은 완벽한 존재이기에 그가 처음에 인간에게 허락한 종교를 나중에 수정하거나 개선하려고 했다고 생각할 수 없다는 것이다. 또한 신은 공평하다. 그러기에 그가 특정한 백성을 선민으로 선택하거나 또는 어떤 특혜를 한 세대나 또는 한 종족에게만 특별하게 주지는 않았을 것이다. 특별계시란 일종의 편파성을 의미하기 때문이다. 만약 신이 공의로운 존재라면 그가 인류에게 무엇을 원하고 있는지를 모든 인류가 충분히 알 수 있도록 했을 것이다.[30] 따라서 틴달은 신이 창조 시에 인간에게 허락한 자연종교는 완벽하고 불변적인 것이었다고 결론을 내린다. 그리고 신이 성서를 통해 계시한 종교는 인류에게 원초적으로 주어진 자연종교의 재판에 불과하며, 계시종교와 자연종교는 그 내용이 동일하다고 말한다.

그러나 틴달은 여기서 하나의 의문을 제기한다. 이미 자연종교가 보편적으로 알려져 있는데 신은 왜 성서를 통해 또 다시 종교를 계시했는가 하는 점이다. 그의 대답은 계시종교를 통해 자연종교에 섞여 있는 미신적인 부분을 제거할 수 있으며 그로 인해 사람들을 참된 구원으로 인도하기 위함이라는 것이다.[31] 그러나 그는 특정한 사람들에게 새로운 종교, 즉 계시종교를 주는 것이 어떤 사람을 구원하기 위해 특별계시를 주는 것만큼이나 편파적이라는 사실을 미처 깨닫지 못했던 것 같다. 후일 그는 이 점을 깨닫고 자신의 진술을 번복해 성서가 무가치하다고 말했다.

『창조만큼 오래된 기독교 또는 복음 자연종교의 재등장』이라는 책 제목은 얼핏 보면 성서에 자연종교의 원리가 담겨 있다고 주장하고 있는 것처럼 보인다. 게다가 그의 초기 진술을 보면 성서란 미신으로부터 종교를 정화하기 위해 신이 준 계시이다. 그러나 후일 그는 성서가 이성보다 명백하지 않기에 이성에 의해서 해석되어야만 하며 이성이 제공하

---

30   Tindal, M., *Christianity as Old as the Creation; or The Gospel a Republication of the Religion of Nature,* London, 1730, p. 1.

31   Ibid., p. 7.

는 것에는 다른 어떤 것도 덧붙여질 수 없다고 말을 바꾼다. 요컨대, 계시라 주장하는 것을 무조건 수용할 수 없기에 계시의 진위를 파악하기 위해서는 이성을 사용해야 한다는 것이다. 오래전 계시에 의해 주어진 규범은 이미 사장되어 버린 언어를 사용하였기에 정확한 의미의 파악이 어려운 데 반해, 이성에 의해 밝혀진 규범은 누구나 분명하게 이해할 수 있기 때문이다. 이런 관점에서 그는 성서의 진실성에 대해서도 의문을 제기한다. 그는 여기서 한 걸음 더 나아가 계시가 존재한다는 증거가 없으며 설혹 그것이 존재한다 해도 그것이 올바로 전달되었다는 증거가 없다고 말한다. 왜냐하면 증언이란 시간이 흐르면 희미해지고, 또한 여러 사람을 거칠수록 신빙성이 약화될 수밖에 없기 때문이다. 이에 더하여 성서의 수많은 기적 이야기들이 실상은 이교도의 설화에서 차용한 것이라는 위에(Pierre Daniel Huet, 1630-1721)[32]의 주장을 수용, 기적이 계시의 진실성을 담보하고 있다는 주장을 논박한다. 그는 '바보들에게는 기적을, 현명한 자에게는 이성을'이라는 속담을 인용하면서 에덴동산의 이야기, 인간의 타락, 야곱의 씨름, 발람의 당나귀 이야기 등, 성서에 나오는 이적에 관한 이야기들을 조롱하고 있다. 성서가 수준 낮은 도덕을 가르치고 있다고 말하며, 다윗, 여호수아, 사울과 같은 이른바 성서의 영웅들이 저지른 악행과 그들의 잔인성을 자세히 고발한 것이다.[33] 또한 기독교의 핵심교리인 원죄론과 그리스도 대속론이 인류 대다수에게는 좀처럼 이해하기 어려운 교리란 점을 지적한다.[34] 성서에 대해 다양한 해석

---

32 피에르 다니엘 위에는 프랑스의 신학자로서 사제이자 주교였으며, 그리스도교 호교론자였다. 저서로는 『복음적 논증』이 있다.

33 Tindal, M., Ibid., pp. 2-9.

34 Ibid., p. 340.

이 야기될 수밖에 없는 독서 방식의 문제점을 언급하며, 성서의 내용과 이를 불신하는 과학자들 간에 어떤 불일치한 견해가 있는지를 이야기한다. 이런 다양한 논의를 통해 그가 말하고자 한 것은, 이성을 따르는 것, 오직 그것만이 종교에 이르는 가장 안전한 길이라는 것이다.

틴달의 이 같은 주장을 돌아볼 때『창조만큼 오래된 기독교 또는 복음 자연종교의 재등장』이라는 책 제목에 대해 왜 독자들이 잘못 붙여진 제목이라고 말했는지 충분히 이해가 간다. 책 제목을 보면 틴달이 기독교가 창조만큼 오래되었다는 것을 말하려는 것처럼 보이지만 실상 그가 말하고자 한 것은 자연종교를 구성하는 기본 원리들이 창조만큼 오래되었다는 것이며, 이들 원리가 바로 기독교의 원형이자, 기독교가 전하고자 하는 참된 복음이라는 것이다.

그렇다면 틴달이 기독교의 원형이라고 본 자연종교의 원리는 무엇일까? 틴달이 제시한 자연종교의 원리는 다음과 같다.

첫째, 신에 대한 믿음
둘째, 신에 대한 경배
셋째, 자신의 선이나 행복을 위해 필요한 것을 실천하기
넷째, 공동의 행복을 촉진하기[35]

틴달은 이들 4개의 원리 외에도 자신이 내세를 믿고 있다고 여러 번 말했는데, 이것을 자연종교의 다섯 번째 원리로 추가한다면 사실상 허버트 경이 제시했던 자연종교의 5개 원리 중 3개가 틴달의 것과 동일함을 알 수 있다. 로크의 이성주의 철학과 17세기 영국 이신론의 계보를

---

35 Ibid., pp. 11-18.

좇아 이신론과 자연종교를 주장하고 있다는 점에서 틴달은 단순한 파괴적 이신론자가 아니었다. 그는 18세기 영국 이신론을 대표하는 이신론자였다.

9) 토마스 모건

모건(Thomas Morgan, d. 1743)은 『도덕철학자(*The Moral Philosopher*)』라는 제목의 꽤 분량이 나가는 3권의 책을 썼다. 이 책은 기독교도인 유대인 테오파네스와 기독교 이신론자인 파일레테스 간의 대화로 이루어진 대화록으로,[36] 이신론에 대한 새로운 내용을 담고 있지는 않지만 이신론의 주요 사상 몇 가지를 새로운 관점에서 조망하고 있다는 점에서 주목할 만한 가치가 있다. 1716년에 모건은 최초의 비국교도 목사로 안수를 받았으며, 이후 잉글랜드 남부의 말보로에 있는 한 교회의 목사가 되었다. 그러나 아리안주의를 추종했다는 이유로 1720년 파문되었고 이후 의학을 공부해 브리스틀에 있는 퀘이커 교도들의 의사가 되었다. 그러나 얼마안가 브리스틀을 떠나 런던으로 이주했으며 여기서 그는 이신론자로서 집필활동을 하며 여생을 보냈다. 『도덕철학자』의 첫 권은 1737년 익명으로 출간되었다. 이 책은 1권이 가장 중요하며 다른 2권은 1권에 대한 비평에 답변한 내용이다. 모건은 이 책에서 톨런드와 틴달이 사용한 이신론의 논변을 되돌아보고 있다. 그는 유대교와 구약에 대해 강한 반감을 갖고 있었는데 그렇다고 그가 신약과 기독교에 대해서 호감을

---

36 그는 자신을 기독교 이신론자(Christain Deist)라고 이야기했다. 따라서 이 대화에서 파일레테스가 자신을 대변한다고 볼 수 있다.

갖고 있었던 것도 아니었다. 그는 그노시스파를 초대 교회 시절 가장 순수했던 참된 기독교인들로 생각했다. 특히 2세기에 활약한 그리스도교 최초의 개혁자라 할 수 있는 마르키온(Marcion, 85-160)[37]을 닮고 싶어 하였다. 마르키온은 그리스도교에 들어와 있는 유대교적 요소를 배척하는 교회개혁론을 주장하였으며, 바울의 서간과 누가복음만을 정전으로 받아들였다. 모건은 이런 마르키온의 입장을 수용해 구약을 받아들인 당시의 기독교인들을 '그리스도교적 유대교도'라고 불렀다.

모건은 허버트 경이 제안한 자연종교의 원리들 대부분을 수용했다.[38] 그러나 내세의 존재와 내세에서의 상벌에 대한 믿음과 관련해서는 그것이 에스라 시대에 생겨났다고 보아 수용하지 않았다. 그는 스스로를 기독교인이라고 고백했으며, 기독교를 성서에 계시된 종교가 아니라 가장 명백하고 필연적인 진리에 근거한 종교로 보았다. 따라서 그는 기독교를 이성을 통해 알 수 있으며 언제 어디서나 항상 동일한 종교라고 생각했다. 기독교에서 예배란 기성종교에서 볼 수 있는 것과 같은 의식과 제례가 아니라 도덕적인 실천, 즉 윤리적인 삶이라고 생각했다. 그에게 있어 기독교란 한마디로 이신론에 기초한 자연종교였으며, 자연종교란 도덕적 실천을 핵심으로 하는 것이었다. 그에 따르면, 예수와 그의 제자들이 이 세상에 선포한 말씀은 바로 이것이었다.

모건의 저작을 보면 성서, 특히 구약에 대한 비판이 많은데 요셉,

---

37 마르키온은 그노시스파의 초기 기독교 신학자로서 자신을 사도 바울의 후계자로 자처했다. 그는 구약의 하느님은 폭력과 보복의 신으로서 사랑과 정의의 신인 신약의 하느님과 다르다고 주장했다. 따라서 그는 신약을 구약과 분리할 것을 주장했다. 그는 그리스도의 인성을 주장하지 않았으며 따라서 가현설을 주장했다.

38 Morgan, Thomas., *The Moral Philosopher*, London, 1738, Vol. 1, pp. 393-394.

모세, 사무엘, 다윗 등 성서의 위인들을 폄하하고 있다.[39] 반면에 그는 우상숭배에 대해 관용을 보인 까닭에 많은 비난을 받아 온 솔로몬, 아합 그리고 그 밖의 여러 인물들을 칭찬하고 있다.[40] 그는 모세를 사기꾼이자 잔혹한 인물로, 다윗은 사기 행각을 통해 왕좌를 빼앗은 인물로 비난하고 있다. 특히 그는 성직제도와 희생제를 포함한 종교적 의례를 일종의 정치적인 사기술로 간주하였다. 이스라엘 민족이 미신의 모태라 할 수 있는 이집트에 살게 되면서 타락한 결과, 그런 성직제와 제의 의식을 도입하게 되었다는 것이다. 그리고 유대인이 자신들을 선민이라고 생각하는 것을 국가적 차원의 망상이라고 규정했다. 구약의 번제나 그리스도의 죽음을 논의하면서 피 흘림의 속죄 교리를 미신적인 것으로 보았으며 그리스도의 죽음 역시 단순한 순교로 보았다. 그는 기적에 대해서도 비판적이었는데, 기적을 행한 사람이 신에 의해 영감을 받았다든가, 신으로부터 계시를 받았다는 증거는 어디에도 없다고 주장하였다. 바빌론 포로생활에 대한 예레미야의 예언은 영리한 관찰에 따른 것이었을 뿐이며, 다른 예언들은 단지 비유적인 해석에 의해서만 그것이 실현된 것으로 받아들여질 수 있음을 지적했다.[41]

성서에 대한 그의 비판은 구약에만 한정된 것이 아니었다. 그는 바울을 제외한 모든 사도들을 교만한 인물로 규정하고 그들이 사람들을 현혹했다고 비판했다. 구약과 신약을, 예언자와 사제를, 그리고 사도와 사도의 가르침을 서로 비교하여 이들이 서로 상충함을 보여 줌으로써 성서가 신뢰할 만한 책이 아님을 우회적으로 이야기하고 있으며, 이를

---

39 Ibid., Vol. 1, pp. 303-314.
40 Ibid., Vol. 2, pp. 53-71.
41 Ibid., Vol. 1, p. 47.

근거로 성서가 신으로부터 온 계시가 아님을 입증하고자 하였다.[42]

모건은『도덕철학자』1권의 서론에서 영국의 자유사상가들의 모임을 언급하면서 이들이 모임을 통해 얻은 것들 중 하나를 소개하고 있다. "인간과 사물의 자연적이며 필연적인 관계성 속에는 어떤 긍정적인 의지, 법률, 권위 이전에 도덕적 진리, 이성, 행위의 적합성이 자리한다."[43] 이것 외에 그들이 얻은 또 하나의 결론은 "어떤 가르침이 신으로부터 왔음을 보여 주는 유일한 증거는 그것이 가장 기초적인 진리와 일치한다는 것이다." 모건은 신이 세계를 다스리며 만사를 주관하는 방법은 계시나 기적과 같이 자연의 질서를 깨뜨리는 방식이 아니라 자연의 질서에 부합하는 방식이라고 말한다. 만약 신이 기적과 계시를 통해 자연사와 인간사에 개입한다면 이는 우주의 전체 질서를 깨뜨리는 것이자 그가 세계를 창조할 때 의도한 창조의 계획을 스스로 파괴하는 것이라고 보았다. 따라서 그는 하느님이 행하시는 기적이 있지만 그 기적은 어디까지나 자연의 질서에 부합하는 방식으로 나타난다고 말한다.[44] 그런 점에서 그는 신이 세계를 창조한 이후에도 세계에 관여하나 초자연적인 방식이 아닌 자연적 방식으로 관여한다고 보는 역사적 이신론자였다고 할 수 있다.

---

42 Ibid., Vol. 2, p. 25.
43 Ibid., Vol. 1, preface, pp. 7-9.
44 그는 인간이 동물을 돌보는 행동을 비유로 들어 이야기한다. 동물의 관점에서 보면 인간이 그들을 돌보는 행위는 기적처럼 보일 것이라고 말한다. 그러나 인간의 입장에서 보면 그 어떤 것도 자연의 법칙을 깨뜨린 것이 없다. 동물이 보기에 자신들이 할 수 없는 행동을 하는 인간이 초자연적인 능력자일 것이며, 인간은 기적을 행하고 있다고 생각할 수 있다는 것이다. 하느님이 인간에게 베푸는 보살핌, 기도의 응답 등이 모두 이런 식으로 이루어진다는 것이다.

10) 요약

18세기 영국 이신론자들의 주장을 검토해 보면 이들의 이신론적 주장은 앞서 언급했듯이 구성적 이신론과 파괴적 이신론으로 구성되어 있다. 이를테면, 이신론에 기초한 자연종교를 정립하기 위해 이신론자들이 제시하는 자연종교의 원리는 구성적 이신론이 되며, 자연종교를 옹호하기 위해 기성종교인 기독교의 성서와 성직제도 등을 비판하는 것은 파괴적 이신론이 된다. 18세기 영국 이신론자들이 주장한 구성적 이신론은 대체로 다음과 같이 요약될 수 있다.

- 신은 존재한다.
- 신은 인간에게 도덕적 삶을 원한다.
- 인간에게는 영혼이 있다.
- 내세가 있으며, 내세에서의 상벌이 존재한다.

18세기 영국 이신론자들의 구성적 이신론은 17세기 영국 이신론의 아버지로 불리는 허버트 경이 자연종교의 범주를 벗어나지 못하고 있다. 18세기 영국 이신론자들은 각자의 입장에 따라 허버트 경이 주장한 5개의 원리를 모두 수용하거나 아니면 한두 가지를 거부하였을 뿐이다. 18세기 영국 이신론자들이 허버트 경과 유일하게 다른 점이 있다면 허버트 경과는 달리 자연종교의 원리를 생득관념으로 보지 않았다는 점이다.

영국 이신론자들은 대부분이 깊이 있는 사상가나 철학자와는 거리가 먼 인물들이었다. 이들의 논변은 대체로 독창적이지 못했으며, 대개가 기성종교에 불만이 많았던 성직자나 의사, 변호사 등의 지식인들이었다. 그들은 독창적인 자기만의 이신론적 사상을 전개할 만큼 깊이 있는 철학적 지식이나 신학적 지식을 가지고 있지 않았다. 대부분은 17세기 이신론자들의 발자취를 따라 너도 나도 기성종교에 무차별적으로 비난을 쏟아부었던 것이다. 그런 까닭에 그들 대부분은 구성적 이신론자가 아닌 파괴적 이신론자였다. 파괴적 이신론자들의 주장은 대체로 다음과 같이 요약될 수 있다.

- 하느님의 계시의 말씀이라고 간주되는 책, 즉 성서에 기초한 전통적인 기독교를 거부한다.
- 구약성서에 기초한 유대교, 기독교, 이슬람교 그리고 여타 모든 기성종교의 종교적 믿음을 거부한다.
- 성서에 기록된 각종 기적과 예언, 그리고 종교적 신비를 일체 거부한다.
- 성직제도나 교회의 각종 제의와 의례를 일체 거부한다.

영국 이신론자들은 이신론, 즉 자연종교가 하느님이 최초에 인류에게 허락했던 인류의 순수한 원초적 종교이며, 이 종교를 회복시키는 것이야말로 진정한 종교개혁이라고 보았다. 따라서 이들에게는 무엇보다 먼저 타락한 기성종교를 타도하는 것이 가장 시급한 일이었다. 이들은 기성종교를 비판하기 위해 유대교, 기독교, 이슬람교가 공동으로 의존하고 있는 구약성서에 대한 비판에 공격을 집중했다. 구약의 핵심은 예언과 기적 그리고 성직주의에 있다. 그런데 영국 이신론자들은 종교의 타락 원인이 바로 구약의 핵심인 이 예언과 기적 그리고 성직주의에서 비롯된다고 보았다. 그러므로 이들은 예언과 기적 그리고 성직주의를 집중적으로 비판하고 나선다. 성서에 나오는 각종 예언과 기적에 대한 이야기들이 실상은 이방의 미신적 종교에서 차용해 온 것들이며, 성서의 정경 여부도 사실은 매우 의심쩍은 것임을 지적함으로써 성서의 신빙성을 공격한다. 나아가 성직제도와 교회의 각종 의례와 제의 또한 이방의 미신적 종교에서 차용해 온 것이라고 말한다. 따라서 성서에 기록된 각종 기적과 예언, 종교적 신비, 종교적 의례와 제의, 성직제도 등 기성종교에서 성서의 내용을 문자적으로 수용하고 있는 것들은 인간을 구원으로 인도하는 것이 아니라 신이 태초부터 모든 인간에게 허락한 자연종교를 제대로 직시하지 못하게 방해하고 있는 것이다. 그러기에 신의 계시로서의 성서는 창조 시에 신이 인간에게 허락한 원초적인 자연종교를 회복하는 관점에서 비유적으로 해석되어야 하는 것이다.

18세기 영국 이신론자의 주장을 종합해 보면 이들 중에서 구성적 이신론을 제시한 인물은 소수에 불과했으며 그들 대부분은 기독교의 불합리함을 비판한 파괴적 이신론을 제시하는 데 머물렀다. 게다가 이들은 기독교를 비판하는 데 있어 주로 17세기 이신론자들이 사용한 방법을 답습했다는 점에서 독창적이지도 못했다. 그럼에도 불구하고 18세기 영국 이신론을 주목해야 하는 두 가지 이유가 있다. 하나는 17~18세기 영국의 혼란한 정치 · 종교적 상황 속에서 이들이 구성적 이신론을 통해 기성종교에 맞서는 하나의 대안으로 자연종교를 제시했다는 점이며, 다른 하나는 이들이 부정적 이신론을 통해 기성종교를 정화하고 개혁을 이루어 내는 데 이바지했다는 점이다. 전자는 후일 계시종교인 기성종교와 자연종교의 양극단에서 영국 국교회가 이른바 중용(Happy Medium)을 선택하도록 하는 데 기여했으며, 후자는 영국 국교회 내에 대각성 운동, 즉 종교 부흥운동을 가져오는 계기가 되었다.

2. 쇠퇴기(1742~1760)의 이신론자들

18세기 전반 영국 사회에서 이신론은 하나의 사조를 형성했으며 종교에 대한 계몽운동처럼 퍼져 나갔다. 이 시기에 이신론에 대한 무수히 많은 저작물들이 쏟아져 나왔고 이를 반박하는 글 또한 그에 못지않게 많이 출간되었다. 그런데 도드웰의 『논증에 기초하지 않은 기독교』가 출간된 1742년을 기점으로 이신론의 저작들은 썰물이 빠지듯 급격하게 줄어들었으며, 1760년경에는 영국에서 자취를 감추었다. 그리고 18세기가 끝나 갈 무렵에는 아무도 이신론에 대해 관심을 갖지 않았다. 이처럼 급격한 이신론의 쇠퇴에 대해서는 여러 가지 이유가 있지만 가장 주된 요인은 18세기 후반에 이르러 이신론자들의 입에서 더 이상 새로운 주장이 나오지 않았다는 점을 들 수 있다. 실상 이 시기에 활동한 이신론자들의 주장은 앞선 이신론자들의 주장을 답습하고 있음을 알 수 있다. 그러다 보니 이신론자들의 수가 급격히 줄어들었던 것이다.

18세기 후반기에 활동한 이신론자로는 피터 아넷(peter Annet, 1693-1769), 토마스 첩(Thomas Chubb, 1679-1747), 볼링브로크 경(Lord Bolingbroke, 1672-1751), 코니어스 미들턴(Conyers Middleton, 1683-1750) 등을 들 수 있다.

1) 피터 아넷

아넷(Peter Annet, 1693-1769)은 한때 학교 교사였으며, 비국교도 성직자로서 훈련을 받기도 했다. 하지만 성서와 신학에 대해 좀 더 깊이 있게 공부하게 되면서부터 계시종교를 떠나 역사적인 기독교에 적대적인 인물이 되었다. 아넷은 특히 성서와 성직자에 대해 비판적인 입장을 보였는데, 주로 성서의 문헌학적인 증거를 들어 그것의 불합리와 모순을 지적하는 방식으로 성서를 비판했다. 또한 성서의 인물들을 신앙의 관점이 아닌 도덕의 관점에서 평가함으로써 그들을 권력을 좇은 비열한 인물들로 비판했다. 구약의 가장 위대한 인물인 모세와 다윗, 그리고 오늘날 기독교를 유대인의 종교가 아닌 세계종교로 만든 바울 등, 성서의 위인들이 사실은 권력을 좇은 인물들이었다고 말한다. 1761년에 출간된 『하느님의 마음을 지닌 사람의 역사(The History of the Man After God's Own Heart)』에서 모건보다 한 걸음 더 나아가 다윗의 인격과 평판에 대해 신랄하게 비판하고 있다. 또한 모건과 달리 사도 바울에 대해서까지도 비판적인 관점에서 보고 있다. 1745년에 출간된 『성 바울의 삶과 인격(The History and Character of St. Paul)』에서는 아넷은 바울을 게으르고 야심적이며 탐욕적이고 정직하지 못한 인물로 그리고 있다. 따라서 그는 다메섹 도상에서 회심하게 되었다는 바울의 말을 믿을 수 없다고 말한다.[45] 또한 단순히 신앙에 기초한 종교는 박해를 불러올 뿐이란 점에서 신앙은 참된 종교의 토대가 될 수 없다고 말한다.

---

45 Annet, P., *The History and Character of St. Paul, examined: In a Letter to THEOPHILUS, A Christian Friend*, London, Printed for F. Page, c. 1745, p. 41(https://archive.org/details/historycharacter00anne).

아넷은 계시종교의 핵심은 신의 직접적인 개입인 기적을 허용하는 유신론에 있다고 보았다. 그러나 기적이란 존재하지 않는다는 것이 아넷의 주장이다. 만약 기적이 존재한다면, 다시 말해 자연의 행로가 신의 직접적인 개입에 의해 변경될 수 있다면, 이는 신이 자신이 세운 합리성을 스스로 훼손하는 것이며 동시에 진리와 확실성의 기준을 훼손하는 것이 된다. 1747년에 출간된 『예수의 부활에 대한 고찰』에서 아넷은 성서의 기록에 담겨 있는 증거들을 하나하나 검토하면서 이들의 신뢰성에 의문을 제기한다. 그 결과 그는 예수의 부활을 받아들이기보다는 자연의 일양성과 신의 불변성을 수용할 것을 촉구하고 있다.[46]

자연의 일양성과 신의 불변성을 강조하다보니 아넷은 기독교에서 일반적으로 수용되어 오던 자유의지의 개념을 부정하게 된다. 세상의 악을 인간의 자유의지의 탓으로 돌림으로써, 그는 세상에 존재하는 악이 하느님으로부터 온 것이 아니라고 말한 아우구스티누스의 변신론 (Apologetics)을 받아들이지 않는다. 악이란 있는 그대로 자연의 일부이며 단지 사람들이 자신의 이기적 관점에서 그것을 바라보기 때문에 악이라 생각하는 것일 뿐이라고 말한다.

> 각자는 자신의 이익을 추구하며 약자는 강자에게 양보할 수밖에 없다. 한 생명의 파괴는 또 다른 생명을 잉태하기 위한 재료와 영지를 제공한다. 모든 것은 자신의 영양 섭취나 생존을 위해 어떤 다른 것을 파괴시켜야 한다. 따라서 어떤 것도 다른 것의 손상 없이 그 생존을 유

---

46 Annet, P., *The Resurrection of Jesus Considered; In Answer to the Tryal of the Witness*. London, printed for Author, 1744. pp. 91-94(https://archive.org/details/sequelofresurrec00anne).

지할 수 없다.[47]

그는 모든 것을 끊임없이 원상태로 돌려놓는 영속적인 변화로 인해 어떤 악도 영원한 악이 될 수 없다고 말한다. 실상 누군가에게 악인 것이 다른 이에게는 선이 될 수 있고, 지금 내게 악인 것이 나중에는 선이 될 수도 있기 때문이다.

아넷의 이런 관점은 일반적으로 도덕의 종교라고도 불리는 이신론과 배치되는 견해라고 할 수 있다. 그의 주장처럼 선과 악의 경계가 없다면 도덕 또한 없는 것이 되며, 이는 결국 자연종교가 아닌, 있는 그대로의 자연을 신성시하고 숭배하는 자연의 종교(Religion of Nature)가 되어 버린다.

2) 토마스 첩

첩(Thomas Chubb, 1679-1747)은 장인의 아들로 태어나 읽고 쓰는 것 외에는 별다른 교육을 받지 못했다. 처음에는 장갑을 만드는 도제로 들어가 일을 했고 나중에는 수지양초 제조자가 되었다. 그는 양초를 만드는 틈틈이 수학과 신학을 독학했는데 나중에는 신학의 논쟁점에 대해 탁월한 논쟁을 하게 되었으며 수학, 지리학 등에도 식견을 갖게 되었다.

첩은 자신을 영국 국교회의 신자라고 말했으며 정규적으로 교회에도 출석하였다. 그러나 그는 성직자에 대해 극단적으로 비판적이었으며

---

47 Annet, P., *Supernaturals Examined in Four Dissertations on Three Treatises,* London, Printed for F. Page., 1747, p. 136(https://archive.org/details/supernaturalsexa002anne).

여느 극단적인 이신론자들처럼 종교의 토대를 이성으로 보았고, 가능한 한 신앙의 역할을 축소시키고자 하였다. 이에 그는 기독교가 논증에 기초하지 않는다면 가장 불확실하며 불안정한 종교가 될 것이라고 주장한다.[48] 그는 당시 대대적인 종교적 부흥운동을 전개하고 있던 감리교의 주장, 즉 인간은 스스로 신적인 진리를 이해할 수 없으며 오직 우리의 영혼에 주어지는 내적인 계시를 통해서만 알 수 있다는 주장을 받아들이지 않았다. 또한 하느님은 선택된 백성에게만 자신을 계시한다는 주장도 받아들이지 않았다. 그는 이런 선택적 계시는 사실상 신을 편파적인 존재로 실추시키는 것이라는 점에서 받아들일 수 없다고 말한다. 그러면서 정의와 공정의 하느님은 모든 인간을 평등하게 대하시기에 영원한 진리를 파악할 수 있는 능력을 모든 사람에게 주었다고 주장한다. 따라서 그는 특별섭리나 기적을 인정하지 않았다. 하느님은 전적으로 지혜로우시고, 선하시며, 전능하시기에, 임의적인 방식으로 누군가에게만 편애를 보여 주기 위해 자연의 질서를 깨뜨리거나 임의적으로 자연의 운행에 개입하지 않으며 그럴 필요도 없다고 말한다.[49] 그는 사악한 사람에게는 징벌이, 그리고 진실하게 회개하고 도덕적인 삶을 사는 사람에게는 용서를 해주는 일반섭리 외에 어떠한 초자연적인 개입도 불필요하다고 보았다. 또한 기독교의 핵심교리인 원죄론을 거부하였는데 인간은 악과 선 중에서 어느 것 하나를 선택하여 행할 자유의지를 지닌 존재라고 보았기 때문이다. 첩은 아넷과는 달리 아우구스티누스처럼 악을 인간의

---

48 Bushnell, Thomas., *The Sage of Salisbury: Thomas Chubb, 1679-1747*, New York, 1967.

49 Chubb, T., *The True Gospel of Jesus Christ Asserted*, London, Printed for Tho Cox, 1738, p. 211(https://archive.org/details/truegospeljesus00chubgoog).

자유의지에서 비롯된 것으로 보고 있었던 것이다.[50]

　1739년에 출간된『예수 그리스도의 참된 복음에 대하여(*The True Gospel of Jesus Christ Asserted*)』에서 첩은 예수를 이신론자라 규정한다. 그가 이렇게 예수를 이신론자로 단정 짓는 것은 성서에 나타난 예수가 의례적이고 형식적인 종교를 반대하였을 뿐 아니라 윤리적인 종교를 강조했기 때문이다. 그러나 이신론자가 아닌 사람들도 윤리적인 종교를 강조한다는 점에서 이 같은 주장은 설득력을 잃는다. 게다가 기도, 기적, 성사, 그리스도의 신성, 예수의 부활 등에 대해서 그는 복음서의 기자가 기술한 것과는 전혀 다른 해석을 내놓고 있다. 역사적인 예수가 어떤 인물인지는 성서에 나타난 기록을 근거로 하여 파악해야 함에도 첩은 성서를 신뢰하지 않았기에 자기 방식대로 성서를 해석하고 그것을 근거로 예수의 정체성과 그의 복음을 주장했다. 그 결과 그는 성서의 진실성을 문제 삼으면서 어떻게 예수의 참된 복음에 대해 안다고 말할 수 있느냐는 비판을 받았다.[51]

　대부분의 이신론자들이 그랬듯이 첩 역시 성서에 대해 매우 비판적이었다. 그는 성서의 여러 진술들이 서로 일치하지 않음을 지적하였고 성서의 많은 내용이 신이 말했다고 하기에는 천박한 주장이거나 진부한 주장들임을 지적하였다. 기독교의 핵심교리인 예수의 속죄, 부활 등도 받아들이지 않았고, 삼위일체 교리를 조롱했으며, 예수가 행한 모든 기적을 받아들이지 않았다. 그는 또한 사도들을 위선자라고 비난했다.

　첩은 스스로를 이신론자라고 생각했기에 허버트 경이 주장한 자연

50　Chubb, T., *A Vindication of God's Moral Character*, 1726.

51　Orr, J., *English Deism: Its Roots and its fruits*, Grand Rapids, Michigan: WM. B. Eerdmans Pub. Co, 1934, p. 154.

종교의 주요 원리들을 받아들였다. 그는 하느님이 존재한다는 믿음과 구원을 위해서는 회개와 변화가 필요하다는 믿음을 갖고 있었다. 그러나 내세의 존재나 내세에서의 상벌에 대해서는 회의적이었다. 그런데 그가 내세의 존재나 상벌을 믿지도 않으면서 구원을 위해 회개와 변화가 필요하다는 주장을 하는 것은 어딘가 앞뒤가 맞지 않아 보인다. 겉으로는 자연종교를 주장하는 이신론자처럼 보이지만 그 이면을 들여다보면 그가 사실상 회의론이나 무신론에 가까운 주장을 하고 있음을 알 수 있다. 그럼에도 불구하고 오늘날 그를 이신론자로 분류하는 것은 그가 성서와 역사적 기독교에 매우 비판적이었기 때문이다. 바로 이 점에 초점을 맞추어 보면 그는 영락없는 비판적 이신론자였다.

첩은 특히 신분이 낮고 가난한 사람들에게 인기가 많았는데, 그 이유는 두 가지 점에서 생각해 볼 수 있다. 하나는 첩이 18세기 들어 심각하게 드러난 정치인의 부패와 종교의 무기력함에 실망한 대중들의 마음을 파고들었기 때문이라는 점이고, 다른 하나는 첩이 신학에 대해 제대로 된 교육을 받지 못한, 신분이 낮은 평민이었다는 점이다. 여기서 주목할 점은 전자보다는 후자이다. 첩의 생각은 18세기 당시의 일반 대중들의 생각과 크게 다르지 않았을 것이며 바로 그 점에서 그의 책은 18세기 일반 대중의 의식 수준을 가늠해 볼 수 있는 바로미터인 것이다.

3) 헨리 세인트 존 볼링브로크 경

볼링브로크(Lord Bolingbroke, 1672-1751)는 18세기 전후반기를 망라해 이신론자들 중 가장 고위직에 있었던 인물이었다. 하원의원과 육군장

관, 외무장관을 역임했고 토리당의 지도자로서 토리를 옹호하는 정치적인 글을 여럿 남겼다. 그는 높은 사회적 지위, 총명한 지혜, 폭넓은 식견을 토대로 영국 이신론 사상을 총정리하는 저작을 유고로 남겼다. 그러나 이 책은 이미 이신론에 대한 관심이 사라진 1754년에 출간됨으로써 영국 내에서는 큰 파장을 주지 못했다. 하지만 이제 막 이신론에 대한 관심이 증가하던 유럽 대륙에서는 큰 반향을 일으켰다.

그는 오랫동안 이신론에 대한 연구에 천착했으며, 많은 글을 남겼다. 그러나 그의 글들은 대부분이 장황했고 체계적이지 못했다. 특히 그의 철학적 사유는 지나치게 직관적이고 흥미 위주였다. 그러기에 깊이가 없었으며 때로는 앞뒤가 맞지 않는 주장을 하기까지 했다. 대부분의 이신론자들이 그렇듯이 그 역시 독창적인 사상가는 아니었으며 체계적인 저술가도 아니었다. 그럼에도 불구하고 볼링브로크는 여느 이신론자들과는 달리 성서에 대한 관심만이 아니라 신의 본성, 섭리, 악의 문제, 영혼의 존재와 불사성 등 다양한 종교적 문제를 놓고 씨름하였다. 물론 이들 주제를 다루어 나가는 방식은 독창적이지 않았고 철학적으로나 신학적으로나 깊이 있는 논의도 아니었다. 그럼에도 불구하고 기성종교의 미신적 측면과 종교적 불관용에 대한 그의 비판은 나름 설득력이 있었다.

볼링브로크는 일평생 자신을 영국 국교회의 독실한 신자라고 생각했다. 그러기에 그는 허버트 경이 주장한 자연종교에 대해 별반 관심을 기울이지 않았다. 그러나 이런 모습과는 달리 그는 독실한 기독교 신자라면 당연히 의심을 품지 않았어야 할 내세의 삶에 대해 강한 의구심을 품었다. 뿐만 아니라 미래에서의 상벌에 대해서도 매우 회의적이었다. 따라서 그는 유신론자였다기보다는 이신론자였으며 그것도 파괴적 이신론자였음이 분명하다.

볼링브로크는 기독교를 비판함에 있어서 특이한 전략을 사용했는데, 개신교를 비판할 때는 계시 외에 전승이 필요하다는 로마 가톨릭의 주장을 사용했고, 가톨릭을 비판할 때는 반대로 가톨릭에서 따르는 전승을 신뢰할 수 없다는 개신교의 주장을 사용했다. 그가 이런 방식을 사용한 것은, 기성종교인 가톨릭과 개신교가 양립 가능하지 않은 종교인데, 계시인 성서를 통해서는 이 두 개의 종교 중 어떤 것이 참된 종교인지를 알 수 없었기 때문이었다.[52]

그는 18세기 최고 지성인답게 당시의 과학과 철학의 관점에서 성서를 바라보았다. 그러기에 구약에서 그려진 우주관과 수많은 기적 이야기들을 허무맹랑한 거짓말이라고 생각했다. 코페르니쿠스, 케플러, 갈릴레오, 뉴턴 등의 과학자들이 본 우주관이 구약에서 그려진 우주관보다 신의 지혜와 권능에 더 잘 부합한다고 여겼던 것이다. 또한 신약의 핵심적 교리인 성령론을 일축하고, 성령을 받았다고 주장하는 사람을 미친 사람이거나 사기꾼이라고 보았다. 이런 관점에서 기독교를 유대교라는 민족종교의 틀에서 벗어나 세계종교로 만든 당사자라 할 수 있는 사도 바울을 부정적으로 평가하고 있다. 바울은 여러 면에서 뛰어난 재능을 지녔지만 위선적인 신비주의자에 불과하다는 것이다. 그는 여느 18세기 이신론자들처럼 로크의 경험주의를 신봉했는데 이런 연유로 플라톤 철학을 수용해야 비로소 설명될 수 있는 기독교의 핵심교리인 삼위일체론, 그리스도의 신적 본성론, 속죄론, 하느님 은총론 등을 수용하지 않았다.

볼링브로크는 교회의 타락한 종교적 의례와 정치적 야심에 대해 매

---

52 A⊃B, B⊃A, ∴ A∨B

우 비판적이었지만 기독교의 규범과 교회가 국가를 유지하는 마지막 보루임을 모르지 않았다. 따라서 그는 영국 국교회를 옹호하였으며, 또한 인간의 정념을 억누르고 지혜와 덕을 실천하기 위해서는 이성이 제대로 기능해야 함을 잘 알고 있었다. 나아가 그는 이성이 제대로 기능하기가 결코 쉽지 않다는 사실 또한 누구보다 잘 알고 있었다. 그러기에 그는 이성보다는 종교나 관습이 지닌 규범적 힘을 더 믿었다. 따라서 그가 이성을 강조하며 이신론을 주장한 것은 당시의 지적 담론에 참여한 것일 뿐 그의 종교적 신념은 아니었던 것 같다. 그는 정치인답게 이상과 현실의 차이를 잘 이해한 인물이었다. 그러나 이상과 현실의 간극을 좁히는 것은 그의 역량을 넘어서는 일이었다.[53]

4) 코니어스 미들턴

미들턴(Conyers Middleton, 1683-1750)은 케임브리지 트리니티 칼리지에서 학사와 석사를 받았다. 1706년 트리니티의 연구원으로 선출되었으며 1708년에는 영국 국교회의 목사가 되었고, 1731년에는 지질학 교수로 임명되었다.

그는 주로 초대 교회 시절부터 교회 안에서 일어났다고 이야기되고 있는 기적들에 대한 논의에 매달렸다. 1747년에 미들턴은 『보다 큰 작품을 위한 입문서(*An Introductory Discourse to a Larger Work, etc.*)』라는 제목의 소책자를 발간하였는데 여기서 그는 교회에서 주장하는 대부분의 기적들이

---

53 Yolton, J. W., Price, J. V., and Stephens J. (Eds.), *The Dictionary of Eighteenth-century British Philosophers*, Vol. 1, Thoemmes Press, 1999, p. 120.

신뢰할 수 없는 것이라고 주장하였다. 그에 따르면, 초대 교회의 사역자들이 교회를 유지하기 위해 거짓 기적을 주장했다는 것이다. 미들턴은 초대 교회에 일어났다고 하는 기적들에 대해서는 매우 비판적이었지만 그렇다고 해서 성서에 기록된 기적까지 의심했던 것은 아니었다.

> 매우 중요하고 보편적인 어떤 목적을 위해 그리스도와 그의 사도들이 행한 기적은 신이 개입한 것으로 볼 수 있으나 비열하고 아둔한 성직자들이 자신들의 사역이 하느님의 사역임을 증거하기 위해 보여준 기적은 그렇게 볼 수 없다. … 기적들(그리스도와 사도들이 행한)은 정직한 인격과 지식을 지니고 있어 사기나 실수의 가능성이 전혀 없는 증인들에 의해 전달되었기 때문이다.[54]

미들턴은 1749년에 『교회 안에서 있어 왔다고 가정되는 기적들에 대한 자유로운 탐구(*Free Inquiry into the Miraculous Powers, Which Are Supposed to Have Subsisted in the Christian Church, etc.*)』를 발간했는데 이 책에서 그는 참된 기적과 거짓 기적을 판별하는 두 가지 방법을 제시한다. 하나는 기적이 필요했느냐는 것이고, 다른 하나는 증언을 신뢰할 수 있느냐 하는 것이다. 일반적으로 기적은 신이 우리와 소통하고 있음을 입증하는 하나의 증거로 받아들여져 왔다. 그러나 일단 소통이 이루어져 신의 뜻을 인간이 이해하고, 이를 온 세상에 전파하기 위해 교회를 만든 이후에는 더 이상 기적이 불필요하다. 그런데도 교회가 세워진 이후 기적에 대한 교부들의 증언은 지속적으로 이어졌다. 따라서 미들턴은 기적에 대한 교부들의 증

---

54 Middleton, *An Introductory Discourse to a Larger Work, etc,* London, printed by. R. Manby and H. Cox, 1747, p. 43.

언을 신뢰할 수 없다고 말한다. 교회사를 살펴보면 교부들의 증언은 교회의 이해관계와 관습적인 의례에서 비롯된 것이거나 또는 그들의 견고한 믿음과 교양이 어우러져 만들어진 정신적 습관에서 비롯된 것이거나, 권력에 대한 유혹에서 나온 것임을 알 수 있기 때문이다. 그러나 미들턴은 교부의 경우와는 달리 사도들의 증언을 신뢰하였는데, 성서에 등장하는 사도들을 순진한 마음을 지닌 인격자로 생각했기 때문이다.

미들턴에 따르면, 성서는 교리와 신앙, 그리고 모든 종교적 의례의 근거이자 기준이 된다. 그는 교부들을 신뢰하지 않았지만 그렇다고 해서 교부들을 배격한 것은 아니었다. 교부들은 성서의 전달자였으며 자신들이 살았던 당시의 기독교 신앙과 의례의 형식을 증언해 주는 사람들이었기에 그들을 존중해야 한다고 생각했다. 그럼에도 불구하고 그들의 영민함이 지나친 신앙적 열정과 잘못 결합될 때 그들은 종종 잘못된 길로 들어섰던 것이다. 따라서 항상 성서에 비추어 교리와 의례를 바로잡아야 한다는 것이 미들턴의 생각이었다. 그런 점에서 미들턴은 계시와 기적 그리고 성서를 배격한 이신론자이기보다는 교회를 정화하려는 종교개혁론자에 더 가까운 인물이었다.

5) 요약

18세기 쇠퇴기에 활동한 영국 이신론자들의 주장은 앞선 이신론자들의 주장과 별반 다르지 않았다. 18세기 전반에 활동했던 이신론자들처럼 대다수가 성서와 계시종교인 역사적 기독교를 비판하는 비판적 이신론자였다는 점도 그렇고 허버트 경이 주장한 자연종교의 이념을 대체로 수용하고 있다는 점에서도 그렇다. 그럼에도 불구하고 그들의 주장을 살펴보면 전반기 이신론과는 사뭇 다른 점들을 찾아볼 수 있다.

첫째, 18세기 전반기 이신론자들과 달리 일부 이신론자들이 자연종교가 아닌 자연신론이나 무신론에 가까운 주장을 하고 있다는 점이다. 피터 아넷과 토마스 첩처럼 사회적 신분이 낮은 사람과 볼링브로크나 미들턴 같이 사회적 신분이 높은 사람 간에 흥미 있는 차이점을 보여주고 있다. 아넷은 자연종교에 대해 아무런 언급이 없었으며, 첩은 자연종교를 믿는 듯 보이지만 허버트 경이 주장했던 내세의 존재나 내세의 상벌을 받아들이지 않았다. 그런 점에서 사실상 첩은 신의 존재를 믿었는지조차도 의심이 간다. 아넷이나 첩은 사회적 불평등 및 지도층과 성직자들의 압제와 부패에 대해 눈감고 있는 신을 받아들이기 어려웠던 것으로 보인다. 아넷이 선과 악의 상대성을 주장하거나 첩이 내세의 존재와 상벌, 즉 구원을 부인한 것을 보면 이들이 사실상 신의 존재에 대해 회의적인 입장을 취하고 있었다고 할 수 있다. 그러기에 단순히 성서와 기독교를 비판하였다는 이유로 이들을 비판적 이신론자로 부르는 것은 문제가 있다. 적어도 비판적 이신론자로 불리기 위해서는 신의 존재를 수용해야 하기 때문이다. 그런 점에서 명목적으로는 비판적 이신론자들이나 이들은 사실상으로는 회의론자, 더 나아가서 자연신론자거나 무신론자에 가깝다고 보아야 할 것이다.

둘째, 후기 이신론에서 주목해야 할 점은 볼링브로크나 미들턴 같은 상류층 이신론자들이다. 이들은 18세기 전반의 여러 비판적 이신론자들처럼 성서와 역사적 기독교를 비판하고 있지만 그들의 의도는 자연종교의 수용이 아니라 사실은 계시종교인 역사적 기독교의 정화에 있었다고 보아야 할 것 같다. 볼링브로크는 누구보다 이성과 자연종교의 한계를 잘 알고 있었으며 생의 마지막까지 영국 국교회를 떠나지 않았다. 미들턴 역시 마찬가지였다. 무모하게 기적을 확대 재생산함으로써 교회의 유지와 성장을 꾀했던 기성 교회의 문제점을 직시하고 이를 정화할 목적으로 성서와 기적에 대한 비판에 나섰지만 성서를 배격하거나 역사적 기독교를 배격할 작정은 아니었다. 그들은 다만 계시종교인 기독교를 정화하고자 했던 교회의 개혁자였던 것이다. 그런 점에서 볼링브로크와 미들턴 역시 아넷이나 첩처럼 비판적 이신론자라고 할 수는 없다.

제6장

18세기의 반이신론자들

헨리 도드웰의 『논증에 기초하지 않은 기독교(*Christianity Not Founded on Argument*)』가 출간된 1742년을 기점으로 18세기 영국 이신론은 급격히 쇠퇴하였다. 오르(Orr, John)에 따르면, 이신론 운동은 1760년경 사실상 영국에서 종말을 맞게 되었다. 이를 뒷받침하듯 당시의 대표적인 지식인이자 정치사상가였던 에드먼드 버크(Edmund Burke, 1729-1797)는 이신론자들의 책을 놓고 "누가 요즘도 그런 책을 읽고 있나?"라고 말했다.[1] 윌리엄 고든(William Godwin, 1744-1823) 역시 1793년에 출간된 자신의 책에서 "이신론의 논변이 최악이었는지 확신할 수는 없지만 이신론에 대한 광풍이 멎은 지 50년이 지난 지금 그러한 논의가 있었는지조차 의심이 들 정도로 그들의 흔적은 그 어디서도 찾아볼 수가 없다"고 말했다.[2] 버크나 고든의 증언처럼 이신론은 18세기 후반에 자취를 감추었다. 이신론이 이처럼 갑자기 자취를 감춘 데는 몇 가지 이유가 있었다.

첫째, 주제의 고갈이었다. 18세기 이신론자들의 논의를 살펴보면 그들이 제시한 건설적 이신론에 해당하는 자연종교의 원리는 17세기 허버트 경이 제시한 것을 넘어서지 못했다. 뿐만 아니라 성서와 기독교의 핵심교리를 비판하는 비판적 이신론 역시 일찍이 홉스가 보여 준 성서 비판의 전범을 넘어서지 못했다. 18세기 전반은 물론이고 후반에 들어서도 별반 새로운 견해가 나타나지 않았으며, 지겨울 정도로 유사한

---

1   Stephen, Lesilie., *History of English Thought in the Eighteenth Century*, New York: Harcourt, Brace & World, Inc., 1962, p. 75. 에드먼드 버크는 이성과 계몽의 강조를 부정적인 시각에서 보았다. 그는 프랑스 혁명을 현실을 고려하지 않고 이상적인 정치 체제를 구축하려고 했던 인간 이성의 오만이 빚어 낸 전형적인 사례라고 말하고 있다. 이에 반해 미국의 독립혁명이나 영국의 명예혁명을 현실과 이상의 중용을 취한 성공한 사례로 보고 있다.

2   Godwin, William., *An Inquiry concerning Political Justice and Its influence on General Virtue and Happiness*, London, 1793, Vol. 1, p. 90.

견해들이 반복적으로 제기되었다. 비록 성서와 기독교에 대한 공격의 양태나 정신은 이신론자에 따라 엄정한 철학적 논의에서부터 경박한 조롱과 조소에 이르기까지 다양했지만 기본적으로 그 내용은 별반 새로울 것이 없었던 것이다. 이처럼 새로운 것 없이 동일한 비판을 지속적으로 반복한 까닭에 이신론은 더 이상 사람들의 관심을 끌지 못했다.

둘째, 당시 최고의 지성인의 반열에 있었던 버클리, 로, 웨스트, 리랜드, 버틀러, 페일리 그리고 18세기 영국 이신론자들의 철학적 토대를 제공했던 로크 등 학문적으로 뛰어난 인물들이 계시종교인 기독교를 떠나지 않았을 뿐 아니라 자연종교가 종교가 될 수 없음을 지적하고 나섰다. 게다가 이들은 성서나 역사적 기독교에 대한 이신론의 비판은 초월을 다루는 성서의 초합리를 단순히 불합리로 해석한 편협한 인식에서 비롯된 것이라고 비판하고 나섰다. 이들은 학문적으로나 인격적으로나 18세기 이신론자들보다 한 수 위에 있는 인물들이었기에 대중들에 미치는 영향력 또한 적지 않았다. 따라서 이들의 이신론에 대한 적극적인 반론은 이신론의 급격한 쇠퇴를 이끈 주된 요인 중의 하나였다.

셋째, 월폴(Robert Walpole, 1676-1745)이 수상을 지냈던 1721~1742년까지의 영국사회는 전반적으로 방탕함과 경박함, 부패 등이 만연한 사회였다. 정치인들이 나서서 투기를 조장함으로써 10배 이상 조작된 주가에 속아 수천 명이 파산을 한 남해 거품 사건(1720), 소규모 자유농과 차지농들을 임금 노동자로 전락시킨 인클로저 법의 도입, 오직 자기 사람들만을 요직에 기용함으로써 독직과 남용, 부패와 횡령을 일삼은 월폴 정권의 부패는 18세기 전반에 나타난 이신론의 유행과 무관치 않았다. 일부 비판자들은 이신론이 기성종교인 기독교의 종교적 규범을 약화시킨 탓에 사람들이 죄에 대해 둔감해졌으며 그 결과 도덕적 타락과 부패가 사회에 만연하게 되었다고 말한다. 이런 설명을 뒷받침하듯 일부 이신론자들의 삶은 실제 도덕적이지 못했다.

넷째, 영국 이신론의 쇠퇴를 야기한 또 다른 원인 중 하나는 종교의 본질을 환기시킨 헨리 도드웰의 등장이다. 오르(John Orr)는 종교가 이성이 아닌 신앙의 문제임을 처음으로 지적한 헨리 도드웰(Henry Dodwell, d. 1784)의 『논증에 기초하지 않은 기독교』가 출간된 1742년을 이신론이 쇠퇴하기 시작하는 기점으로 꼽고 있다. 1742년을 이신론의 쇠퇴 시점으로 잡은 것은 사실상 그 이후에 눈에 띄게 이신론이 약화된 것도 있지만, 이 책이 갖는 종교철학적 의미가 남다르기 때문이기도 하다. 도드웰은 이 책에서 앞선 이신론자들과 달리 종교의 기원과 토대는 이성이 아니라 신앙이라고 주장하였다. 그는 이신론자들이 주장하는 건설적 이신론, 즉 자연종교를 수용하지 않았으며, 기성종교를 자연종교로 대체할 수 있다고 생각하지도 않았다. 도드웰의 이런 견해는 상당히 중요한 의미를 갖는다. 종교가 이성적 담론의 대상이 아니라는 도드웰의 주장은 한마디로 이신론에 대한 논란에 종지부를 찍는 말이었기 때문이다.

다섯째, 조지 휫필드와 존 웨슬리가 주도한 종교적 갱신운동이었다. 이들은 영국 국교회의 냉담함과 형식주의 그리고 칼뱅의 예정구원론에 반기를 들었다. 삶을 선과 악의 끊임없는 투쟁으로 보았으며, 믿음에 의해 구원의 길에 들어선 사람들은 성령의 역사에 응답하는 성화를 통해 완전한 구원에 이를 수 있음을 강조했다. 존 웨슬리는 평생 4만 회가 넘는 옥외 설교를 통해 대중들의 타락하고 부패한 영혼을 각성시켰으며, 그들의 마음에 종교적 열정을 불러일으켰다. 그는 특히 노동자들이 직접 성경을 읽고 하느님과 영적인 교류를 할 수 있도록 일요학교를 세워 글을 가르쳤다. 이런 복음주의적 접근을 통해 그는 대중적인 종교적 도덕운동을 전개했던 것이다. 무엇보다 그가 복음주의 종교운동을 통해 보여 준 고행자적인 모습은 이신론자들이 이구동성으로 강조했던 반성직주의를 잠재우는 주된 원인이 되었으며, 또한 기도해도 아무런 응답이 없는 자연종교의 신을 떠나 고단한 삶을 위로하고 보살펴 주는 계시종교의 하느님에게로 돌아오는 계기가 되었다. 특히 18세기 당시 평균수명이 35세 정도였던 하층 노동자들의 고단했던 삶을 돌아보면, 영생과 내세에서의 상급을 부인하는 자연종교는 그들이 마지막으로 붙들고 있던 한 줄기 희망을 빼앗아 가는 것이었다. 그러기에 웨슬리 형제와 조지 횟필드가 전개한 대대적인 종교 부흥운동은 그들에게는 가뭄 속에 내리는 단비와도 같은 것이었다.

이상 열거한 영국 이신론의 쇠퇴 원인들을 살펴보면, 이신론은 지식인들에게는 진부한 주장이었으며, 대중들에게는 종교가 아니라 그저 철학일 뿐이었다. 다시 말해 18세기 후반, 이신론과 자연종교는 인간 본성에 대한 성찰이 부족한 미숙한 철학이자 인간의 종교적인 규범을 약화시키는 반종교적인 철학에 지나지 않은 것으로 판명이 난 셈이다. 그 결과 이신론과 자연종교에 대한 논의는 사실상 종지부를 찍은 것이었다.

18세기 후반, 영국 이신론은 세 가지 측면에서 공격을 받았다. 하나는 이신론을 인간 본성의 관점에서 바라보는 영국경험론의 계보를 잇는 철학자들로부터의 공격이었고, 다른 하나는 이신론을 종교라기보다는 철학이라고 보는, 기성 교회에 속한 성직자와 신학자들로부터의 공격이었으며, 마지막은 이신론이 종교적 규범을 약화시켜 개인의 타락과 사회의 부패를 가져오는 반종교적인 철학이라는 인식하에 대각성 운동을 전개한 기성 종교계로부터의 반격이었다.

1. 회의론과 불가지론

1) 헨리 도드웰 주니어

도드웰(Henry Dodwell Jr., c. 1705-1784)의 생애에 대해서는 거의 알려진 것이 없다. 그러나 그가 1742년에 출간한 『논증에 기초하지 않은 기독교』[3]는 영국 이신론의 역사에 획을 긋는 가장 중요한 저작으로 평가받는다. 이 책은 이후 총 4판까지 출판이 되며 영국 사회에 큰 반향을 일으켰다. 오르(John Orr)가 이 책이 출간된 1742년을 영국 이신론이 쇠퇴기에 들어간 기점으로 삼을 정도로 이 책은 당시 지식인들에게 상당한 영향을 끼쳤다. 이 책에서 도드웰은 이신론적 믿음을 토대로 한 자연종교를 참된 종교로 보는 이성신학이나, 물리학을 통해 전통적인 신학적 교리가 참임을 입증하려고 한 보일학파와 뉴턴학파의 물리신학 모두를 수용하지 않았다. 그 이유는 종교의 토대는 이성이 아니라 신앙이라 생각했기 때문이다.

종교의 토대가 신앙이라고 주장한 점에서 일견 도드웰이 계시종교의 편에 서있다고 생각할 수 있다. 그러나 신앙의 원천이 되는 교회의 전승과 성서의 신뢰성에 대해 의문을 제기하였다는 점에서 그가 계시종교의 수호자라기보다는 새로운 방식으로 계시종교를 공격한 탁월한 재능을 지닌 파괴적 이신론자라는 해석이 있다. 도드웰이 계시신앙의 수호자인지, 이신론의 전통을 잇는 탁월한 재능을 지닌 이신론자인지, 아니

---

3   Dodwell, Henry Jr., *Christianity Not Founded on Argument; and the True Pinciple of Gospel-Evidence Assigned: In a Letter to a young Gentleman at Oxford,* London, Printed for M. Cooper, 1743(https://archive.org/details/notfoundedonargu00unknuoft).

면 계시신앙과 자연종교 모두를 부정한 극단적 회의론자인지의 여부는 이 책이 출간된 18세기 중엽은 물론이고 지금까지도 여전히 의견이 분분하다.

(1) 자연종교에 대한 비판

도드웰의 『논증에 기초하지 않은 기독교』는 인간의 인식능력인 이성과 경험에 대한 의문에서부터 시작한다. 사람마다 상이한 기억, 관점, 습관을 가진 까닭에 사물이나 사건을 상이한 방식으로 경험하며, 또한 사람마다 이성의 능력에 차이가 있어 직관과 추론에 따른 판단 역시 사람마다 다를 수밖에 없다는 것이다. 실상 사람들의 경험에 영향을 주는 우연적 요소는 수없이 많으며 논리적으로 추론을 이어 갈 수 있는 능력 또한 사람마다 천차만별이다. 그러기에 인간의 이성과 경험은 불완전한 것이며, 따라서 늘 오류에 빠질 위험이 있다. 이러한 인식능력의 불완전성에도 불구하고 모든 사람이 보편적으로 인식할 수 있는 자연종교의 원리가 있다는 이신론자들의 주장은 납득하기 어렵다는 것이 도드웰의 주장이다.

도드웰은 종교의 문제를 이성적으로 접근하는 것이 근본적으로 문제가 있음을 두 가지 점에서 지적하고 있다. 하나는 인간의 이성은 합리론자들이 주장하는 것처럼 확실성과는 거리가 멀다는 점이다. 인간의 모든 관념이 경험으로부터 온다면 인간의 이성적 판단이란 결국 이 경험을 토대로 한 직관과 추론을 말하는 것이 된다. 바로 그런 점에서 인간의 이성은 경험에 제한을 받기에 늘 오류에 열려 있을 수밖에 없다. 문제는 이런 이성적 접근방식으로는 종교적 믿음이나 순교를 위한 견고한 토대, 즉 논란의 여지가 없는 확실성을 제공할 수 없다는 점이다. 추론과 직관이 개개인의 경험에 의존한다는 점에서 개개인의 사적 판단들은 상호 일치를 이루기가 어렵다.[4] 문제는 상호 일치를 이루지 못하는 개개인의 다양한 이해가 신앙에 유해하다는 점이다. 이성을 지닌 사람이라면 일치된 결론에 도달하지 못할 경우 당연히 다원주의적인 입장을 수용해야 하지만 이는 배타적 구원론을 주장하는 기독교의 입장에서는 수용할 수 없기 때문이다.[5] 만약 인간이 자신의 경험과 추론에 의해서만 무언가를 정당하게 주장할 수 있다면, 그것에 대한 어떠한 경험도 가능하지 않은 복음의 경우 이성의 최종적 판단은 불가지론일 수밖에 없다.[6] 결국 종교의 문제에 이성적으로 접근할 경우 종교적 확신이나 열정을 얻기보다는 오히려 이단과 불신앙(Disbelief), 그리고 무신앙(Unbelief)에 빠지게 된다.[7]

둘째로 이성적 논의는 종교의 핵심이라 할 수 있는 구원의 문제나 인간의 인격 형성에 별반 도움이 되지 않는다는 점이다. 종교는 그 본성상 이성이나 합리성과는 거리가 멀다. 종교는 복종이나 동의를 구하지만 이성은 합리적 근거 없이 복종하지도 동의하지도 않기 때문이다. 이성은 증거에 비례하여 믿음을 가지나 신앙은 증거에 비례하지 않는다. 영아세례나 어린 시절의 종교교육은 이성의 관점에서 불합리한 것이지만 종교의 관점에서는 반드시 필요하다. 인간은 언제 죽을지 모르기에 늘 죽음을 준비해야 하는 존재이기 때문이다. 충분히 이성적으로 사유한 이후에만 믿음을 가질 수 있다고 한다면, 이성적으로 성숙하지 않은

---

4 Ibid., p. 8.
5 Ibid., p. 94.
6 Ibid., p. 44.
7 따라서 "믿기 위해 이해하려 한다"는 말은 설득력이 없다. 오히려 안셀름의 말처럼 "이해하기 위해 믿어야 한다"가 설득력이 있다.

영아나 어린아이들은 구원받을 수 없을 것이다. 만약 신이 구원의 조건으로 합리성에 기초한 이성적 믿음을 요구했다면 그는 진정 인간을 구원하고자 한 사랑의 신이라고 보기 어렵다.

또한 신앙이 이성의 문제라면 타고난 능력이나 교육의 문제가 제기될 것이다. 좋은 머리를 갖고 태어나지도 못하고, 부모를 잘못 만나 교육을 제대로 받지도 못했다면 그는 신앙을 갖지 못했을 것이다. 다시 말해 이것은 자신의 탓이 아니다. 그럼에도 불구하고 그런 이유 때문에 구원을 받지 못한다면 이런 구원을 계획하신 하느님은 정의와 사랑의 하느님이라고 말하기 어렵다. 그러기에 성서는 "나의 아들아, 온 마음을 다해 하느님을 신뢰하고 너의 지혜에 의존하지 마라"고 가르치고 있다. 신앙이 이성에 기초한 것이 아님은 예수가 행한 산상수훈이나 가르침 그리고 그가 선택한 제자들을 보면 알 수 있다. 그가 선발한 제자들은 한결같이 매사에 이성적으로 사유할 만큼 지적인 사람들이 아니었다. 만약 신앙이 증거에 근거한 합리적 추론의 산물이라고 한다면 예수는 당시 글자도 제대로 깨우치지 못한 대다수 민중들에게 복음을 전하지 못했을 것이며, 또한 베드로같이 무식한 사람들을 제자로 선발하지도 않았을 것이다. 예수 자신도 목수로서 배움이 짧았으며 그러기에 이지적이라기보다는 감성적이었다. 그는 사람들에게 기적이나 표적을 좇지 말라고 가르치며, 보고 믿기보다는 보지 않고 믿는 것이 복되다고 말한다. 게다가 복음을 전하면서 당장 그 복음을 수용할지 아니면 거부할지를 결정하라고 요구하고 있다. 성서에 기록된 예수 그리스도의 이 같은 모습은 신앙이 머리의 문제가 아닌 가슴의 문제임을 보여 주고 있는 것이다.

게다가 종교를 이성적으로만 접근할 경우 인간의 강한 욕망을 제어할 수 있는 도덕적 품성을 기를 수 없게 된다. 이성은 인간의 강한 이기적 성향을 제어하고 우리의 덕성을 함양할 수 있는 힘을 지니고 있지 않기 때문이다. 그런 점에서 이성적으로 종교에 접근하려는 시도는 근본적으로 문제가 있는 것이다. 도드웰은 보일이나 뉴턴처럼 이성적인 탐구를 통해 기독교의 진리를 옹호하려는 시도, 즉 신앙의 주제를 학문적인 방식으로 논증하려는 시도는 종교에 적대적인 사람들이 고안해 낼 수 있는, 그 어떤 반증적 시도보다도 신앙에 치명적인 것이라 보았다. 그러기에 도드웰은, 기독교인에게 교육을 금지함으로써 기독교 전파를 막으려고 했던 율리우스 황제에 대해 이야기하면서, 그가 정말 기독교를 막고자 했다면 교육을 금지시킬 것이 아니라 오히려 더 교육을 시켰어야 한다고 말한다. 교육을 통해 이성이 개발되면 사람들은 좀처럼 납득하기 어려운 삼위일체나 원죄설 등 기독교의 핵심적인 교리들에 강한 의문을 제기했을 것이며, 그것이 명쾌하게 해명되지 않는 한 믿으려 하지 않았을 것이기 때문이다.

(2) 계시종교(기성종교)에 대한 옹호

도드웰에 따르면, 이성은 신앙의 원천일 수 없으며, 신앙은 신의 은총인 성령을 통해서만 얻을 수 있는 것이다. 인간이 자연적인 인식능력을 통해서 계시적 진리에 대한 믿음을 가질 수 없음을 보여 주는 구절들이 성서에는 수없이 많다. 예수는 표적을 구하는 사람들을 질책하며, 그들을 어리석고 순수하지 못한 사람들이라고 말하고 있으며[8] 믿음은 바라는 것들의 실상이며, 보이지 않는 것들의 증거[9]로서, 보지 않고 믿는

---

8   Ibid., p. 38.
9   Ibid., p. 77.

자들이 축복받은 사람이라고 말한다.[10] 도드웰은 신의 은총과 관련해 그것이 보편적임을 강조한다.

> 구원을 가져오는 은총은 모든 사람에게 임재한다. 이는 세상에 존재하는 모든 사람에게 비추는 빛과 같은 것으로서 모든 사람에게 동일한 것을 이야기함으로써 모든 사람을 같은 방식으로 교육하는 이른바 통합의 원리인 것이다. 이 방법 외에 다른 방법으로는 누구나 같은 생각을 하게 할 수 없다. 은총만이 강렬한 유혹에 능히 대항할 수 있는 권위와 힘을 지니고 있다.[11]

기독교의 구원의 교리나 도덕적 가르침은 바로 권위와 힘을 지닌 이 은총을 통해 전파되어야 하는 것이다. 그래야 의심 없이 믿고 따를 수 있는 것이다. 사실 성경을 보면 예수가 말씀을 선포할 때 제자들이 그 말씀에 대해 의심을 하며 논쟁하기를 원하지 않았다. 그저 그 말씀을 믿고 순종하기를 바랐다.

기독교의 목적은 영혼의 구원에 있으며, 죽음은 언제 닥칠지 모를 일이기에 믿음의 문제는 촌각을 다투는 문제이다. 그러므로 기독교의 교리를 놓고 그것의 진위에 대해 지리한 사변적 논의를 일삼는 것은 참으로 어리석은 일이 아닐 수 없다. 종교의 교리란 출발부터 이미 위로부터 내려오는 신의 계시로 전제되어 있다는 점에서 이미 이성의 한계를 넘어서는 것으로 간주된다. 따라서 이 교리에 대한 사변적 논의는 결국 불가지론으로 끝이 날 수밖에 없다. 그런 까닭에 종교의 문제를 이성적

---

10 Ibid., p. 78.
11 Ibid., p. 58.

으로 접근하는 것은 애초에 길을 잘못 들어선 것이다. 종교의 문제에 관한 한 우리는 이성이 아닌 가슴으로 다가가야 하는 것이다. 만약 누군가가 종교의 문제와 관련해 이성적으로 판단하고 행동해야 한다고 주장한다면 그는 자신의 영혼을 지옥의 나락으로 떨어지게 하는 사람이다. 왜냐하면 이성은 경험적으로 입증할 수 없는 계시적 진리에 대해 온갖 논쟁을 야기할 뿐 모종의 일치된 결론을 이끌어 낼 수 없으며 나아가 극심한 혼란과 분쟁을 야기할 뿐이기 때문이다. 성서에 담긴 하느님의 말씀을 계시적 진리로 수용하는 것이 바로 믿음이며, 이 믿음이 있어야만 기독교는 영혼을 구원하고 이 땅에 평화를 가져오는 종교의 사명을 다할 수 있는 것이다.

(3) 계시종교에 대한 비판

기독교를 전파하고 가르치는 사람은 자신의 신앙이 은총으로 인해 생겨났으며, 은총은 무오류하다는 것을 믿고 있기에 자신의 가르침에 오류가 없다고 생각한다. 도드웰은 기독교인들이 갖는 이 같은 생각이 순환론적 오류에 빠져 있음을 지적한다. 신앙은 이성의 문제가 아니라 성령과 은총의 문제라는 것을 알려 주고 있는 것은 성서이다. 그런데 문제는 이 성서가 진리를 말하고 있음을 어떻게 알 수 있느냐 하는 것이다. 도드웰은 성서가 신의 계시로부터 온 것임을 부인하지는 않지만 그것의 편찬과 전승 과정에서는 오류가 있었다고 본다. 그는 성서에 많은 구절들이 모호할 뿐 아니라 변조와 삽입이 되어 있다고 말한 자신의 아버지인 헨리 도드웰(Henry Dodwell, the Elder., 1641-1711)의 견해를 받아들였다. 수천 년 전에 살았던 성서 기자들의 언어적 관습, 스타일, 그들의 사고방식 등을 정확하게 이해한다는 것은 사실상 불가능하다. 게다가 성서는 오랜 시간을 통해 여러 방면에서 수집된 문헌들을 기초로 하여 편찬된 것이기에 오역과 수정 그리고 변조의 가능성이 있다. 따라서 도드웰의 아버지는 기독교의 진리를 오직 성서에서만 찾으려는 종교개혁자들의 '오직 성서만으로(Sola Scripture)!'의 도그마는 받아들일 수 없다고 말한다. 성서에 대한 제대로 된 해석을 위해서는 반드시 교부들의 저작과 교회의 해석적 전승을 참고해야 한다는 것이다.

그러나 도드웰은 교부들의 저작이나 교회의 해석적 전승을 참고해야 한다는 아버지의 주장을 받아들이지 않는다. 교부들의 저작이나 교회의 해석적 전승 역시 오류에 빠지기 쉬운, 사람에 의해 만들어진 것이라는 점에서 이것들을 참고로 한다 해도 여전히 해석상의 오류를 피할 수 없기 때문이다. 요컨대 도드웰은 성서 역시 다른 역사적 기록이나 증언처럼 불확실한 것이라 생각한다. 따라서 성서는 신앙의 불충분한 논거일 수밖에 없다는 것이다. 그렇다면 성서가 하느님의 말씀이라는 주장, 즉 성서가 진리를 이야기하고 있다는 주장을 뒷받침하는 것은 대체 무엇일까?

성서가 하느님의 말씀이라고 주장하는 사람들은 그 증거로 기적을 내세운다. 성서에는 수많은 기적에 대한 이야기들이 나오는데 이것들은 인간의 이성이 이해할 수 없기에 하느님의 권능이 드러난 사건이라고 이해되어 왔다. 그러나 도드웰은 기적이 성서의 진리성을 담보하지 못한다고 말한다. 역사를 돌아보면 거짓 교설을 전파하기 위해 수없이 악용되어 온 것이 기적이기 때문이다. 도드웰은 경험주의자의 입장에서 기적을 검토한다.

그것을 목도한 사람에게는 눈으로 본 증거였던 기적이 우리에게는 불확실한 풍문에 지나지 않는다. 일단 기적이 보고되면 반드시 그 것에 대한 증거가 있어야 하며 그것에 따라 기적에 대한 신뢰도가 달라진다. 기적을 직접적으로 전해 들은 사람들이라 할지라도 자신이 받은 만큼 확신 있게 전달하는 것은 불가능하다. 하물며 한참 멀리 떨어져 있는 우리의 경우는 더하다. 보았기에 믿는다고 한다면 그것은 합리적인 이야기이다. 그러나 어떤 사람이 그것을 보았다고 내게 말했고, 또한 그것이 사실이 아님을 내가 입증할 수 없기에 내가 그것을 믿는다고 한다면 지금껏 들어 보지 못한 매우 이상한 논리인 것이다. 시각적 증거는 그 본성상 전달될 수 없는 증거이며, 어떤 사람의 시각적 확신이 나에게 동일한 효과를 가져오게 할 수 없으며 그것을 보지 못한 내가 그것을 보게도 할 수 없다. 따라서 남을 통해서 갖게 된 확신은 목격자보다 강할 수 없으며 그것이 전해졌던 그 순간과는 차이가 있다. 바로 여기서 인간의 개입이 시작되는 것이다. 그러기에 우리의 자유로운 탐구와 논쟁의 적절한 주제가 되는 것이다.[12]

요컨대 기적의 전달과정을 보면 사람의 개입이 있게 마련이고 그 과정에서 정확한 전달은 있을 수 없기에 기적이란 액면 그대로 받아들일 수 없다는 것이다. 도드웰의 주장은 기적의 진실성을 의심할 수밖에 없으며 그렇기에 기적을 근거로 성서의 진실성을 이야기하는 것은 불합리하다는 것이다. 그렇다면 대체 성서의 진실성을 뒷받침하는 증거는 무엇일까?

도드웰은 바로 그것이 신앙이라고 말한다. 다시 말해, 성서가 신앙의 근거가 되는 것이 아니라 신앙이 성서의 근거가 된다는 것이다. 도드웰에 따르면, 신앙의 근거를 물으면 성서를 이야기하고, 성서의 근거를

---

12   Ibid., p. 53.

물으면 신앙을 이야기하는 명백한 순환 논증에 기독교라는 계시종교가 의존하고 있다는 것이다.

그런 점에서 도드웰은 무지가 신앙의 어머니라고 말하며,[13] 그 실례로 기독교가 아닌 무슬림을 들고 있다.[14] 그러나 그가 기독교를 실례로 들지 않았다고 해서 그가 기독교를 옹호했다고 볼 수는 없다. 그는 자신이 사기꾼이라 말한 마호메트의 추종자들과 그리스도의 제자들을 비교하고 있기 때문이다. 바로 이 점에서 그는 기독교를 무슬림과 같은 수준으로 보고 있음을 알 수 있다. 또한 앞서 언급했듯이 기독교의 성서적 기반에 대한 취약성과 더불어 기독교 신앙과 그것의 근거가 되는 성서가 상호 순환적 관계에 있다는 비판적 지적은, 그가 사실은 계시종교의 옹호자가 아니라 비판자였음을 보여 준다.

(4) 도드웰은 이신론자인가, 신앙주의자인가?

『논증에 기초하지 않은 기독교』에서 도드웰이 주장하려고 한 것이 무엇이었는지 명확하게 이해하기란 쉽지가 않다. 레슬리 스티븐(Leslie Stephen)에 따르면, 도드웰은 어떤 이신론자보다도 계시종교를 가장 설득력 있게 비판한 이신론자였다.[15] 그러나 스티븐의 주장과 달리 도드웰은 이신론자들이 주장한 이신론과 자연종교를 수용하지 않았다. 오히려 그는 종교의 근거는 이성이 아닌 신앙이라고 보았다. 그러기에 윌리엄 로(William Law)나 로버트 시그레이브(Robert Seagrave)와 같은 동시대인들은, 도

---

13 Ibid., p. 82.

14 Ibid., p. 40.

15 Stephen, L., *The History of English Thought in the Eighteenth Century*, London 1876, Vol. 1, p. 172.

드웰을 이신론에 맞서 유신론적 신앙을 옹호한 신실한 기독교인이라고 보았다.[16] 그러나 동시대인들이 모두 도드웰을 신앙인으로 본 것은 아니었다. 국교회 목사이자 감리교의 창시자인 존 웨슬리(John Wesley)와 장로교 목사였던 존 베이커(John Baker)와 존 리랜드(John Leland)는 도드웰을, 경건한 기독교인을 가장했으나, 실상은 기독교를 파괴하려는 무신론자이자 사악한 불신자로 보았다.[17] 하지만 이들의 주장처럼 도드웰이 반기독교인이었는지는 확실하지 않다. 도드웰은 성령의 직접적인 개입으로 인해 마음에 생겨나는 비이성적인 신앙이 있음을 부인하지 않았기 때문이다. 하지만 그는 이런 개인적 신앙이 하나의 통일된 믿음체계를 구성할 만큼 보편성을 갖고 있다고 보지 않았다. 바로 이 점에서 그는 명백한 반교회론자 또는 반종교론자라 할 수 있다. 그러기에 저명한 비국교도 목사였던 필립 도드리지(Philip Doddridge)는 도드웰을 다음과 같이 평가하고 있다.

> 도드웰은 이성의 옹호자도 계시의 옹호자도 아니었다. 신앙주의의 개연성을 주장하면서 동시에 그것의 불가능성을 보여 주고 있으며 또한 이미 불가능함을 보여 준 이성종교를 다시 요청하고 있다.[18]

---

16 Overton, J. H., *William Law, Nonjuror and Mystic: A Sketch of His Life, Character and Opinions,* London, 1881, p. 173; Seagrave, R., *Christianity How Far It Is, and Is Not, Founded on Argument,* London, 1743, p. 17.

17 Wesley, J., *An Earnest Appeal to Men of Reason and Religion,* The Works of the Rev. John Wesley, J. Benson. (Ed.), 17 Vols, London, 1809-1818, Vol. 12, p. 14; Leland, J., *Remarks on a Late Pamphlet,* p. 99.

18 Livingston, J., "Henry Dodwell's Christianity Not Founded on Argument 1742- revisited," *The Journal of Theological Studies,* Vol. 22, No. 2, 1971. p. 475.

도드리지의 지적은 정확했다. 사실 도드웰은 종교의 근거가 이성이 아닌 신앙이라고 주장함으로써 이성신학을 배격하는 한편, 신앙이 개인적이고 사밀한 것임을 지적함으로써 이것에 기초해 종교를 세울 경우 극도의 혼란에 빠져들 수밖에 없음을 지적하였다. 기성종교의 이런 문제점 때문에 이신론자들은 보편적인 믿음의 체계인 자연종교를 내세웠던 것이다. 그러나 도드웰은 모든 인간이 공통적으로 인식할 수 있는 자연종교의 원리가 있음을 수용하지 않았다. 그런 점에서 그는 자연종교를 옹호하는 18세기 이신론자들 중의 한 사람이 아니었다. 그렇다면 그가 『논증에 기초하지 않은 기독교』를 통해서 보여 주고 싶었던 것은 무엇일까? 도드리지는 도드웰의 실제 의도를 다음과 같이 말하고 있다.

> 이 책은 불성실을 담고 있다. 이 책의 저자는 아마도 세상을 즐기며 독자를 혼란에 빠뜨리려는 해학적 회의주의자일 것이다.[19]

도드웰은 자연신학에 대한 비판을 통해 이신론의 쇠퇴를 촉발시켰고, 다른 한편에서는 18세기 대대적인 종교 부흥운동의 발단을 제공했다. 그럼에도 불구하고, 그는 18세기 이후에는 학자나 대중들의 기억에서 잊혔다. 도드리지가 지적하였듯이 18세기가 지나자마자 곧 잊혔던 것은 그가 종교에 대해 자신만의 명확한 입장이 없는, 그저 세상과 종교를 조롱하는 해학적 회의론자였기 때문이었다.

---

19 Doddridge, P., *A Third Letter Author of Pamphlet, Intitled, Christianity Not Founded on Argument*, London, 1743, p. 61.

2) 데이비드 흄

1711년 에든버러에서 출생한 흄(David Hume, 1711-1776)은 18세기 전반에 지적 행로를 시작한 인물로서 18세기 영국 이신론자들로부터 많은 영향을 받았다. 그에게 있어 종교는 철학의 가장 중요한 화두였다. 최초의 근대적인 비교종교학 저술의 효시라 할 수 있는 『종교의 자연사』(1757)와 1750년에 집필을 시작했으나 결국 완성을 하지 못하고 1779년에 유작으로 출간된 『자연종교에 관한 대화』를 제외하고도, 그의 첫 번째 저작인 『인간 본성에 관한 논구』를 비롯, 『인간 이해력에 대한 연구』, 『영국사』, 『소론집』, 『서간집』 등 그의 전 저작에 걸쳐 그가 빼놓지 않고 논의했던 주제가 바로 종교였기 때문이다. 이처럼 흄이 종교의 문제에 천착했던 이유는 애덤 스미스가 전하는 흄과의 대화를 통해서 엿볼 수 있다. 흄은 『루시앙의 죽은 자들의 대화』를 읽다가 떠오른 생각을 병문안을 온 애덤 스미스에게 들려주었는데, 그것은 자신과 저승사자인 카론과 나누는 익살스런 가상의 대화였다.

> 내가 "사랑하는 카론이여 조금만 참아주십시오. 나는 대중의 눈을 뜨게 하려고 노력해 왔습니다. 내가 몇 년만 더 산다면 현재 횡행하고 있는 미신의 소멸을 볼 수 있는 기쁨을 누리게 될 것입니다"라고 말하면 카론은 화가 나서 "이 엉터리 사기꾼아, 그런 일은 수백 년이 지나도 일어나지 않아. 내가 너에게 그런 시간을 줄 거라고 생각하냐? 당장 배에 올라 타거라. 이 게으른 사기꾼 같으니"하고 호통을 칠 것이네.[20]

---

20 Hume, D., "Letter from Adam Smith to William Strahan," *Dialogues Concerning Natural Religion*, eidted, with an introduction by Norman Kemp Smith, Macmillan Pub. Co., 1947, p. 245.

흄이 애덤 스미스에게 건넨 이 이야기를 통해 일생에 걸친 흄의 철학적 과업 중 하나가 다름 아닌 미신 타파였음을 알 수 있다. 흄은 당시의 기성종교였던 가톨릭을 미신으로 보았으며, 이에 대한 반동으로 나온 프로테스탄트 역시 광신으로 규정하며 종교의 타락과 부패를 신랄하게 비판하였다. 그렇지만 그가 기성종교에 대해 이토록 비판적인 입장이었다고 해서 영국 이신론자들이 주장했던 이신론과 자연종교를 수용했던 것도 아니었다. 카론의 호통처럼 그는 기성종교가 쉽사리 사라질 것이라 여기지 않았으며, 더욱이 냉정한 이성에 기반한 이신론과 자연종교가 이들 기성종교를 현실적으로 대체할 수 있다고도 보지 않았다.

종교에 대한 흄의 입장이 무엇이었는지를 보다 정확하게 이해하기 위해서는 『종교의 자연사』 서론에서 그가 밝힌 종교에 대한 두 가지 문제, 즉 종교의 기원에 관한 문제와 종교의 토대에 관한 문제에 그가 어떻게 답변하고 있는지를 구체적으로 살펴보아야 한다.[21] 『종교의 자연사』는 일신론과 다신론의 기원과 이들 간의 관계 그리고 기성종교의 부패와 타락에 대해 다루고 있으며, 『자연종교에 관한 대화』는 신의 존재와 본성, 악의 문제 등 자연종교와 자연신학의 주제들을 다루고 있다.

(1) 『종교의 자연사』: 종교의 수수께끼

1757년에 출간된 『종교의 자연사』에서 흄은, 홉스가 주장한 것처럼, 종교의 기원이 인류가 자연 속에서 살아가면서 갖게 되는 공포와 무지에 있다고 보았다. 흄의 설명에 따르면, 인류 최초의 종교는 미래에 있을지도 모르는 불행에 대한 공포, 죽음에 대한 두려움에서 비롯되었다.

---

21 Hume, D., *The Natural History of Religion*, H. E. Root. (Ed.), Stanford: Stanford University Press, 1957, p. 21.

고대인들은 자연현상의 불규칙한 변화가 야기하는 공포와 두려움 속에서 이들 불규칙한 변화들이 변덕스러운 신들 때문이라 생각했고, 따라서 신들의 마음을 달래기 위해 다양한 종교적 수단을 강구하였다. 한마디로 종교란 자연에 대한 무지와 그 무지로 인해 생겨나는 자연에 대한 공포와 두려움에서 비롯되었다고 말할 수 있다.

과학이 발달하면서 인류는 점차 무지에서 벗어나게 되었지만 그렇다고 공포와 두려움에서 완전히 벗어난 것은 아니었다. 인류는 여전히 삶과 죽음, 건강과 질병, 빈곤과 풍요의 긴장 가운데서 살아가고 있다.[22] 그 결과 지금도 인류는 고대인들처럼 이 긴장으로부터 벗어나기 위해 이런 긴장을 조성하고 있다고 여겨지는 비가시적인 원인을 상상력을 동원해 신으로 그려 내고 있다. 그렇게 해서 만들어진 신이 바로 인간처럼 사랑과 미움에 좌우되고, 인간이 바치는 선물이나 기도 그리고 희생제 등에 의해 마음을 움직이는, 인간과 닮은 신, 즉 의인적 신이다. 모든 사람은 사물을 자신과 같은 감성적 존재로 생각하는 의인적 성향과 비가시적인 것을 가시적인 것으로 형상화하려는 물상적 성향을 갖고 태어나는데 이 두 가지 자연적 상상력이 빚어 낸 것이 바로 이 의인적 신이다. 이처럼 자연에 대한 무지로부터 야기된 공포와 두려움의 상태에서 벗어나기 위해 인류는 신을 찾았고, 자연적 성향에 따라 신을 인간처럼 정욕과 욕망을 지닌 존재로 이해하는 신인동형적 유신론(Anthropomorphim)을 만들어 냈던 것이다.

고대 종교는 자연적인 사물이나 동물들을 인격화하고 우상화하는 정령신앙으로 인해 신인동형적이며 미신적인 다신교로 출발하였다.[23]

---

22 Ibid., pp. 28-29.
23 바로 이 점에서 그는 영국 이신론자들과 의견을 달리한다. 영국 이신론자들은 이신론

그러나 인류는 자신들의 불안이 클수록 자신들이 믿는 신에 대한 아부와 찬사를 부풀렸고 마침내 더 이상 부풀릴 수 없는 무한한 단일자의 개념에 도달하게 되었다. 그 결과 신인동형적인 다신교는 단일성과 무한성, 단순성과 영성을 특징으로 하는 신인동형적 유일신교로 발전하게 된다.[24] 그러나 사람들은 자신들이 믿는 신을 감각적으로 형상화하고 싶어 하는 물상화 성향을 떨쳐 버리지 못함으로써 다시금 신인동형적인 다신교로 돌아가게 된다.

> 대중들이 다소 이해하기 어려운 이들 정제된 개념들은 그 순수성을 오랫동안 유지할 수 없으며, 인간과 최고의 신을 중재하는 열등한 중재자나 보조자를 필요로 하게 된다. 인간적인 본성을 더 많이 띠고 있고 우리에게 더욱 친숙한 반신반인의 존재 또는 중간존재가 신앙의 주요한 대상이 되며, 그로 인해 그간 사라져 버렸던 우상숭배가 겁 많고 결점이 많은 인간의 열렬한 기도와 찬사로 다시금 소생하게 된다.[25]

유일신교가 이처럼 인간의 본성이랄 수 있는 의인적 성향과 물상적 성향으로 인해 신인동형적 다신교로 돌아가게 된다는 점에서 인간의 종교는 근본적으로 이 신인동형설을 떠나서는 존립할 수 없다고 보아야 한다. 그런데 신인동형적 신관을 버리지 못하는 한, 사람들은 자신들의

적 신념이 인간의 원초적인 종교적 믿음이었으며 따라서 이것이 인류의 자연종교라고 말한다. 그러나 흄에 따르면 이것은 터무니없는 주장이라는 것이다. 이는 "인류가 오두막이나 통나무집에 거주하기 이전부터 궁궐에 살았다거나, 농사를 짓기 이전에 기하학을 공부했다고 상상하는 것과 마찬가지이다"(Ibid., p. 24)라고 말한다.

24 "인간의 과장된 찬양과 찬사는 신에 대한 관념을 부풀려 그들이 믿는 신을 가장 완벽한 존재로 만듦으로써 결국 신은 단일성, 무한성, 단순성, 영성을 지니게 된다."(Ibid., p.47.)

25 Ibid., p. 47.

행복과 불행을 좌우한다고 생각하는 신에게 간청하기 위해 온갖 불합리한 종교적 의식과 의례, 예를 들어, 금욕, 고행, 단식, 희생제 같은 종교적 실천을 행하게 되고, 이는 결국 우리의 삶을 피폐하게 만드는 원인이 된다. 결국 무지와 공포에서 시작된 인류의 종교는 인간의 삶을 타락시키고 피폐하게 만드는 유해한 종교가 되는 것이다.

그러나 인간에게는 이 같은 의인적인 신 개념만 있는 것은 아니다. 신인동형적인 유신론과는 다른 종류의 신관이 있는데 그게 바로 이신론이다. 장엄한 대자연이 질서 있게 운행되는 것을 보며 이 우주가 저절로 생겨났다고는 생각할 수 없는데 이때 마음에 이 우주를 창조하고 운행하는 지적인 창조주의 개념이 생겨나게 된다.

> 어떤 목적, 의도, 계획이 모든 사물들 안에 내재해 있음이 자명하며, 이 가시적 체계가 처음에 어떻게 생겨났는가를 생각할 만큼 우리의 이해력이 성숙하게 되면 강력한 확신을 갖고 어떤 지적인 원인이나 행위자에 대한 개념을 갖게 된다. 우주의 전 체계를 지배하고 있는 일양적인 원리는, 우리가 합리적인 이론에 어긋나는 편견에 빠진 교육을 받지 않는 한 필연적인 것은 아니지만, 우리로 하여금 단일한 지적 존재를 생각하게 만든다. 심지어는 도처에서 발견되는 자연의 상반된 사실들조차도, 어떤 일관된 계획을 입증하는 증거가 되어 설명할 수도 이해할 수도 없지만, 어떤 단일한 목적과 의도가 있음을 주장하게 된다.[26]

흄에 따르면, 우리는 이른바 '설계로부터의 논증(Argument from Design)'과 유사한 추론을 통해 이신론에 대한 믿음을 갖게 된다는 것이다.

---

26 Ibid., p. 74.

그러나 여기서 주목할 점은 이신론에 대한 믿음이 논리적 추론을 통해 획득한 합리적 신념이라기보다는 반대 사례를 발견해도 쉽게 버리지 않는 일종의 자연적 신념이라는 것이다.

> 비가시적이며 지적인 신을 믿으려는 보편적 성향은, 원초적 본능은 아니지만, 적어도 인간 본성의 일반적 수반물로서 신이 그의 작품 안에 새겨 놓은 낙인으로 생각될 수 있으며, 모든 피조물 중에서 선택받았으며 보편적인 창조주의 모상을 지니고 있다는 사실보다 인간을 존엄하게 해줄 수 있는 것은 없다.[27]

흄의 요지는 비가시적인 지적 창조주를 믿는 이신론적인 신념이 18세기 영국 이신론자들의 주장과 달리, 이성적 신념이 아니라 일종의 자연적인 신념이라는 것이다. 그리고 이 신념이 우리의 가슴에 각인되어 있다는 사실은 우리가 신의 모상을 지닌 존엄한 존재의 징표라는 것이다. 그런데 문제는 대중종교에서 가르치고 있는 신이 이신론적인 신이 아니라는 점이다.

> 이 세상의 대중종교에서 드러나는 신의 모상을 살펴보라. 신은 우리의 표상 가운데서 얼마나 손상되어 있는가! 그 성품에 있어서 신은 우리가 일상생활 중에 볼 수 있는 덕망 있는 사람들보다 못한 존재로 추락해 있지 않은가![28]

대중종교에서 숭배하는 신의 모습은 우주를 창조한 지성적 존재자

---

27 Ibid., p. 75.
28 Ibid.

로서의 이신론적인 신이 아니다. 인간과 같이 사랑과 증오의 감정에 따라 움직이고 기도나 제물에 의해 수시로 마음을 바꾸는 감성적이고 탐욕스러운 존재로 그리고 있는 조잡하기 이를 데 없는 의인적인 존재인 것이다. 따라서 흄은『종교의 자연사』를 "모든 것이 수수께끼이고, 난제이며, 설명할 수 없는 신비이다. 이 문제와 관련해 도달한 유일한 결론은 의심, 불확실, 판단 중지뿐이다"[29]라는 말로 끝을 맺고 있다. 그러면서도 그는 "인간은 이성의 나약함과 불가항력적으로 이루어지는 생각으로 인해 이같이 사려 깊은 의심을 갖는 것이 가능하지 않다"[30]고 말하고 있다.

(2)『자연종교에 관한 대화』: 종교에 대한 판단 중지

『종교의 자연사』를 통해 인류의 원초적 종교가 이신론적 신념에 기초한 자연종교가 아니라 신인동형설에 기초한 미신적 다신교라는 사실을 지적한 흄은『자연종교에 관한 대화』에서 기성종교를 유해한 종교로 만드는 이 신인동형적 신관의 이성적 토대, 즉 정당화 가능성의 여부를 검토한다.『자연종교에 관한 대화』에는 세 명의 등장인물이 나오는데 이들 중 정치(精緻)한 철학자로 기술되는 클레안테스(Cleanthes)는 개별적인 증거들을 고려하여 그 증거에 정확히 비례하여 동의를 구하는 실험적 방법이, 일상적인 삶과 학문은 물론이고, 자연신학에도 적용될 수 있다고 말한다. 클레안테스는 이 실험적 방법으로 "유사한 결과는 유사한 원인을 입증한다"[31]는 유비의 원리에 근거한 설계로부터의 논증(Argument

---

29　Ibid., p. 76.

30　Ibid.

31　Hume, D., *Dialogues Concerning Natural Religion*, N. Kemp Smith. (Ed.), New York: Macmillan, 1947, p. 165.

from Design)을 제시한다. 이 논증은 자연에 대한 우리의 경험에서 출발한다. 우리의 눈에 자연은 시계와 같이 정교한 기계처럼 보인다. 따라서 우리가 자연의 설계가 얼마나 정교한지 감탄해 마지않을 때 우리는 자연의 창조주가 인간처럼 지성을 지닌 존재자임을 추론하게 된다는 것이다. 클레안테스가 이 설계로부터의 논증을 통해 입증하고자 하는 신이 바로 신인동형적 유신론이다. 그러나 이 대화의 또 다른 참여자인 회의론자 필로(Philo)는 우리의 경험의 대상이 될 수 없는 신을 설계로부터의 논증을 통해 입증하는 것에 문제가 있음을 지적한다.

설계로부터의 논증에 대한 필로의 비판은 『자연종교에 관한 대화』 4장에서부터 8장에 걸쳐 이루어지고 있는데 그 주된 논점은 네 가지로 요약할 수 있다. 첫째, 이 세계의 원인을 논구함에 있어 그 원인으로 신을 언급하는 것은 원인을 해명하는 것이 될 수 없다는 것이다. 다시 말해, 이 논증은 신이 이 세계의 궁극적 원인이라고 말하지만 실상 이것은 특정한 결과를 그보다 더 설명력이 없는 것, 이를테면, 또다시 설명을 요구할 수밖에 없는 것을 들어 설명하는 것으로서 세계의 원인에 대한 올바른 해명이라고 볼 수 없다는 것이다.[32] 둘째, 유사한 결과는 유사한 원인을 입증한다는 유비의 원리에 입각해서 본다면 우리가 일상적으로 경험하는 유한하고 불완전한 사물들에 대한 경험을 근거로 하여 신을 추론할 경우, 우리는 무한성, 완전성, 단일성 등의 속성을 지닌 절대적인 신을 추론할 수가 없다.[33] 유비의 원리에 입각해 추론했다면 신도 인간처럼 육체를 갖고 있다고 생각해야 하며 또한 이 세계도 신들 간의 성교

---

32 Ibid., p. 161.
33 Ibid., p. 166.

(Sex)로 인해 생겨난 것이라고 추론하는 것이 합리적이다.[34] 셋째, 유비의 원리에 따르면, 세계는 인간이 고안해 낸 인공물이라기보다는 인간의 신체와 같은 유기체로 보아야 한다. 그럴 경우 세계를 신의 신체로 생각할 수 있는데 신체와 정신이 분리된 경우를 경험해 본 적이 없는 우리로서는 자연을 신과 독립된 존재가 아닌, 신의 양태로 보는 일종의 범신론(Pantheism)을 수용할 수밖에 없다.[35] 넷째, 이 우주가 인간이 창조해 낸 인공물이기보다는 자연적 유기체인 동식물과 더 유사하다면 이 우주의 원인 역시 이성이나 설계(Design)보다는 생식(Generation)이나 생장(Vegetation)으로 보아야 한다. 또한 우리가 매일 우리 자신을 통해 관찰하는 바처럼 이성은 생식의 산물이라는 점에서 생식이 이성보다 더 근원적인 것이라고 보아야 한다. 그럼에도 불구하고 이 우주와 자연에서 발견되는 모든 질서가 이성의 설계로부터 왔다고 주장하는 것은 불합리한 것이다.[36] 따라서 필로는 다음과 같이 결론을 내린다.

> 모든 종교적 가설들은 수많은 반박하기 어려운 난제들을 지니고 있네. 각 논쟁자는 자신의 차례가 되어 공세를 취하면 자신의 경쟁자가 안고 있는 불합리함, 야만성, 유해한 교리들을 지적하는 데 있어서 성공을 거두네. 그러나 결국에 가서 그들 모두는 그러한 주제와 관련해서는 어떠한 가설도 받아들여질 수 없다고 말하는 회의론자에게 완벽한 승리를 안겨 주게 되네. 어떤 주제와 관련해서든 어떤 불합리한 점도 결코 받아들여서는 안 된다는 그런 명백한 이유로 말일세. 여기서

---

34 Ibid., p. 168.
35 Ibid., pp. 170-171.
36 Ibid., pp. 176-180.

완전한 판단 중지는 우리가 내릴 수 있는 유일한 합리적 방책이네.[37]

필로에 따르면, 인간 이성의 좁은 한계를 넘어서는 이 같은 자연신학의 주제와 관련해서 우리가 내릴 수 있는 유일한 결론은 판단 중지뿐이라는 것이다. 필로의 비판은 여기서 멈추지 않는다. 필로는 자연신학에서 반유신론의 핵심 논거로 사용되는 악의 딜레마를 통해 또다시 의인적 유신론을 비판하고 나선다.

> 에피쿠로스의 옛 질문은 아직도 답변이 되지 않고 있네. 신이 악을 막기 원했으나 할 수 없었던 것일까? 그렇다면 그는 무능하네. 그가 악을 막을 수 있었지만 그렇게 하기를 원하지 않았을까? 그렇다면 그는 사악하네. 신은 악을 막을 수 있고 또한 그렇게 하기를 원할까? 그렇다면 대체 악은 어디에서 오는 것일까?[38]

필로가 제기한 악의 딜레마를 벗어나기 위해 악의 존재와 신의 무한한 속성을 양립시키는 것이 불가능하다는 사실을 클레안테스는 분명히 인지하고 있었다. 그리고 자연의 조물주가 인류보다 월등히 뛰어나지만 유한하게 완벽할 뿐이라고 말한다.[39] 그러나 필로는 클레안테스의 해결책에 여전히 문제가 있음을 지적한다. 그것이 신과 악이 존재하는 세계 사이에 조화를 이루는 데 도움이 될 수는 있지만 결과적으로는 신의 존재를 부인하는 결과를 가져오기 때문이다. 다시 말해, 전능하지 않거나 선하지 않은 신이라면 그것은 진정한 의미에서 신일 수 없을 것이

---

37 Ibid., pp. 186-187.
38 Ibid., p. 198.
39 Ibid., p. 203.

며, 악이 존재하는 세계로부터 우리가 추론할 수 있는 신이 유한하게 완벽한 존재가 아니라면 이는 우리가 설계로부터의 논변을 통해서는 완전자이자 절대자로서의 신의 존재를 추론할 수 없다고 자인하는 것이 된다. 따라서 필로는 우리가 악의 딜레마를 논박할 수 없기에 이 주제가 인간 이성의 한계를 넘어서는 것임을 인정해야만 한다고 말한다.

그러나 설계로부터의 논증과 악의 딜레마에 관한 판단 중지가 곧 신에 대한 믿음을 버려야 한다는 것을 의미하는 것은 아니다. 12장에서 필로는 다음과 같이 이야기하고 있다.

> 나는 현재의 경우에 이런 판단 중지가 가능하다고 생각하지 않기에 이 논제에 대해서는 일상적으로 상상할 수 있는 것 이상으로 어느 정도 논쟁이 있을 것이라 생각하네. 자연의 작품이 예술작품과 매우 유사하다는 것은 자명하네. 따라서 모든 올바른 추론규칙에 따라, 우리가 그들에 관해 무언가를 주장하려면 당연히 그들의 원인 또한 비례적인 유비를 보이고 있다고 추론해야만 하네. 그러나 그들 사이에는 상당한 차이점도 있어서 원인에 있어서 비례적 차이점을 가정해야 할 이유가 있네. 또한 우리가 사람들에게서 여태껏 보아 왔던 것과는 전혀 다른 절정의 힘과 에너지를 그 최고의 원인에 귀속시켜야만 하네. 이로 인해 신의 존재는 명백히 이성에 의해 확증되네. 그런데 신과 인간 사이에는 합리적으로 생각할 수 있는 거대한 차이점이 있는데도 불구하고 이들 유비를 근거로 하여 신을 정신이나 지성으로 부르는 것이 적절한지를 묻는다면 그것은 단순한 언어적 논쟁이 아니고 무엇이겠는가?[40]

유신론자는 인간의 정신과 신적 정신 간에 엄청난 차이가 있다고

---

40 Ibid., pp. 216-217.

주장한다. 반면에 단지 말로만 신의 존재를 부인할 뿐 진지하게 신의 존재를 부인하지 못하는 무신론자는 질서의 원초적인 원리가 인간지성과 먼 유비관계를 갖는다는 사실을 결코 부인할 수 없다. 이는 유신론자와 무신론자의 논쟁이 결국은 정도의 문제일 뿐이며, 어떤 정확한 의미도 없고, 결과적으로 어떤 결정도 내릴 수 없는 논란거리임을 보여 주는 것이다. 그러기에 필로는 최후의 진술을 통해 만약 자연신학의 전 체계가 인간의 지성과 신적 지성 간에 먼 유비관계가 있다는 사실로 귀착되고 이것으로부터 인간의 삶에 영향을 주는 그 어떤 것도 추론할 수 없다고 한다면 인간은 이성에 대한 경멸감을 느끼게 될 것이라고 말한다. 그러나 필로의 말은 여기서 끝나지 않는다. 그는 한 걸음 더 나아가 다음과 같이 말하고 있다.

> 그러나 나를 믿게, 클레안테스. 좋은 성품의 정신을 가진 사람이 이 경우에 느끼게 될 자연스러운 감정은 신이 인류에게 특별한 계시를 주어 우리 신앙의 대상이 되는 신성한 존재가 어떤 본성과 속성 그리고 작용을 하는지 알게 함으로써 우리의 깊은 무지를 해소하거나 덜어줄 거라는 간절한 욕망과 기대이네. 자연적인 이성의 불완전함을 올바르게 깨닫고 있는 사람은 계시적인 진리에 열광적으로 빠지게 되네. 그러나 철학의 도움만으로 신학의 전 체계를 세울 수 있다고 생각하는 거만한 독단주의자는 더 이상의 어떤 도움도 뿌리치며 이 같은 가르침을 거절할 것이네. 교양인에게 있어서 철학적인 회의론자가 되는 것은 건전하고 독실한 기독교인이 되는 첫걸음이자 가장 핵심적인 단계이네. 이것은 내가 팜필루스에게 들려주고 싶었던 말이네.[41]

---

41 Ibid., pp. 227-228.

필로의 마지막 말은 『인간 이해력에 대한 탐구』에 나오는 흄의 유명한 발언인 "우리의 가장 성스러운 종교는 이성이 아닌 신앙에 기초하고 있다"[42]는 문장을 떠오르게 한다. 흄은 철학적 회의론자임에 분명하다. 그러나 필로의 말처럼 그가 회의론자이기에 종교의 문제에 있어서 무신론자이거나 반종교론자라고 단정 짓는 것은 섣부른 판단이다. 그가 기성종교에 대해, 그리고 이신론과 자연종교에 대해 비판적이었다는 사실은 『종교의 자연사』와 『자연종교에 관한 대화』에서 그가 전개한 논의를 통해 분명하게 알 수 있다. 그러나 그가 클레안테스처럼 독실한 기독교인이었는지는 그의 전 저작을 통해 좀 더 꼼꼼하게 살펴보아야 한다.

2. 기성종교로부터의 반격

1) 조셉 버틀러

버틀러(Joseph Butler, 1692-1752)는 직물상의 아들로 태어나 목사가 될 생각으로 비국교도 학교에 들어갔다. 그러나 여기서 영국 국교회의 신학자이자 철학자인 사무엘 클라크를 만나면서 방향을 선회해 영국 국교회로 들어갔고 곧 옥스퍼드의 오리엘 칼리지에 입학했다. 1718년 그는 졸업과 동시에 부제가 되었고 공부를 계속해 1733년에 시민법 박사학위를 받았다. 영국 국교회에서도 여러 요직을 거치다가 1738년에 마침

---

42 Hume, D., *An Enquiry concerning Human Understanding*, Eric STenberg. (Ed.), Indianapolis: Hackett Publishing Company, 1986, p. 89.

내 브리스틀의 주교가 되었으며 1746년에는 국왕 전속 목사가 되었다.

44세이던 1736년에 출간한 『자연의 구조와 행로에 비추어 본 자연종교와 계시종교의 유비(Analogy of Religion, Natural and Revealed, to the Constitution and Course of Nature)』로 인해 버틀러는 사후에도 한동안 영국에서 가장 유명한 인물 중 한 사람이 되었다. 버틀러를 일약 유명인사로 만든 이 책은 기독교를 공격하던 18세기 영국 이신론자들의 주장을 반박하는 내용이었다. 당시 이신론자들은 자연의 질서와 구조를 돌아볼 때 이 세계를 창조한 신의 존재는 수용할 수 있으나 기독교가 주장하는 기적과 예언 같은 계시적 요소는 수용할 수 없다는 것이었다. 이신론자들의 이 같은 주장에 맞서 버틀러가 취한 전략은 그 역시 경험을 근거로 하여 일상적인 삶에서 우리가 흔히 행하고 있는 유비추론과 개연적 판단을 통해 자연종교의 문제점을 지적하고 계시종교를 옹호하는 것이었다.

버틀러는 자신의 책을 통해 계시종교가 참임을 입증하고자 했던 것이 아니라 이신론자들이 주장하는 것처럼 계시종교가 불합리한 것이 아니라는 사실을 설득하고자 했다. 당시 지식인들 사이에서는 성서를 미신적이며 야만적인 사람들이나 믿을 법한 허구적인 역사서로 보았으며 그것에 기초한 계시종교 기독교 역시 조롱과 비판의 대상이 되었다. 당시의 이 같은 시각은 『종교의 유비』 서문을 통해 엿볼 수 있다.

> 나는 그 이유를 모르지만 많은 사람들이 기독교가 탐구의 주제가 되지 않으며, 오늘날 그것이 허구적인 것임이 상세하게 밝혀졌다고 생각한다. 이들은 마치 이 같은 생각이 분별력 있는 사람이라면 누구나 동의하는 견해인 양 이야기하고 있으며 오랫동안 세속적 쾌락을 저지해온 것에 대한 앙갚음을 하듯 기독교를 비웃음과 조롱의 대상으로 만들어 버렸다.[43]

따라서 버틀러는 『종교의 유비』에서 종래와는 달리 계시(즉 성서)가 아닌 비판자들이 사용한 것과 동일한 유비와 개연성의 방법을 통해 기독교를 옹호하고자 했던 것이다.

유비란 우리가 일상적인 삶 가운데서 가장 흔하게 사용하는 추론방식이다. 모종의 자연현상이 어떤 점에서 우리가 이미 잘 알고 있는 현상과 유사한지를 관찰하게 될 경우 그 밖의 다른 점 역시 동일하다고 추론하게 되는데 이처럼 두 사건의 유사성을 우리가 이미 관찰한 범위를 넘어 확대하여 추론하는 것을 유비추론이라고 한다. 버틀러는 이 유비추론을 통해 기독교에서 주장하는 내세의 삶을 옹호하고 나선다. 그는 현재 존재하는 사물이 내세에도 존속할 것이라는 주장보다는 존재하지 않을 것이라는 주장이 더 설명을 필요로 한다고 말한다. 다시 말해, 어떤 것이 더 이상 존재하지 않을 어떤 확신할 만한 긍정적 이유(Positive Reason)가 없다면 비록 그것을 관찰할 수 없다고 해도 그것이 존속할 것이라고 생각해야 한다는 것이다. 우리는 일반적으로 신체의 죽음이 정신의 종말을 가져온다고 생각한다. 그러나 버틀러는 신체의 죽음이 정신의 종말을 가져온다고 믿을 이유가 없다고 말한다. 비록 신체의 활기를 통해 정신이 존재한다는 증거를 갖지 못한다고 해도 정신이 존속할 것이라고 믿는 것은 정당하다는 것이다. 버틀러는 이런 주장을 뒷받침하는 증거로, 신체의 여러 부분이 절단되거나 심각한 질병에 걸려 신체가 고통을 받는 경우에도 여전히 정신에는 손상이 없다는 사실을 들고 있다. 또한 번데기가 마침내 나비가 되고, 새가 알을 깨고 나오고, 배아가 자라나 인간이 되는 것을 보면서 우리의 현재가 이전과 다른 것처럼 우리가 훗날

---

43 Gladstone, W. E. (Ed.), *The Works of Joseph Butler*, Bristol: Thoemmes Press, 1995, pp. 1-2.

지금과 전혀 다른 상태에서 존재할 수 있을 것이라고 생각하는 것은 자연의 유비에 따른 자연스럽고 합리적인 생각이라는 것이다.[44]

　　다음으로 그가 관심을 갖고 논의하는 주제는 바로 내세에서의 상벌이다. 버틀러에 따르면, 우리가 인생을 살면서 겪게 되는 행복과 불행은 사실 우리 자신의 행동에서 비롯된 것이다. 인간의 어리석음이나 악행은 인간에게 불행을 가져오는데 이 같은 불행은 악행에 뒤따라 곧바로 나타나지 않는다. 아주 오랜 시간이 흐른 후에 나타나거나, 심지어는 뉘우치며 참회를 한 이후에 나타나기도 한다. 따라서 버틀러는 이 같은 현상을 돌아볼 때 비록 우리가 자신의 비행에 대해 회개를 한다고 해도 신은 내세에서 징벌을 하실 수 있다고 말한다. 그러나 유비추론에 근거한 버틀러의 계시종교에 대한 옹호는 단지 개연적인 주장일 뿐이라는 비판을 받았다.

　　이같은 비판에 대해 버틀러는 모든 주장은 개연적일 뿐이라고 말한다. 실상 자연에 대한 우리의 지식을 돌아보면 이 말이 사실임을 알 수 있다. 자연에 대한 지식은 경험에 기초하며, 경험의 한계성 때문에 개연적일 수밖에 없다. 그런데도 이신론자들은 유독 종교의 문제에 한해서는 이런 개연성을 인정하려고 들지 않는다. 합리적으로 설명하기 어려운 교리적 난제(Aphoria)를 접할 경우 그들은 그것을 근거로 계시종교가 불합리한 것이라 판단하고 배척하려고 한다. 이에 대해 버틀러는 이신론자들의 이런 태도를 잘못된 것이라고 말한다. 버틀러는 "성서가 자연의 창조주인 신의 작품이라고 믿는 사람은 우리가 자연에서 발견하는 것과 같은 난점을 성서에서도 발견하게 될 것이다"라는 오리겐(Origen,

44　Ibid., p. 22.

185-245)[45]의 말을 인용, 성서에서 발견되는 설명하기 어려운 난점들을 근거로 성서가 신으로부터 온 것임을 부인한다면 동일한 이유로 세계가 신에 의해 창조되었음도 부인해야 한다고 말한다.[46] 이신론자들은 자신들은 개연성에 의존해 자연종교를 주장하면서 유신론자들에게는 개연성이 아니라 확실성에 근거해 계시종교를 주장하라고 요구하고 있는 것이다. 버틀러는 이 점이 잘못되었다는 것이다. 우리는 개연성만으로도 충분히 살아갈 수 있다는 것이다. 그러기에 버틀러는 "우리에게 개연성은 인생의 가장 중요한 지침이다"[47]라고 말한다.

그런데 문제는 개연성의 정도가 다르다는 점이다. 다시 말해 우리는 실천적인 문제에 있어서 개연성의 정도에 따라 행동한다.[48] 버틀러의 유비추론은 분명 개연성이 있어 보이지만 그리 커보이지는 않기에 그의 주장이 설득력이 약하다고 생각할 수 있다. 이에 버틀러는 비록 개연성이 적어 보인다 해도 그것이 실천적으로 얼마나 중요한 것인가를 먼저 고려해야 한다고 말한다.[49] 이를테면, 내세의 존재, 영혼의 불멸, 내세에서의 상벌 등 기독교의 구원과 관련된 핵심적인 교리들이 자연의 사실들과의 유비추론을 통해 어느 정도 개연적임을 알 수 있지만 그 개연성이 그리 커보이지는 않는 것은 사실이다. 따라서 이런 교리들에 대해 믿

---

45 초대 교회 기독교 신학의 형성에 지대한 영향력을 행사한 3대 학파 중 하나인 알렉산드리아 학파의 대표적 신학자로서 기독교와 그리스 철학의 융합을 시도했다. 특히 그리스 철학의 영향을 받아 성경에 대한 문자적, 도덕적 해석보다 비유적, 영적 해석의 중요성을 강조했다.

46 Ibid., p. 9.

47 Ibid., p. 5.

48 Ibid., p. 359.

49 McNaughton, D., "Butler," *The Dictionary of Eighteenth-Century British Philosophers,* Vol. 1, John W. Yolton., John Valdimir Price., and John Stephens. (Eds.), Thoemmes Press, 1999, p. 166.

을 수 없다고 판단을 내리는 사람들이 있는데 버틀러는 이들의 판단이 현명하지 못하다고 말한다. 만약 이런 교리들이 사실이라면 우리의 선택은 그지없이 어리석은 것이기 때문이다. 사고가 일어날 가능성이 별로 없는데도 사람들은 자동차 보험에 가입한다. 하물며 인간의 운명이 달린 중요한 문제를 놓고 단순히 개연성만을 따져서 행동한다면 이는 현명한 태도가 아니다. 신의 존재와 인간을 향한 그의 목적 그리고 우리의 운명에 대한 의문보다 인생에서 더 중요한 문제는 없다. 기독교에서 말하는 구원의 교리가 참일 가능성이 있다면, 비록 그 개연성이 적다고 해도, 그것을 믿고 따르는 것은 결코 불합리하다고 말할 수 없는 것이다. 만약 그 구원의 교리가 참이라 한다면 개연성이 낮다고 해서 믿지 않은 사람들은 큰 낭패를 볼 것이기 때문이다.[50]

그러나 『종교의 유비』에 나타난 버틀러의 변증학은 자신의 종교만이 구원의 길임을 주장하는 기독교의 입장에서 보면 설득력이 있어 보이지 않는다. 그의 변증학은 사실상 모든 계시종교의 교리를 허용하고 있기 때문이다.[51] 그러나 자연의 정연한 질서를 통해 이런 질서를 계획한 전능한 지적 존재가 있을 것이라고 추론한 이신론자들의 입장에서 보면

50 　버틀러의 이 논변은 파스칼(Blaise Pascal, 1623-1662)의 내기논증의 영향을 받은 것으로 보인다. "신이 있다는 앞면을 취하여 손익을 계산해 보자. 두 가지 경우를 생각해 볼 수 있다. 만일 당신이 이긴다면 당신은 모든 것을 얻게 될 것이다. 그러나 진다 해도 잃을 것은 아무것도 없다. 그러기에 주저하지 말고 신이 있다는 것에 내기를 걸어라."(파스칼, 『팡세』, 권응호 역, 홍신문화사, 1994, p. 103.) 그런데 이 내기논증은 기독교의 신을 전제로 하고 있다는 약점을 지니고 있다. 만약 내가 기독교의 신을 믿다가 죽었는데 실제로 존재하는 신이 다른 종교의 신이라면 내기논증의 구도는 달라지기 때문이다. 신이 있다는 데 내기를 걸었을 때 아무것도 잃을 것이 없다는 주장은 오직 기독교의 신만 존재하는 경우이다.

51 　구원을 이야기하는 대부분의 고등종교의 교리들은 버틀러가 말하는 경험과 유비의 관점에서 볼 때 기독교만큼의 개연성을 지니고 있다고 할 수 있기 때문이다.

버틀러의 주장은 반박하기 어려운 설득력을 지니고 있다. 버틀러는 성서에 나오는 신비와 신의 잔혹한 처사를 문제 삼아 성서의 불합리를 주장하면서 계시종교를 공격해 온 이신론자들에게 자연의 질서만 보지 말고, 자연의 신비와 무질서를 돌아보라고 말한다. 만약 이신론자들이 자연의 신비와 무질서를 인정한다면 그 순간 이 자연이 신의 창조물이라는 이신론은 더 이상 지탱될 수 없기 때문이다.[52] 버틀러의 종교의 유비 논변은 종래와 달리 기독교의 정당성을 성서에 의존하고 그리고 성서의 정당성을 다시 기독교에 의존하던 순환논리를 벗어나 경험과 유비를 사용했다는 점에서 이신론에 맞선 기성종교의 반격 중 가장 설득력 있는 반격이었음에 분명하다. 철학사가인 윌 듀란트(Will Durant, 1885-1981)는 "버틀러의 『종교의 유비』가 한 세기 동안이나 반종교에 맞선 기독교 변증론의 핵심적 버팀목이었다"[53]고 높이 평가하고 있다.

2) 조지 버클리

버클리(George Berkeley, 1685-1753)는 영국 성공회의 사제였다. 그는 사제답게 유물론, 회의론, 무신론에 맞서 관념론을 주장했지만 특이하게도 로크가 정립한 경험론의 원리를 철저하게 추종한 경험론자였다. 24세가 되던 1709년에 『신시각론(An Essay toward a New Theory of Vision)』을 출간했고, 한 해 뒤에는 『인간지식의 원리에 관한 논구(A Treatise Concerning the

---

52 Gladstone, W. E. (Ed.), *The Works of Joseph Butler*, Bristol: Thoemmes Press, 1995, pp. 9-10.

53 Durant, Will., and Ariel, *The Age of Voltaire*, New York: Simon & Schuster, 1965, p. 125.

Principles of Human Knowledge)』를, 그리고 3년 후인 1713년에는『힐라스와 필로누스의 3개의 대화(*Three Dialogues Between Hylas and Philonous*)』를 출간하였다. 20대의 젊은 나이에 이들 저서들을 집필한 이유는 회의론, 무신론, 반종교론이 과학의 오류에서 비롯된 것임을 지적함으로써 궁극적으로 회의론을 반박하고 유신론과 종교를 옹호하기 위함이었다.

버클리의 철학의 출발점은 '감각경험이 없다면 지식도 없다'는 경험론의 기본원리였다. 그러나 이 경험론의 원리를 따를 경우, 연장(Extension)을 그 본질로 하는 데카르트적인 물리적 실체는 감각적 경험(즉 지각)의 대상이 되지 않는다는 점에서 그 존재를 인정할 수 없었다. 그러나 연장성이란 관념은 시각이나 촉각 그리고 후각과 같은 감각기관을 통해 인지되는 사물의 성질들로부터 추상된 관념이라는 점에서 감각경험과 추론에 근거한 것이며, 결국 정신에 의존적일 수밖에 없다. 그러므로 연장을 본질로 하는 물리적 실체 역시 정신에서 독립하여 존재할 수 없다. 그런 점에서 모든 존재는 정신에 존재한다고 말할 수 있으며, 이로부터 '존재란 지각됨(Esse est Percipi)'이라는 버클리의 유명한 철학적 논제가 도출된다.

이처럼 '존재가 지각됨'이라면 존재는 그것을 지각하는 존재가 있어야만 비로소 존재가 가능하다는 이야기가 된다. 그러나 문제는 정신적 존재인 인간이 존재하기 이전에도 사물은 존재했으며, 앞으로도 인간의 존재와 무관하게 계속해서 존재할 것이라는 점이다. 그러기에 유한한 정신인 인간 외에 삼라만상의 모든 존재를 지각하고 있는, 무한한 정신인 신의 존재를 가정하지 않을 수 없게 된다.『힐라스와 필로누스의 3개의 대화』에서 버클리는 필로누스의 입을 빌려 다음과 같이 이야기하고 있다.

필로누스: 관념은 그 어떤 것이든 정신 이외의 곳에는 존재할 수가 없
네. 또 그 못지않게 명료한 것이지만, 이들 관념들 내지 나에
의해 지각된 것들은 그것들 자체건 그것들의 원인이건 간에
나의 정신과는 무관하게 존재하네. 나는 내 자신이 그것들
의 제작자가 아님을 알고 있기 때문이네. 내 눈과 귀를 열어
놓음에 있어 어떤 특수한 관념들을 내 속에서 일어나게 할
것인가를 마음대로 규정하는 것은 나의 능력 밖에 있기 때
문이네.

힐라스: 여부가 있겠는가.

필로누스: … 이 모든 것으로부터 나는 결론을 내리네. 내가 지각하는
감각적 인상들을 내 속에서 매 순간 산출하는 정신이 있다
고 말이네. 그리고 그것들의 다양성과 질서와 성질로부터
나는 다음과 같은 결론을 내리게 되네. 그것들을 지은 이는
헤아릴 수 없을 정도로 지혜롭고 강력하고 선하다고 말이
네. … 내가 주장하는 것은 나에 의해 지각되는 사물들은 무
한한 영적 존재의 지성에 의해 인식되고 그 의지에 의해 산
출된다는 것이네. 그리고 이 모든 것은 아주 명백하고 분명
하지 않은가?[54]

우리 정신에 관념을 산출하는 인과적 원인이 물리적 실체가 아닌
무한한 영적 존재(신)라는 버클리의 주장은, 거의 모든 사람이 기독교인
이었던 당시에도 쉽게 받아들일 수 없는 상당히 엉뚱한 주장이었다. 그
러나 그의 주장은 물리적 실체와 영적 실체의 이원론이 야기하는 상호

---

54 Berkeley, G., "Three Dialogues between Hylas and Philonous," *The Works of George Berkeley,*
Bishop of Cloyne, A. A. Luce., and T. E. Jessop. (Eds.), Edinburgh: Nelson, 1940-1957,
pp. 427-428.

연관성의 문제와 물리적 실체에 대한 감각적 경험, 즉 지각의 문제를 설명하지 못했던 경험론의 문제점을 해결하는, 나름 가장 효과적인 해결 방안이었다. 그러나 그는 로크와는 달리 물리적 실체를 제거함으로써 물리적 실체를 다룬다고 생각해 온 자연과학에 대한 새로운 개념을 제시하지 않을 수 없었다.

18세기 당시 자연과학자들은 물질이 미립자로 구성되어 있다고 보았으며, 이들 미립자가 우리에게 물질이란 관념을 야기하는 인과적 원인이라고 보고 있었다. 그러나 버클리의 주장처럼 물질이 실상은 우리 의식 밖에 존재하는 미립자로 구성된 어떤 실체가 아니라 단순히 신이 우리에게 제공하는 관념에 불과하다면 자연과학은 더 이상 우리의 정신으로부터 독립하여 존재한다고 생각되는 모종의 물리적 실체에 관한 학문일 수 없다. 그것은 신이 우리에게 제공하는 관념들 간의 연속적 계기(즉 현상)들 가운데서 일정한 규칙성을 발견하고, 그것을 일반적 법칙으로 표현하여, 자연의 현상을 체계적으로 설명하는 학문이 되는 것이다. 예를 들어, 사과가 땅에 떨어진다든가 조류가 달의 영향을 받는다든가, 달이 지구의 주위를 도는 등의 현상들은 일반인들에게도 잘 알려진 사실들이다. 뉴턴이 한 일은 이러한 현상들의 배후에 있는 실제 원인을 발견한 것이 아니라 이러한 현상들을 규칙적으로 설명할 수 있는 가성의 법칙(만유인력의 법칙)을 고안해 낸 것이다. 따라서 버클리에 따르면 17~18세기 역학에서 사용된 질량, 힘, 운동, 중력 등의 개념은 현상 배후에 있다고 생각되는 모종의 실재적인 것을 지칭하는 것이 아니라 단지 운동과 운동 중에 있는 물체들의 작용을 설명하기 위한 가설에 불과한 것이다.

버클리는 1732년에 출간한 『알키프론: 또는 정치(精緻)한 철학자:

7편의 대화(*Alciphron: or, the minute Philosopher: In Seven Dialogues*)』에서 알키프론의 입을 빌려 다음과 같이 말한다.

> 단어는 상징이다. 단어는 관념을 지시하거나 또는 지시해야만 한 다. 그렇게 해야만 그 단어는 의미가 있다. 따라서 아무런 관념도 지시 하지 않는 단어는 무의미하다. 모든 단어에 대해 명료한 관념을 지시할 수 있다면 유의미한 말을 하고 있는 것이다. 그러나 그렇지 못한 경우 에는 무의미한 말을 하고 있는 것이다. 어떤 사람의 말이 의미가 있는 지 여부를 알기 위해서는 단어에 주목할 것이 아니라 그 단어가 어떤 관념을 지시하는지를 알아보아야 한다.[55]

여기서 알키프론이 주장하고 있는 것은 바로 "모든 지식은 경험에 기초해 있고, 궁극적으로 경험으로부터 그 유래를 찾을 수 있다"는 유명 한 로크의 명제로 이른바 경험론의 원리이다. 이 경험론의 원리에 따르 면 은총, 구원, 원죄와 같은 종교적 언어는 특정한 관념을 지시하지 않기 에 무의미한 말이라고 해야 한다. 또한 경험적으로 검증될 수 없는 수많 은 신비나 기적에 대한 주장 역시 무의미한 것이 된다. 그러나 버클리는 이에 동의하지 않는다. 그는 언어가 상징이라는 주장에는 동의하나 그 상징이 의미를 갖기 위해 반드시 경험적으로 검증이 가능해야 하는 것 은 아니라는 것이다. 요컨대, 어떤 상징은 특정한 관념을 지시하지 않아 도 의미가 있을 수 있다. 버클리는 이런 상징들을 개념(Notion)이라고 불 렀는데 이들 개념들은 주로 인간의 활동으로부터 파생된 실천적인 것들

---

55 Berkeley, G., "Alciphron," *The Works of George Berkeley*, Bishop of Cloyne, A. A. Luce., and T. E. Jessop. (Eds.), Edinburgh: Nelson, 1940~1957), 3, p. 287.

로서 사물보다는 주로 행위와 연관되어 사용된다. 이들 개념들은 지시적 정의가 불가능한데 이들 개념들의 의미가 그 쓰임 또는 용도에 의해 규정되기 때문이다. 그리고 쓰임은 실천과 사회화를 통해 형성된 규칙의 지배를 받는다. 따라서 경험주의에 빠져 오직 외연(지시)만을 언어의 의미 기준으로 삼는 것은 언어의 기능을 지나치게 단순화한 그릇된 생각인 것이다. 그럼에도 불구하고, 18세기 영국 이신론자를 포함해 많은 자유사상가들은 언어의 의미란 그것이 지칭하는 것이란 의미 기준에 따라 모든 종교적 언어를 무의미한 담론으로 규정했다. 그러나 버클리는 종교적 언어란 어떤 특정한 경험, 즉 감각적 관념을 지시하지 않으며, 물리학이나 수학의 언어처럼 그 쓰임, 즉 용도에 의해 의미가 규정되는 언어라고 주장한다.

'존재란 지각됨'이라는 경험주의의 원리에 입각해 볼 때, 인간을 포함한 모든 존재의 존재 근거가 되는 정신적 실체로서의 신의 존재를 제외하면, 모든 종교적 언어(Word)는 일종의 관념(Idea)을 지시하지 않는 개념이라는 것이 버클리의 주장이다. 다시 말해 종교적 언어는 그 쓰임새를 통해 그 의미가 규정되는 언어라는 것이다. 예를 들어, 종교에서 자주 사용하는 '은총(Grace)'이란 개념은 수학이나 역학에서 사용하는 '수(Number)'나 '힘(Force)'이란 개념처럼, 비록 그것이 어떤 대상이나 관념을 지시하지 않지만 그럼에도 불구하고 의미를 지니고 있다고 말한다. 어떤 사람이 종교적 믿음을 통해 그의 삶이 도덕적으로 변모되어 갈 때, 우리는 그의 삶의 변화를 보며 '은총'이란 표현을 사용한다. 요컨대 종교적 언어로서의 '은총'이란 단어는 어떤 특정한 관념이나 태도를 지시하기에 의미를 갖는 것이 아니라 특정 종교공동체 안에서 통용되는 단어로서 그 단어가 사용되어야 하는 문맥적 상황이 있는 것이다. 결국 '은총'이란 단어는 그 쓰임새를 통해 그 의미가 규정되는 용어라는 것이다. 이는 다른 말로 종교적 언어란 종교공동체에서 이루어지는 관습의 산물이라는 것이다. 그러기에 버클리는 종교적 언어의 의미를 규정해 온 종교공동체 즉 교회의 중요성을 강조하며, 종교적 담론의 유의미성은 교회의 전승과 권위에 근거한다고 말한다. 따라서 버클리는 전통을 배격하며 오직 개인의 경험만이 종교적 믿음의 적절한 근거가 될 수 있다고 주장하는 종교개혁가나 자유사상가들의 주장에 반대하고 나선다.

> 시골 사람이 치안판사가 법정에서 법을 선고하거나 법령집의 조문을 읽는 것을 듣고 있다고 하자. 이때 그 시골 사람이 그의 말을 신뢰하고 복종하는 것은 법령집을 찍어 낸 인쇄업자 때문인가 아니면 그 책에 따른 재판 때문인가? 아니면 이런 것들과는 다른 어떤 것 때문인가? 또 하나의 예를 들어 보자. 네가 타키투스의 책에 쓰인 어떤 구절을 읽으며 참이라고 생각한다고 하자. 네가 그렇게 믿는 것은 인쇄업자나 필경사의 권위 때문인가, 아니면 역사가의 권위 때문인가?[56]

위에서 버클리가 말하고자 하는 것은 분명하다. 우리는 특별한 이유가 없는 한 다른 사람으로부터 얻은 정보를 믿어야 하며, 자기의 개인적 경험으로부터 오지 않은 모든 정보를 무조건 불신하는 것은 옳지 않다는 것이다. 일반적으로 사람들은 타인을 통해 정보와 지식을 얻으며 살고 있을 뿐 아니라 그렇게 해야만 사회를 효율적으로 유지해 갈 수 있다. 그런데도 유독 종교의 문제에 있어서만은 이런 일상적인 방식을 거부하고 개인의 경험만을 유의미성의 기준으로 내세우는 사람들이 있는

---

56 Ibid., pp. 223-224.

데 이는 잘못된 것이다.[57]

버클리는 개인의 지각과 판단은 빈곤하며, 지식은 오랜 관습과 전통의 산물인 규칙과 규범에 대한 복종을 통해서만 얻을 수 있다고 말한다. 언어의 습득은 바로 이 같은 사실을 보여 주는 최고의 사례이다. 종교적 언어의 습득은 바로 교회의 오랜 전승을 통해 형성된 규칙과 실천을 배우는 것이다. 그런 점에서 누군가 종교적 언어를 사용하고 있다면 이는 그가 교회가 지향하는 삶이 어떤 삶인지를 알고 있음을 의미하는 것이다.

『알키프론』의 4장 첫 구절을 보면 버클리가 왜 그토록 종교적 언어의 유의미에 매달리고 있는지를 잘 보여 준다.

> 무엇보다 먼저 자유사상가 또는 정치한 철학자라고 불리는 사람들의 원리와 견해에 대한 상세한 설명이 이루어졌다(Dial. I). 악은 어떤 사람들이 생각하는 국가에 도움이 되지 못하며, 반면에 덕이 윤리에 매우 유용하다는 사실에 대해서는 의견의 일치가 이루어졌다(Dail. II). 그러나 덕의 아름다움만으로는 그것을 실천하게 할 수는 없다. 따라서 국가는 마땅히 하느님과 섭리에 대한 믿음을 권장하여야 하며, 집단은 그것을 유용한 개념으로 수용해야 한다(Dial. III). 게다가 하느님이 존재하며, 그를 경배하는 것이 합리적이며, 기독교에 의해 제정된 경배와 신앙, 그리고 원리들이 유용한 것임은 이미 입증되었다(Dial. V).[58]

한마디로 버클리는 종교를 도덕의 기반으로 보았던 것이다. 그러나

57　Kohlenberg, Philip., "Bishop Berkeley on Religion and the Church," *Harvard Theological Review* Vol. 66, 1973, p. 231.

58　Berkeley, G., op. cit., 1950, p. 220.

그는 이신론으로 이루어진 자연종교, 즉 신의 존재에 대한 믿음과 우리의 양심의 도덕만으로는 절대 사회가 유지될 수 없다고 보았다.

> 계시적 요소가 없는 자연종교 또는 이성종교는 지금까지 결코 존재한 적이 없으며, 앞으로도 존재할 수 없을 뿐 아니라 어디서도 수용될 수 없는 것으로서, 게으르며 사변적인 몇몇 사람들의 머릿속에나 있을 수 있는 것이다.[59]

버클리는 인간이 이성을 통해 자신의 마음속에 있는 양심의 도덕을 안다고 해서 그것을 실천하는 것은 아니라고 말한다. 양심의 도덕을 실천으로 이끌 수 있으려면 나약한 인간의 마음을 움직일 수 있는 무언가가 필요하다는 것이다. 이에 버클리는 자연종교가 아닌 계시종교의 필요성을 주장하고 나선다. 버클리가 취한 전략은 도덕적 실천의 동력으로서 기독교의 유용성을 들어 기독교가 진리임을 주장하는 것이다. 이 같은 전략의 배후에는 '참일수록 유용하다(the Truer Therefore, the More Useful)'[60]는 전제가 깔려 있다. 버클리에 따르면, 기독교가 진리임을 입증하기 위한 엄정한 증거나 논증은 없지만 그럼에도 불구하고 기독교에 대한 믿음은 불합리한 것이 아니다. 왜냐하면 믿음이란 일종의 동의이며, 이 동의가 무조건 나온 것이 아니라 우리의 삶에 끼치는 영향력에 기초한 것이라면, 나름 합리적인 것이기 때문이다. 이를테면, 삼위일체, 부활, 구원의 은총 등 기독교의 핵심교리에 관한 명제들이 실제로 우리의 의지와 정념 그리고 행동을 규제하는 데 효과적으로 기능한다면 이 명

---

59   Berkeley, Ibid., p. 208.
60   Ibid., p. 183.

제에 대해 동의, 즉 믿음을 갖는 것이 합리적이라는 것이다. 명제의 유용성이 그 명제에 대한 믿음의 합리적 근거가 된다는 것이다.[61] 따라서 은총이니 구원이니 하는 종교적 개념들에 대해 우리가 비록 명확한 관념을 가질 수는 없지만 그럼에도 불구하고 이들 개념들에 대한 합리적인 근거(즉 유용성)를 통해 동의, 즉 믿음을 가질 수 있다는 것이다.[62]

버클리의 관념론은 한마디로 당시 과학의 권위에 눌려 과학이 사용하던 경험적 관찰과 실험을 철학적 방법에도 그대로 도입하고자 했던, 18세기 영국경험론이 안고 있던 문제점을 경험론의 범주 안에서 해결하기 위해 제안한 새로운 이론이었던 것이다.

3) 윌리엄 로

로(William Law, 1686-1761)는 케임브리지의 엠마누엘 칼리지에서 교육을 받고 1711년에 펠로우가 되었다. 그는 사도적 전승에 따른 기독교의 역사적 연속성과 성사적 신앙 그리고 교회의 전례를 강조하는 친가톨릭적인 고교회파 일원이었지만 조지 1세에 대한 충성서약을 하지 않았다는 이유로 케임브리지 대학교의 펠로우와 영국 국교회 목사직에서 쫓겨났다. 그는 역사학자였던 기번(Edward Gibbon, 1737-1794)의 조부인 에드워드 기번(Edward Gibbon, 1666-1736)[63]에 의해 가정교사로 고용되었다. 그는 여기서 기번의 자녀들과 그를 찾아오는 젊은이들에게 기독교의 정

---

61 Jakapi, Roomet., "Faith, Truth, Revelation and Meaning in Berkeley's Defense of the Christian Religion(in Alciphron)," *The Modern Schoolman*, Vol. 80, November, 2002, p. 32.

62 Berkeley, G., op. cit., pp. 295-297.

63 에드워드 기번은 그의 할아버지의 이름을 그대로 이어받았다.

신과 경건을 가르쳤다. 그가 가르친 인물로는 역사가인 에드워드 기번을 포함해 영국의 종교부흥을 이끈 두 청년 존 웨슬리(John Wesley, 1703-1791)와 찰스 웨슬리(Charles Wesley, 1707-1788), 인권운동가인 윌리엄 윌버포스(William Wilber force, 1759-1833), 시인 존 바이런(John Byron, 1692-1763) 등이 있다.

로는 영국 국교회의 경건하고 거룩한 삶의 전통을 만드는 데 있어 그 누구보다 중요한 역할을 했다. 1726년에 2개의 소책자를 썼는데 첫 번째 소책자인 『무대의 완전한 불법성: 완벽하게 입증된 오락(*The Absolute Unlawfulness of the Stage: Entertainment Fully Demonstrated*)』에서 교회가 하느님에게 속한 것이듯 극장은 악마에 속한 것이라고 주장했다. 극장은 악을 부추기고, 색정과 간음을 부추긴다는 것이다. 극장이 사람들을 유혹하는 방종의 원천으로서 작동하고 있다고 보았던 것이다. 이에 극장을 옹호하는 대중과 지식인들은 로가 자기의(自己義)와 퓨리터니즘에 빠져 있다고 비난했다. 실상 로의 견해는 당시 독실한 기독교인의 관점에서 볼 때도 상당히 보수적인 것이었다. 1726년에 출간된 그의 2번째 소책자인 『기독교인의 완전성에 대한 실천적 교훈(*A Practical Treatise upon Christian Perfection*)』에서 로는 기독교적인 믿음으로 세워진 도덕적 국가를 주창했는데 이 책은 여러 가지 면에서 그의 가장 유명한 소책자인 『독실하고 거룩한 삶에 대한 진지한 소명(*A serious call to a devout and Holy life*)』(1729)의 전편이라 할 수 있다.

이 2개의 소책자는 독자들에게 세속적인 세상에서 세론(世論)에 반하는 기독교적 삶이 무엇인지를 설명해 주고 있다. 로는 상업과 종교에 토대를 두지 않은 학업, 사회성, 세속적 쾌락의 추구, 문학(시나 산문) 읽기, 극장 관람 등을 비난했다. 그리고 일상생활에서 기도하는 삶을 강조했으며, 가톨릭의 경우처럼 기도하는 시간을 가질 것과 구약성경의 시편을 읽고, 영혼을 정화하는 책을 정독할 것을 권했다. 로는 평생 금욕적인 삶을 추구했으며 영국 국교회의 신자들에게 자신과 같이 살 것을 권했다. 로의 도덕적이며 금욕적인 삶의 추구는 18세기 대각성 운동을 주도한 조지 횟필드(George Whitefield, 1714-1770)나 웨슬리 형제에게 깊은 영향을 주었다. 그러나 웨슬리 형제는 독일 경건주의자들의 영향을 받아 점차 로에게서 멀어졌으며, 로 역시 17세기 중반 독일의 기독교 신비주의자인 야코프 뵈메(Jacob Boehme, 1575-1624)의 영향을 받아 자신의 초기 입장을 버리고 이른바 뵈메의 입장을 수용했다.

로에 따르면, 회심(Regeneration)은 하느님에게 돌아가고 싶어 하는 타락한 영혼의 소망에서 비롯된다. 로는 이것을 뵈메가 사용한 연금술적인 언어로 표현해 '고뇌의 불꽃'이라 말했는데, 뵈메에 따르면 인간의 고뇌는 불꽃으로 자신을 태우려는 노력에 의해서만 극복될 수 있다. 타락한 영혼에는 불태워 없애야 할 네 가지 부정적인 것들이 있는데 이기심, 정욕, 오만, 분노가 바로 그것이다. 회심이란 죄인이 자신의 영혼 안에서 그리스도를 발견하는 것으로 자신의 모습 속에서 그리스도를 발견하는 것이다. 그러나 회심이란 어느 날 갑자기 일어나는 거듭남(Born Again)이 아니라 그리스도를 본받아 자신의 죄된 습성을 하나하나 버려 가는, 점진적인 변화의 과정인 것이다.

로의 뵈메니즘은 『복음의 진리를 의심하거나 또는 믿지 못하는 모든 사람에 대한 호소(An Appeal to All that Doubt, or Disbelieve the Truths of the Gospel)』 (1740)를 시작으로 1749년대와 1750년대 발간된 3개의 대화록 『기도의 정신(The Spirit of Prayer)』, 『사랑의 정신(The Spirit of Love)』, 『신을 아는 길(The Way to Divine Knowledge)』을 통해 전개되었다. 이들 작품에서 로는 물질적 세

계를 사탄과 타락한 천사들이 지배하는 이기심의 왕국으로 보았고 그 안에 사는 세속적 인간을 죄인으로 규정했다. 그럼에도 불구하고 그는 이 타락한 세상을 부정적인 것으로만 본 것은 아니었다. 로는 이 세상을 삼위일체인 하느님의 섭리에 의해 인간이 구원을 받는 무대로 보았다. 십자가 사건을 통해 보여 준 하느님의 사랑은 인간으로 하여금 하느님이 계획하신 구원을 향해 마음을 열게 만들며, 그때 그 마음속에 성령이 작용하게 됨으로써 인간은 자신의 세속적인 자아를 죽이게 되어 마침내 구원을 받게 된다는 것이다. 로는 이처럼 하느님께서 모든 인간을 마음의 지옥으로부터 그리고 타락한 이 세속적 삶으로부터 구원해 주실 것이라고 믿었다.

로는 18세기 영국 이신론의 대표적인 저작 멘드빌의 『꿀벌의 우화』와 틴달의 『창조만큼 오래된 기독교』에 대해 반론을 제기하면서 유명세를 얻었다. 로는 맨더빌의 주장과는 달리 인간은 타락한 상태가 아닌 최선의 상태로 신에 의해 창조되었다고 주장하였는데 성서와 경험을 통해 이 같은 사실이 논증될 수 있다고 생각했다. 로는 인간이 선하게 창조되었다고 보았지만 그렇다고 인간의 상태를 낙관적으로만 본 것은 아니었다. 그는 인간이 자신의 이성에만 매달리는 것은 허영과 오만을 보여 주는 행위로서 인간이 신에게 짓는 가장 큰 죄악이 아닐 수 없다고 말한다. 하느님께서 타락한 천사를 악마로 만든 것 역시 이 오만 때문이라는 것이다. 이 같은 오만을 보여 주는 대표적인 사례가 바로 신에게 사물의 합목적성을 요구하는 것이다. 틴달에 따르면 사물의 합목적성 (Fitness of Things)은 신의 행동을 설명하는 유일한 규칙이다. 그러나 로는 틴달의 주장에 대해 동의하지 않는다.

나는 사물의 합목적성, 즉 어떤 다른 존재와 무관하게 사물들의 존재를 설명하는 영원하고 불변하는 근거이자 또한 신과 인간 모두를 규제하는 공통된 규칙이자 법칙이라 할 수 있는 이것에 대해 아는 바가 없다. 나는 합목적성을 주장하는 것이 잘못되었으며, 그것을 주장할 아무런 근거가 없다고 생각하기에 전적으로 반대한다.[64]

로에 따르면, 모든 것의 궁극적 원인인 신에 대해 그의 지혜와 선함의 원인이 무엇인지를 알고자 하는 것은 곧 그의 존재를 설명해 줄 별개의 원인이 있다고 주장하는 것인데, 이는 한마디로 어리석은 생각인 것이다. 신의 지혜와 선함을 사람들은 사물들에 대한 자신들의 경험으로부터 얻은 것에서 도출하려고 하는데 이는 인간이 신을 자신의 인식 틀 안에서 해석하려는 것이다. 따라서 사물의 합목적성을 이야기하는 것은 하느님이 사물의 질서를 따라야 한다고 말하는 것과 같다. 이에 로는 신은 사물의 합목적성에 제약을 받지 않는다고 말한다. 신이 사물의 합목적성에 제약을 받는다고 하는 것은 그의 능력이 사물의 제약을 받는다고 말하는 것으로서 이는 한마디로 황당한 주장이다.[65] 절대적이며 독립적인 합목적성이란 한낱 헛된 망상이나 철학적 헛소리에 불과하다는 것이 로의 생각이다.

요컨대, 우리는 신의 본성을 알 수 없으며, 따라서 그가 어떤 방식으로 행동할지 전혀 알 수가 없다. 그러므로 이 세상에서 관찰하는 사물의 합목적성만으로 우주의 운행과 인간의 삶을 설명할 수는 없는 것이다. 만약 인간이 자신의 현재의 삶의 모습, 고통과 행복을 근거로 사물의

---

64 Law, W., "Reply to Tindal," Works, London, 1762, p. 42(https://archive.org/stream/workslaw03lawwiala?ref=ol#page/n7/mode/2up).

65 Ibid., p. 47.

합목적성을 이야기한다면 이는 인간이 아는 규칙을 신에게 강요하는 것이 된다. 이는 한마디로 어불성설이다. 인간은 사물의 합목적성을 이야기할 수 있지만 그것이 참인지 알 수 없기에 인간에게는 그것의 참된 의미를 알려 주는 계시가 필요하다.

로에게 있어 종교란 우주의 법칙을 이해하는 일련의 지식과 관련된 것이 아니다. 그것은 신과 인간의 관계에 대한 지식, 즉 우리의 영적인 본성을 정화하는 방법에 대한 이른바 실천적 지식과 관련된 것이다. 이런 실천적 지식과 관련해 이성은 우리에게 별반 도움이 되지 않는다. 그러기에 우리는 신이 주시는 계시에 의존할 수밖에 없다. 그리스도의 메시지가 신으로부터 온 완벽한 계시임은 그리스도가 행한 기적, 그리고 그와 그의 제자들이 이룬 예언의 성취들을 통해 입증된다고 할 수 있다.

우주를 수학적인 방법에 의해 정확하게 파악할 수 있으며 고정된 법칙에 의해 움직이는 하나의 기계로 보는 근대의 기계적 세계관으로부터 영향을 받은 틴달은 자연의 빛인 이성에 대해 신뢰를 보이면서도 현실 속에서는 한없이 무기력한 이성에 대해 개탄해 마지않는다. 그는 이성이 이처럼 무기력한 이유를 사제들의 농간이나 잘못된 종교교육 때문이라고 본다. 그러나 틴달은 이들의 농간에 속아 이성적으로 사유하지 못하는 이들에게도 잘못이 있다고 말한다. 어떤 사람이 번번이 놋쇠를 금으로 잘못 알고 사는 경우 그의 실수를 매번 그와 거래한 사람의 사기행각 때문이라고만 탓할 수 없다는 것이다. 다시 말해, 물건을 파는 사람의 사기행각에 문제가 있는 것은 사실이지만 물건을 사는 사람 역시 그의 인지와 판단력에 문제가 있다는 것이다.[66]

---

66 Ibid., p. 123.

틴달의 『창조만큼 오래된 기독교』가 전제로 하고 있는 기본 가정은, 인간은 이성을 통해 신이 우리에게 무엇을 요구하고 있는지 알 수 있다는 것이다. 그러나 로에 따르면 이것이야말로 인간의 사악한 오만이 아닐 수 없다. 로는 사람들이 '신이 인간보다 위대하다'고 고백하지만, 실제로는 이 말의 의미를 제대로 깨닫지 못하고 있다고 말한다. 만약 사람들이 이 말의 뜻을 제대로 이해했다면 감히 계시를 두고 그것이 신비적이라 해서 탓하지 않을 것이며, 오히려 계시를 통해 신에 대한 겸손과 찬양 그리고 믿음을 배우게 될 것이라고 말한다.[67] 요컨대 로의 주장은 신의 위대함을 아는 인간이라면 자신의 이성을 통해 신비를 파헤치려고 하기보다는 신의 의지가 곧 지혜이자 그 자체가 선임을 알기에[68] 신비적인 계시를 그대로 믿으며 그것에 순종하고자 할 것이다. 이처럼 하느님께 성실하게 순종할 때 인간은 행복하게 살 수 있는 것이다.[69]

로가 주장하는바 기독교인과 이신론자의 차이점은 기독교인은 증거에 입각해 우리가 알지 못하는 것에 동의하는 데 반해, 후자는 아무런 증거도 없이 알지 못하는 것에 동의한다는 것이다. 그러기에 로는 당시 자유주의자들이 주장하는 것과 달리 합리적인 신앙인(Rational Believer)은 이신론자가 아니라 기독교인이며 이신론자들이야말로 편견이 있는 사람(Blind Bigot)들이라고 주장했다.

---

67 Stephen, L., *History of English Thought in the Eighteenth Century*, New York: Harcourt, Brance and World, Inc., 1962, pp. 133-134.

68 Ibid., p. 60.

69 Ibid., p. 53. "하느님을 사랑하는 자 곧 그 뜻대로 부르심을 입은 자들에게는 모든 것이 합력하여 선을 이루느니라."(『로마서』, 8:28)

4) 존 리랜드

리랜드(John Leland, 1691-1766)는 애버딘 대학을 나와 비국교도 목사가 되었으며 더블린에서 목회를 했다. 리랜드는 1754년에 출간된『주요 이신론 저자들에 대한 견해(A View of the Principal Deistical Writers)』를 통해 반이신론자로서의 면모를 과시했다. 이 책에서 그는 17~18세기에 활동한 영국 이신론자들의 저작을 평가하고 나아가 이 저작들에 대한 논평들을 소개하고 있다. 그는 이 책에서 이신론자를 일방적으로 비난하기만 한 것은 아니었다. 도덕과 종교를 분리시키려 했다는 점에서 섀프츠베리를 비판하고 있지만 그의 놀라운 상상력, 탁월한 덕성과 세련된 감성에 대해서는 좋은 평가를 내리고 있다. 또한 이신론자로 분류할 수는 없지만 회의론자로 알려진 흄에 대해서도 그의 천재성을 높이 샀고, 특히 그의 회의적 논변이 당시 많은 철학적 반향을 가져왔음을 인정했다. 또한 볼링브로크의 성품과 독창성을 높이 샀으며, 영국 이신론의 아버지로 불리는 허버트 경에 대해서도 세상에 평화를 가져오려는 그의 동기가 자연종교 이론을 가져왔다고 평가했다. 그러나 리랜드가 이신론자들에 대해 보인 평가는 대체적으로 아주 부정적인 것이었다.

> 계시종교의 적(이신론자들)들은 빈번하게 그들의 공격방법을 바꾸었다. 그들은 상이한 위장과 전술을 채택하고, 여러 가지 음모를 꾸몄는데 이들 모든 것은 종교로부터 계시를 떼어 냄으로써 최소한 종교를 자연종교로 대체하거나 또는 종교를 아주 없애려는 하나의 목적을 위한 것이었다.[70]

---

70 Leland, T., *A View of the Principal Deistical Writers that have Appeared in England in the last*

그는 이신론자들이 마음속에 반종교와 무신론을 숨기고 있다고 보았기에 그들이 겉으로 보이는 종교적 모습을 액면 그대로 수용하지 않았다. 예를 들어, 그는 모건과 틴달이 자연종교의 원리가 보편적으로 인식될 수 있지만 모호하게 이해될 수 있기에 계시가 필요하다고 주장한 것을 놓고 그들이 계시를 인정한 것은 자신들의 반종교적인 의도를 감추려는 위장전술에 불과하다고 생각했다. 그도 그럴 것이 그들은 계시의 필요성이나 가능성을 인정하면서도 계시에 기초한 전승이나 사제직의 권위는 수용하지 않았기 때문이다.

리랜드는 새프츠베리에 대해서도 그의 본심은 회의론에 있었다고 보았다. 새프츠베리가 해학이 진리를 걸러 내는 검증수단이라고 주장한 것을 놓고 해학은 진리를 드러나게 하는 수단이라기보다는 오히려 진리를 왜곡하고 감추는 수단이 될 수 있다고 반박한다. 그러기에 리랜드는 새프츠베리가 해학을 사용한 것이 진리를 드러내기 위함이 아니라 오히려 진리를 왜곡하고 감추기 위함이었다고 생각했다.

리랜드는 비판적 이신론에 맞서 계시의 필요성과 성서의 신뢰성에 대해 깊은 신뢰감을 갖고 있었는데 그는 성서가 신뢰할 만한 것임을 보여 주기 위해 네 가지 증거를 성서 자체로부터 제시하고 있다.[71]

① 세계의 나이를 신화적인 시대로까지 거슬러 가지 않고 계산이 가능한 범주로 제한함.
② 단순하고 꾸밈없는 문체를 사용함.

---

and present Century: with Observations upon them, and some Account of the Answers that have been published against them, 1757, 3ʳᵈ ed. Vol. 1, p. 2.

71   Ibid., Vol. 2, pp. 70-74.

③ 역사서술자가 빼버리고 싶은 사건을 기록함. 예를 들어, 야곱이 사기로 상속권을 얻은 것이나 족장들 사이에 일어난 근친상간에 대한 이야기를 기록함.

④ 모세의 저작에서 찾아볼 수 있는 꾸밈없는 경건함.

성서에서 찾아볼 수 있는 이런 특징들이 바로 성서의 신뢰성을 증거하는 내재적 증거라는 것이다. 또한 리랜드는 기독교가 거짓이라는 사실을 보여 주려면 다음 중 최소한 하나가 참이라는 것을 보여 주어야 한다고 말한다.

① 기독교의 계시가 기초하고 있는 역사적 증거는 결정적인 것이 아니다.

② 기독교의 도덕적 가르침은 다른 도덕적 체계보다 못하다.

③ 기독교의 교리는 이성적으로 볼 때 상호 모순된다.[72]

이신론을 논박하는 것 외에도 리랜드는 기독교를 옹호하기 위해 기독교의 계시가 개연적으로 참이라는 것을 보여 주기 위해 다음과 같은 논변을 주장하고 있다.[73]

① 계시, 즉 신과 인간의 특별한 방식의 소통은 가능하다.

② 신이 무한히 선하고, 무한한 능력을 지니고, 무한히 지혜로운 존재임을 미루어 볼 때 계시가 있어야만 한다고 생각할 수 있다. 왜냐하면 인류는 신성한 법, 최후의 심판, 영원한 상급에 대한 적절한 확신

---

72 Ibid., Vol. 2, p. 399.
73 Ibid., Vol. 2, pp. 366-369.

을 결하고 있기 때문이다.

③ 이런 생각이 합리적이기에 계시가 존재하리라는 것은 개연적이다.

④ 계시가 존재하리라는 것이 개연적이기에 계시의 직접적인 수령자 뿐 아니라 전승을 통해 계시를 받는 사람들도 활용할 수 있는, 계시 에 대한 적절한 증거가 있을 것이라는 점 역시 개연적이다.

리랜드는 인간의 타락 이후 인류 대다수는 무지와 어리석음에 빠졌다고 주장한다. 그러기에 인간이 구원을 위해 필요한 종교적 진리를 이성의 힘만으로 인식하기는 어렵다고 말한다. 이에 리랜드는 선하고 자비로우신 신은 구원을 위해 필요한 종교적 진리를 인류에게 알려 주기 위해 계시의 방법을 사용하고 있는데 전승을 통해 전해지는 계시 외에도 새로운 계시를 사용한다고 주장한다.

리랜드에 따르면, 자연종교와 계시종교가 공통적으로 인정하는 것들이 있는데 허버트 경이 주장한 자연종교의 원리인 신의 도덕성, 자연법칙의 존재, 최후의 심판, 영혼의 불사성이 바로 그것이다. 이것들은 사회적으로나 개인적으로나 그리고 이승에서나 저승에서나 인간을 위해 꼭 필요한 것들이다. 문제는 이것들에 대한 지식을 자연종교는 이성을 통해서, 계시종교는 계시를 통해서 알게 된다고 서로 다르게 주장한다는 점이다. 리랜드에 따르면 자연종교의 원리들은 우리에게 너무나 친숙한 것이어서 인류의 보편적 인식기능이라 할 수 있는 이성을 통해 알게 된 것이라고 생각할 수 있지만 실상은 이성이 아닌 계시를 통해 알려진 것이라고 말한다. 그러면서도 비록 인간 이성이 이런 종교적 원리들을 알아낼 수 있는 능력은 없지만 그것이 참임을 확증할 수는 있다고 말한다. 그런 점에서 리랜드는 이성과 계시를 적대적인 것으로 보지 않고

상보적인 것으로 보고 있다.[74]

리랜드는, 이성의 시각으로 신을 보려는 이신론자들의 문제점은 신을 불필요한 존재로 만들 뿐 아니라 그런 신의 존재를 믿는 사람들에게 아무런 감동도 주지 못한다는 데 있다고 말한다. 이신론자들의 주장처럼 하느님의 심판(또는 상벌)이 인간의 도덕적 행위와 연관된 것이라면 이는 인간의 삶에서 더 이상 신의 직접적인 개입, 즉 계시와 섭리가 불필요하다는 주장이 된다. 리랜드는 백성을 다스리는 세속의 군주라면 당연히 인간을 통치하기 위해서 그들의 행위에 따라 상벌을 주는 것이 필요하겠지만 신 역시 그렇게 할 것이라고 생각하는 것은 신을 인간의 수준에서 이해하는 것이며, 나아가 신을 인간이 만든 규칙에 가두는 것에 지나지 않는다고 말한다. 따라서 종교의 문제에 관한 한 이성이 아닌 계시에 의존해야만 무신론이나 반종교론으로 빠지지 않는다고 주장한다.

3. 18세기 영적 대각성 운동

호주 감리교 목사로서 18세기 영국의 대각성 운동을 연구한 윌리엄 피체트는 『웨슬레와 그의 세기(Wesley and His Centruy)』에서 18세기 영국에서 영적 대각성 운동이 발생할 수밖에 없었던 당시의 상황을 다음과 같이 기술하고 있다.

74　John W. Yolton., John Valdimir Price., and John Stephens. (Eds.), *The Dictionary of Eighteenth-century British Philosophers*, Vol. 2, p. 547.

그 당시 영국의 기성종교가 얼마나 영적으로 고갈되었는지, 그리고 얼마나 온갖 종류의 사악함으로 물들어 있었는지를 보여 주는 증거를 찾기란 너무 쉬웠다. 의상은 역겨웠고, 스포츠는 잔인하였으며, 공중생활은 부패하였고, 사악함에 대한 부끄러움이 없었다. 정치적인 타락을 발명한 것은 아니지만 월폴은 그것을 제도화했고 그로 인해 정치를 부패하게 만들었다. 그러나 그는 그것에 대해 부끄러움이 없었다. 민중들은 잔인한 쾌락을 즐겼고, 사람들의 말은 욕설로 가득했다. 판사는 판사석에서 욕을 했으며, 목사는 그의 설교를 듣게 하기 위해 선원들에게 욕을 해댔고, 왕은 끊임없이 목청껏 욕설을 퍼부었다. 법령집에는 여전히 잔인한 법이 있었고, 재판은 그 자체가 잔인한 것이었다. 1735년까지도 사형죄로 기소가 되어 변론을 포기하면 그대로 사형이 집행되었다. 1794년까지도 법에 의해 여성들은 공개적으로 태형이 이루어지거나 또는 장작더미에서 화형을 당했다. 템플 바에는 인간의 목이 끊임없이 효수되었다. 목에 씌우는 칼과 태형기둥, 그리고 채무자의 감옥이 있던 이 시대는 단테의 지옥을 연상시킬 만큼 끔찍한 것이었다. 재상(월폴)조차 술에 취해 지냈으며 간음은 일종의 스포츠였으며, 부정을 행한 아내보다 배반당한 남편이 오히려 창피를 당하는 판이었다.[75]

인클로저 운동으로 인해 경작지를 잃고 도시로 몰려든 농민들과 수력 방적기와 증기기관의 만남으로 인해 시작된 영국의 산업혁명은 부익부 빈익빈 현상을 야기하였다. 한편 1713년 영국이 스페인과 프랑스로부터 탈취한 노예 독점권으로 벌어들인 막대한 부는, 인간성 상실이란 비싼 대가를 치르며 영국사회를 이기적 탐욕, 음주와 노름 그리고 매춘

---

75 Fitchett, W. H., *Wesley and His Century: A Study in Spiritual Forces,* New York: Eaton & Mains, 1912, p. 139-140.

으로 물들여 버렸다. 이런 사회의 부패상은 일차적으로는 그 원인을 18세기 당시의 영국의 사회경제적인 측면에서 찾아볼 수 있지만 무엇보다 중요한 요인 중의 하나는 전통적인 계시종교의 약화에 있었다고 볼 수 있다. 이신론은 이른바 양심의 도덕을 주장하는 종교지만 문제는 정작 양심을 강화시켜 주고 인간을 도덕적 실천으로 이끌어 줄 영적인 힘이 없었다. 이신론은 신의 존재를 부인하지는 않았지만 하느님과 인간을 이어주는 계시라는 황금의 사다리를 부수어 버림으로써 영적인 힘의 원천이 되는 영성을 지니고 있지 않았다.[76]

영성의 부재는 비단 이신론만의 문제는 아니었다. 기성종교였던 영국 국교회 역시 18세기에 이르러서는 이미 영적인 힘을 상실한 상태였다. 가톨릭의 수호자라는 칭송을 들었던 헨리 8세가 자신의 이혼문제로 세운 영국 국교회는 그 태생부터가 정치적이었기에 영적인 구원보다는 왕권 옹호에 더 관심을 갖고 있었다. 1534년 수장령이 내려진 이래 영국 국교회는 늘 가톨릭과 프로테스탄트 사이에서 줄타기를 하였으며 내부적으로 고교회파와 저교회파 간에 분쟁이 지속되었다.[77]

1688년 명예혁명에 이어 1689년 신교자유령이 내려지면서부터는 국교가 지녀야 할 통제권조차 상실하고 말았다. 게다가 윌리엄 3세의 통일령에 동의하지 않은 캔터베리 대주교 샌크로프트(William Sancroft, 1617-1693), 켄(Thomas Ken, 1637-1711), 신비주의 작가인 윌리엄 로(William Law)를 비롯한 영성이 깊은 400여 명의 성직자들이 충성서약에 서명을

---

76 Ibid,, p. 142.
77 고교회파는 사도적 전승에 따른 기독교의 역사적 연속성과 성사적인 신앙, 교회의 전례를 강조하며, 저교회파는 종교개혁의 전통, 개인의 회심, 성서지상주의 등을 강조한다.

거부했다는 이유로 그들을 국교회에서 파문했다. 또한 성직자들의 입을 막기 위해 일체의 성직회의를 허용하지 않았다.

그 결과 국교회 내에는 종교적 영성보다는 정치에 영합하는 성직자들만이 남아 관료들처럼 정치적인 연줄을 좇았으며, 귀족들과 같이 사치, 음주, 사냥 등 세속적인 문화에 젖어 들었다. 이런 상황이다 보니 도시화와 산업화가 빠르게 진행되면서 문명의 이기와 풍요를 추구하는 물질사회로 변모되어 가던 18세기 당시의 영국 국교회는 개인이나 사회를 구원할 영적인 힘이 없었다. 피체트는 종교적 영성을 상실한 당시의 영국 국교회를 다음과 같이 비판하고 있다.

> 그 당시 종교에는 회개의 눈물이 없었고, 감격도 없었으며 신앙의
> 침묵도 없었다. 이 모든 것이 하느님에 대한 인식이 흐려진 까닭이었기
> 에 죄가 무엇인지, 하느님의 구원이 무엇을 의미하는지 아무 관심도 없
> 었다.[78]

18세기에 일어난 영국의 영적 대각성 운동은 이런 상황하에서 국교도 내부로부터 일어났다. 대각성 운동은 세 가지 방향에서 전개되었는데, 첫째는 조지 휫필드를 중심으로 한 칼뱅주의 감리교 운동이며, 둘째는 웨슬리가 앞장선 알마니안적 감리교 운동이며, 셋째는 휫필드와 웨슬리의 영향을 받아 국교회 안에서 일어난 복음주의 부흥운동(Evangelicals)이다.

이 시기에 활동한 대표적인 부흥사가 바로 조지 휫필드와 요한 웨슬리이다. 이들은 모두 옥스퍼드 대학을 나와 영국 국교회의 목사가 된

---

78 Ibid., pp. 143-144.

인물들이었다. 먼저 부흥운동에 뛰어든 사람은 휫필드였다. 그는 웨슬리보다 나이가 어렸지만 22세라는 젊은 나이에 영국 국교회 성직자가되어 처음으로 야외설교에 나섰다. 그는 1739년부터는 국교회와 결별하고 브리스틀에서 광부들을 대상으로 한 야외설교를 했다. 구원은 그리스도와 하느님이 값없이 주시는 은혜라는 신학적 입장을 견지하면서행위에 의한 구원을 강조하는 알마니안의 입장을 반대했다. 따라서 그는 자신의 설교 속에서 죄인의 회심과 거듭남, 즉 중생을 특별히 강조하였으며 특히 칼뱅이 주장한 예정구원론을 수용하였다. 그가 혼신의 힘을 다해 이신득의와 예정구원론을 설파한 야외설교는 당시 기득권층의종교였던 영국 국교회가 관심을 갖지 않고 소외시켰던 빈곤층 노동자들의 관심을 끌었는데 이는 그의 설교가 노동자들의 고단한 영혼을 위로하고 어루만지는 엄청난 영적인 울림이 있었기 때문이었다.

또 한 명의 유명한 부흥사인 웨슬리는 휫필드의 권유를 받고 야외설교에 나서기 시작했다. 웨슬리는 영국 국교회의 고교회파 목사의 아들로 태어나 성례 중심의 경건주의자로 성장했다. 목사로 안수받은 초기에 그는 미국의 조지아로 건너가 사역을 했지만 큰 성과를 내지 못했다. 미국에서의 사역을 접고 영국으로 돌아온 그는 우연히 모라비안교도 모임에 참석하였는데 그곳에서 하느님의 은총을 통해 구원을 받는다는 이신득의에 대한 루터의 강해설교를 듣고 자신의 구원에 대한 확신을 얻게 되었다. 이를 계기로 웨슬리는 성례 중심의 경건주의에서 복음주의적 경건주의자로 변신하였다. 그는 1739년부터 휫필드의 권유로옥외설교를 시작하였는데 예상 밖에 좋은 결과를 체험하면서 복음전도에 자신감을 갖게 되었다. 휫필드만큼 탁월한 웅변가는 아니었지만 그는 다른 재주가 있었다. 자라면서 아버지인 사무엘 웨슬리가 평신도 조직을 통해 목회하는 것을 지켜본 덕에 평신도를 다루는 법을 알고 있었던 것이다. 그는 평신도들을 12명씩 그룹으로 나눈 속회제도를 만들었고, 이 속회를 활성화하기 위해 평신도로 하여금 설교를 하게 하는 평신도 설교자 제도, 전국을 순회구역으로 나누어 속회를 관리하는 감독제도(Superintendent) 등을 만들었다. 그 결과 전도와 교육 그리고 사회봉사를 하는 소그룹 운동을 효율적이며 체계적으로 전개할 수 있었다. 덕분에 그가 조직한 감리회는 전국적으로 확산되었다.

　　웨슬리는 신앙의 본질은 내면적이지만 신앙의 증거는 사회적임을 강조한다. 그는 루터가 신약성서에서 빼버리고 싶어 했던 행위를 강조한 『야고보서』를 특별히 강조하였는데 이것을 산상수훈과 연결시켜 사회적 성화라는 개념을 만들어 냈으며, 이를 통해 지상에서 하느님 나라를 실현하고자 하였다. 웨슬리에 따르면, 인간은 하느님의 은총을 통해 의롭다 함을 입고 거듭나지만 자유의지로 인해 또다시 타락할 수 있다. 따라서 구원은 단번에 이루어지는 것이 아니라 성화를 통해 완성되어 가는 것이다. 따라서 성령의 역사에 매 순간 자유의지에 따른 응답을 함으로써 개인적 성화를 이루어 나가야만 마침내 완전한 구원에 이를 수 있는 것이다. 그러므로 웨슬리는 모든 신자를 향해 온전한 성화, 곧 기독교인으로의 완전함(Christian Perfection)에 이르라고 권고한다. 하느님께로부터 받은 선행 은총으로 말미암아 우리는 그 완전함으로 나갈 수 있는 길에 들어섰다. 이제 우리에게 남은 일은 전 생애를 통해 세속의 죄악으로부터 분리되는 개인적 성화를 위해 꾸준히 정진하는 것이다. 그러나 웨슬리는 우리가 개인적 성화만으로 기독교인으로의 완전함에 이를 수 없다고 말한다. 개인적 성화를 통해 얻은 능력을 토대로 하여 성육신하신 예수 그리스도를 본받아 세속으로 나아가 사회적 성화를 이루어야만 비로소 온전한 성화를 이루게 된다고 말한다. 웨슬리는 신앙을 순전히 내면적이고 개인적인 사적 영역에서 사회적인 공적 영역으로 확대시킴으로써, 한편에서는 종교를 미신으로 보던 지식인들의 부정적인 시선을 거둘 수 있었고, 다른 한편에서는 종교를 기득권을 옹호하는 이념적 수단으로 보던 노동자 대중들의 곱지 않은 시선을 우호적으로 바꾸어 놓을 수 있었다.

피체트는 영국에서 프랑스 대혁명과 같은 혁명이 일어나지 않은 원인이 바로 횟필드와 웨슬리가 일으킨 영적 혁명 때문이었다고 말한다.[79]

---

79 Ibid., p. 157.

제7장

참된 종교를 찾아서

엘리자베스 1세의 뒤를 이어 잉글랜드와 스코틀랜드의 통합왕에 오른 제임스 1세(1603~1625)에서 시작되어 윌리엄 3세(1688~1702)와 메리 2세(1688~1694)로 이어지는 17세기 스튜어트 왕조 시대가 왕정과 의회의 대립이 종교와 맞물려 극도의 사회적 혼란을 야기한 시대였다면, 영국의 18세기는 정치적으로는 안정을 찾았으나 종교의 정치 예속화, 산업혁명의 여파로 인한 배금주의 사상의 확산 등 정치적인 부패와 도덕적 타락이 극에 달했던 시기였다. 따라서 이 시기의 지성인들이라면 누구나 정치적인 부패와 도덕적 타락을 막고 참된 사회 발전을 이루는 데 관심을 가졌다.

18세기의 지성인들에게 있어 종교란 온갖 사회적 부패와 타락을 야기하는 주된 원인 중 하나였기에 사회적인 악을 정화할 수 있는 주체라기보다는 정화의 대상이다. 이들이 보기에 가톨릭은 한마디로 미신이었으며, 종교개혁을 통해 등장한 프로테스탄트 역시 광신에 불과했다. 이들에게는 구교든 신교든 그리고 헨리 8세가 세운 영국 국교회조차도 그 어느 것 하나 제대로 된 종교가 없었다. 종교가 이처럼 타락하게 된 원인을 그들은 다양한 원인에서 찾았지만 일차적으로는 기성종교의 토대가 되는 신인동형적 신관이 종교를 부패하게 만드는 근원적 원인이라 보았고, 이차적으로는 이런 신관을 통해 사욕을 채우고자 했던 타락한 성직자들이 종교가 타락하고 부패하게 된 직접적 원인이라 보았다. 따라서 영국 이신론자들의 비판은 자연스럽게 신인동형적 신관의 근거가 되는 성경과 성직제도에 집중되었고, 성서와 성직제도가 없이 오직 이신론적 신념과 양심에 근거한 도덕적 실천만을 요구하는 자연종교를 참된 종교로 내세웠던 것이다. 그러나 앞서 살펴보았듯이 이 자연종교는 불과 반세기도 못 가서 역사의 뒤안길로 사라졌다.

17세기 허버트 경을 시작으로 하여 18세기 흄까지 이어지는 영국의 종교철학은 한마디로 미신과 광신을 몰아내고 참된 종교를 찾기 위한 긴 여정이라고 할 수 있다. 영국 이신론은 물론이고 이들에 맞서 기성종교를 변호했던 성직자나 독실한 신심을 지닌 사상가들 그리고 18세기를 대표하는 회의론자로 알려진 데이비드 흄 역시 참된 종교를 찾는 긴 여정 속에 있었던 인물들이었다. 특히 1711년에 태어나 1776년에 사망한 흄은 18세기의 한가운데를 살면서 평생 종교를 철학적 화두로 삼았던 인물답게 18세기 영국의 지성인들의 참된 종교를 찾는 지적 여정을 변증법적 과정으로 마무리한 인물이었다.

　　흄은 총 6권으로 된 방대한 『영국사』를 쓴 역사가답게 17~18세기 영국에서의 종교의 폐해와 그 문제점을 어느 누구보다 잘 이해한 사람이었다. 그럼에도 불구하고 그는 18세기 영국 이신론자들처럼 자연종교를 인류의 이상적인 종교라고 생각하지 않았다. 그는 기성종교의 문제점을 정확하게 이해하는 만큼, 기성종교의 긍정적인 가치에 대해서도 잘 알고 있었다. 또한 자연종교가 대두된 이유와 그 필요성을 정확하게 이해하는 만큼, 그것의 문제점도 잘 알고 있었다. 따라서 그는 이 둘 중에서 어느 하나를 선택하기보다는 이 두 개의 양극단을 변증법적으로 지양하는 중용을 모색했다.

1. 기성종교에 대해

흄은 『종교의 자연사』에서 희망과 공포라는 인간의 정념이 종교의 기원이라고 말하고 있다.

> 우리는 삶과 죽음, 건강과 질병, 빈곤과 풍요라는 영속적인 긴장 가운데 살고 있는데 이러한 긴장은 종종 예측할 수 없으며, 항상 설명할 수 없는 비밀스럽고 알 수 없는 원인들로 인해 생겨난다. 이 알 수 없는 미지의 원인들이 바로 우리의 희망과 공포의 대상이 되는 것이다.[1]

삶과 죽음, 건강과 질병, 빈곤과 풍요는 인류가 아무리 과학이 발전한다고 해도 결코 벗어날 수 없는 3대 긴장일 것이다. 그러기에 인류는 이들 긴장을 야기한다고 생각하는 미지의 원인에 대해 늘 희망과 공포의 감정을 가지고 있으며, 바로 이 상반된 감정이 종교를 만들어 낸다는 것이다. 이때 중요한 역할을 하는 것이 바로 타자를 자신과 같은 인격적 존재로 생각하는 인간의 의인적 성향이다. 인간은 이 의인적 상상을 통해 미지의 원인이 인간처럼 생각하고 행동할 것이라고 상상하게 되고 권력을 지닌 인간에게 하듯이 그 미지의 원인에게 온갖 아부를 하게 된다. 그 미지의 원인을 향한 아부가 바로 기성종교에서 찾아볼 수 있는 금욕, 고행, 단식, 희생제와 같은 종교적 의례인 것이다. 종교란 이처럼 불확실한 상황으로 인해 야기되는 공포의 감정과 인간의 상상이 복합적

---

1   Hume, D., *The Natural History of Religion*, H. E. Root. (Ed.), Stanford University Press, 1957, pp. 28-29.

으로 작용하여 만들어 낸 결과인 것이다.

그런데 인간의 공포감이란 일시적으로 생겨났다가 사라지는 일시적인 정념이기에 이것을 토대로는 일시적으로 종교적 감정이 생겨났다가 사라질 수밖에 없다. 그러기에 인간의 종교적 감정을 지속시키기 위해 인간의 정념과 상상을 조장하는 인위적인 제도가 필요한데 바로 이것이 교리와 의례의 체계로서의 종교인 것이다. 흄은『종교의 자연사』에서 이 점에 대해 다음과 같이 구체적으로 진술하고 있다.

> 우리가 겁 많고 소심한 마음의 자연적이고 원초적인 요구에 휘말리게 되면, 우리를 흔들어 놓는 공포로 인해 온갖 종류의 야만성을 신에게 귀속시키게 되며 또한 그를 달래기 위한 방법으로 온갖 종류의 탐욕을 그에게 귀속시키게 된다. 사제들도 사람들의 이같이 타락한 생각들을 바로잡으려고 하기보다는 그것들을 조장하고 권유하고 있음을 알 수 있는데, 신이 무서운 존재로 그려질수록 사람들은 사제들에게 더욱 비굴하고 유순하게 되기 때문이다. 따라서 인위적인 제도가 인간의 자연적인 나약함과 어리석음을 생겨나게 한 것은 아니지만 그것들을 가중시키고 있음을 인정하지 않을 수 없다. 인간의 자연적인 나약함과 어리석음은 인간 정신에 깊이 뿌리를 두고 있으며, 인간 본성의 본질적이고 보편적인 속성에서 기인되는 것이다.[2]

여기서 흄의 요지는 종교란 인간의 공포심을 덜기 위해 생겨난 것임에도 불구하고 인간의 자연적인 유약함과 어리석음으로 인해 역으로 그 공포심을 조장하는 것이 되었다는 것이다. 실상 미지의 원인인 신을

---

2   Ibid., p. 73.

의인적인 존재로 해석하게 될 때 인간은 때로는 그 신이 노여워하지 않게 하기 위해 그리고 때로는 그를 달래기 위해 금욕, 극기, 자기비하, 순종적 고난과 같은 부자연스럽고 불합리한 종교적 덕목들이 종교적 제의나 의례로 도입되게 된다. 이처럼 부자연스럽고 불합리한 온갖 종교적 의례와 덕목들을 도입하는 것은 결국 인간의 공포와 무지를 조장하는 것이며, 종교가 부패하고 타락하게 되는 것은 바로 이 때문인 것이다.

2. 자연종교에 대해

흄은 『종교의 자연사』 서론과 마지막 절에서 비가시적이며 지적인 신에 대한 믿음, 즉 이신론에 대한 믿음을 "원초적 본능은 아니지만 적어도 인간 본성의 일반적 수반물"이라고 말하며, 이것을 참된 유신론(Genuine Theism)이라고 부른다.[3] 그러나 흄은 이 이신론에 기초한 자연종교를 이상적 종교로 수용했던 18세기 영국 이신론자들[4]과는 견해를 달리했다. 이신론자들에 따르면, 인류 최초의 종교는 자연종교였지만 사제들이 타락함으로 인해 미신적인 다신교로 변질되었다는 것이다. 따라서 인류는 이제 거짓 종교를 버리고 인류의 원초적이며 보편적인 종교였던 자연종교로 돌아가야 한다는 것이다. 그러나 흄은 자연종교를 인

---

3   Ibid., p. 21.
4   이는 17세기 영국 이신론의 아버지라 불리는 허버트 경을 필두로 하여 틴달, 톨런드, 콜린스, 울러스턴 등 18세기 영국 이신론자들의 주장이다.

류 최초의 종교로 보지 않았을 뿐 아니라 그것이 대중들의 마음을 움직일 수 있는 대중종교가 될 수 있다고 여기지 않았다.

> 자연종교가 우리에게 제시하는 추상적이며 비가시적인 대상은 인간의 마음을 오랫동안 움직일 수 없으며, 삶 가운데서는 더욱 그러하다. 감정을 지속시키기 위해서는 감각과 상상에 영향을 주는 어떤 방법을 찾아야 하며 신에 대한 철학적 설명 이외에 역사적인 방법도 수용해야 한다.[5]

계몽주의자들이 대중들을 붙잡고 신이란 인간과 유사한 존재일 수 없으며, 그러기에 인간의 마음을 회유하듯 신의 마음을 회유하기 위해 도입된 종교적 의례와 제의는 미신적인 것에 불과하다고 아무리 말해도, 대중들은 이런 이야기에 전혀 귀를 기울이지 않는다. 한편으로는 삶의 불확실성이 주는 마음의 공포를 몰아내고 다른 한편으로는 삶에 대한 실낱같은 희망을 놓지 않기 위해서 대중들에게는 의인화된 신을 섬기는 미신적인 종교가 절실히 필요하기 때문이다.

> 도덕 외에는 그 어떤 것도 신의 은총을 이끌어 내지 못한다고 명확하게 선언하는 그러한 대중종교가 있어서—물론 그러한 종교는 결코 있을 수 없지만—사제들이 매일매일의 설교 말씀과 온갖 설득을 통해 이 같은 사실을 교육시킨다고 할지라도 사람들의 편견은 너무도 뿌리가 깊은 것이기에 어떤 미신이 없는 경우에도 그들은 덕이나 도덕적인 선을 중시하기보다는 이들 설교에 참석하는 것 자체를 종교의 본질로

---

5   Hume, D., *Essays, Moral, Political, and Literary*, Eugene, F. Miller. (Ed.), Indianapolis: Liberty Press, 1985, p. 167.

삼을 것이다.[6]

요컨대, 추상적이며 비가시적인 지적 창조주인 신의 존재에 대한 믿음과 유일한 종교적 실천으로 도덕적 행위만을 주장하는 자연종교는 결코 대중들이 수용할 수 없는 종교인 것이다. 따라서 흄은 정념과 상상에 기초해 왜곡된 의인적 신관을 주입하고, 예배 참석, 고행, 단식 등 삶에는 별반 유익이 없는 종교적 행위를 가르치는 미신적인 기성종교를 멀리하는 것이 어렵다고 고백한다. 나아가 감각과 상상에 의존한 종교의 미신적 요소가 불가피한 것임을 이야기하고 있다.

> 우리 본성의 취약성은 우리가 관여하는 모든 것 가운데 뒤섞여 나타난다. 따라서 어떠한 인간적 제도도 완전할 수는 없다. 무한한 정신, 우주의 창조자는 얼핏 생각하기에 모든 종교적인 의례와 제도가 배제된, 더 나아가 아무런 사원도, 사제도, 그리고 기도문이나 기원문도 없는 완벽하게 순수하며 단순한 예배를 요구하는 것처럼 보인다. 그러나 이러한 종류의 신앙이 빈번히 가장 위험한 광신주의로 타락하는 것을 목격할 수 있다. 우리가 어느 정도 종교를 인간의 결점에 맞추기 위해 감각과 상상에 의존하는 경우 미신의 침투를 막거나 또는 예배에 있어서 의례적이며 장식적인 요소들을 강조하지 못하게 막기란 매우 어려우며 거의 불가능하다.[7]

여기서 흄은 정념과 상상에 의존해 신을 의인화하거나 물상화하는 인간 본성의 유약함을 돌아볼 때 종교에서 미신적 요소를 제거하는 것

---

6   Hume, D., op. cit.,, 1957, pp. 70-71.
7   Mossner, E., *The Life of David Hume*, Austin: University of Texas Press, 1954, p. 307.

이 사실상 불가능하며, 또한 이런 제거가 또 다른 종교적 폐해인 광신주의로 타락할 수 있음을 경고하고 있다. 실상 인간 본성인 물상화, 의인화 성향을 철저히 배격하고 신의 존재를 극단적으로 추상화할 경우, 그런 추상적인 존재(신)에 대한 믿음은 인간의 마음을 움직일 수 있는 힘을 상실하게 되며, 결국 도덕적 기능을 상실하게 된다. 기독교의 핵심교리인 기독론, 즉 신이자 동시에 인간인 육화된 신으로서의 예수 그리스도에 대한 교리는 바로 기독교가 인간의 본성인 물상화, 의인화 성향을 고려하고 있음을 보여 주고 있다. 만약 하느님이 하늘에만 계신 분이라면 그 하느님에 대한 믿음은 결코 인간을, 그리고 이 세상을 변화시킬 수 없다. 하늘에 계신 하느님이 이 땅으로 하강하여 인간과 눈을 맞추고, 인간과 대화하고, 교제할 때 비로소 그 하느님에 대한 믿음이 인간의 삶을 바꿀 수 있는 원동력이 된다. 인간이 인간을 교육할 때 가장 기본이 되는 원리가 있다. 바로 교육자가 피교육자와 눈높이를 맞추는 것이다. 하물며 전지전능한 신이 인간을 교육할 경우 인간의 연약함을 고려한 눈높이 교육을 하리란 것을 충분히 짐작할 수 있다. 그런 점에서 종교가 지닌 물상화와 의인화 요소는 신과 인간이 소통하기 위해 반드시 필요한 종교의 육화된 부분인 것이다.

3. 참된 종교에 대해

흄은 오늘날 철학자로 알려져 있지만 실은 당시와 그의 사후 100여 년간 『대영백과사전』에 철학자가 아닌 역사가로 기술되어 있었다. 방대한 분량의 『영국사』를 집필한 저자답게 삶의 지평 속에서 철학을 했던 인물이었던 것이다. 삶과 유리된 철학적 사유란 극단으로 흐를 수밖에 없기에 철학자는 역사적인 삶의 문맥에 대한 성찰을 통해 최선의 선택, 즉 중용을 찾아야 한다고 생각했다.[8] 그 결과 흄은 "어떠한 인간적 제도도 완전할 수 없다"고 보았고, 가장 이상적인 종교란 결국 역사적 문맥 속에서 선택된 중용(Happy Medium)일 수밖에 없다고 생각했다. 따라서 흄은 현실적으로 대중들에게 별반 영향을 줄 수 없는 자연종교와 인간의 삶에 전혀 유익을 주지 못하는 미신적인 속성을 지닌 대중종교의 양극단 사이에서 중용을 찾고자 하였다.

그가 찾은 중용은 구교와 신교의 중간쯤에 위치한 영국 국교회(Church of England)였다. 흄은 『영국사』 4권에서 다음과 같이 이야기하고 있다.

> 교황권의 지배로부터 벗어난 유럽의 교회 중에서 영국 국교회만큼 합리적이며 중용적인 것은 없다. 이는 부분적으로 시민정부의 간섭

---

8 "철학자가 그의 연구실에 틀어박혀 사물의 특성과 양식을 면밀히 관찰할 때 그 사물에 대해 갖는 일반적이며 추상적인 관점은 정신을 너무도 냉랭하고 무감동하게 만들어 버려 자연적인 감정이 작동할 여지가 없게 만든다. 따라서 그는 악덕과 미덕의 차이를 좀처럼 느낄 수 없다. 역사는 이 같은 극단적 태도에 중용을 유지하게 해주어 사물을 제자리에 가져다 놓는다."(Hume. D., op. cit., 1985b, p. 568.)

으로 이루어진 개혁의 덕분이다 … 고대 미신의 특성을 약화시키고, 그
것을 사회의 평화와 이익에 더욱 공존할 수 있도록 만듦으로써 현명한
사람들이 항상 추구해 왔으며 사람들이 좀처럼 유지하기가 쉽지 않았
던 중용을 지키고 있다.[9]

흄이 이처럼 영국 국교회를 중용으로 간주한 데는 두 가지 이유가
있다.[10] 하나는 타락하기 쉬운 교권을 시민정부에 종속시켰다는 점이다.
영국 이신론자들이 이구동성으로 이야기했듯이 흄 역시 대중종교의 타
락이 성직자들의 탐욕에서 비롯된 것으로 보았으며, 탐욕의 원인을 성
직(聖職)의 직업적 특성에서 찾았다. 흄에 따르면, 성직 역시 세상의 다
른 직업들처럼 경쟁적인 성격을 지니고 있는 까닭에 성직자들이 그들을
추종하는 신자들의 헌신을 이끌어내기 위해 종교의 미신적 요소를 강화
하게 된다는 것이다.

모든 성직자들은 자신들을 그들의 추종자의 눈에 매우 고귀하고
성스럽게 보이게 하기 위해 다른 종교에 대해서는 격렬하게 혐오감을
갖도록 고취시키며, 또한 그들을 추종하는 사람들의 무기력을 막고 계
속해서 헌신을 고취시킬 수 있는 새로운 방안을 고안해 내고자 노력한
다. 그들은 교리에 담아 가르칠 진리, 도덕, 예절 등에는 아무런 관심이
없으며, 인간의 무질서한 감정에나 어울릴 교의를 수용하고, 부지런함

---

9 Hume, D., *The History of England from the Invasion of Julius Caesar to the revolution 1688,
Indianapolis: Liberty fund Co.,* 1985, Vol. 4, pp. 119-120. 영국 국교회를 중용이라 말하
는 대목은 『영국사』 2권 서문에서도 찾아볼 수 있다. "모든 기독교의 분파들 중에서
영국 국교회가 최선의 중용인 듯이 보인다. 그러나 이 책이 서술하고 있는 시기(후기
스튜어트 왕가)에 그것은 적대자에 속하는 광신적인 요소가 강했을 뿐 아니라 성직자
집단(가톨릭)의 미신적 요소도 있었음을 인정해야 한다." Mossner, 1954, p. 307.
10 이태하, "참된 종교와 미신에 대한 흄의 견해", 『철학연구』, 67권, 2004, pp. 88-89.

과 설교를 통해 대중들의 감정을 자극하고, 그들을 경신으로 이끄는 호객행위를 하고 있다.[11]

따라서 흄은, 교권을 시민정부에 종속시킴으로써 성직자의 불순한 근면성을 제어할 수 있는 영국 국교회를 현실적으로 가장 이상적인 대중종교, 즉 중용으로 보았던 것이다.[12]

흄이 영국 국교회를 중용으로 간주한 또 다른 이유는 인간의 자연적 본능이자 결점이라 할 수 있는 감각과 상상의 힘을 적절한 선에서 수용하고 있다는 점이다. 흄은 타락한 종교를 두 가지 유형으로 구분했는데 하나는 미신(Superstition)이고 다른 하나는 광신(Enthusiasm)[13]이다. 미신은 구교인 로마가톨릭을 이르는 것이고, 광신은 신교인 스코틀랜드의 장로교를 이르는 것인데, 전자는 지나치게 감각과 상상에 의존한 반면에 후자는 역으로 지나치게 그 영향력을 간과했다고 보았다. 흄은 감각과 상상의 지나친 의존이 미신을 불러오지만 역으로 지나친 억압 역시 인간을 음울하고 어둡게 만들 뿐 아니라 극단적인 완고함과 종교적 독선을 가져오게 하는 원인임을 지적한다. 따라서 흄은, 스코틀랜드의 장로교에 영국 국교회의 교회장식과 종교적 의례의 일부를 도입하려 했던 스코틀랜드와 잉글랜드의 통합왕이었던, 제임스 1세의 시도를 긍정적으로 보았다.

---

11 Hume, D., op. cit., 1985a, Vol. 3, pp. 135-136.

12 흄은 1770년에 영국 국교회를 거짓 종교의 목록에서 삭제하였는데 이는 영국 국교회의 목사들이 미신이나 광신을 조장하지 않고 목사의 역할을 훌륭하게 해내고 있다고 보았기 때문이다(Stewart, J. B., *The Moral and Political Philosophy of David Hume,* New York: Columbia University Press, 1963, p. 283).

13 흄은 에세이 "Of Superstition and Enthusiasm"에서 열성주의(Enthusiasm)를 광신의 의미로 사용하고 있는데 개신교 즉 장로교를 통칭하는 개념이다.

감각적인 것이 완전히 배제된 채 전적으로 신의 본질에 대한 명상에만 의존하는, 상상할 수 있는 것 중 가장 원초적이며 단순한 예배는 이성적으로 볼 때 납득할 수 있는 것이다. 그러나 이러한 유형의 예배는 최상의 존재에게는 어울리는 것일 수 있겠지만 인간의 나약함에는 어울리지 않는 것이기에 마음에 혼란을 가져올 수 있으며 그로 인해 여러 가지 면에서 정상적으로 살아가지 못하게 된다. 특별한 황홀경을 추구한 후 그것에 쉽게 빠져들거나 또는 자신의 나약함에 낙심하여 모든 외적인 겉치레와 의식을 거부하는 사람은, 영적인 삶에만 몰두하게 되어 성품을 온화하게 하거나 사람의 정을 느끼게 하는 모든 사회적 교제나 즐거운 여흥을 꺼리게 된다. 명민한 사람이라면 광신주의에 사로잡힌 사람들이 어둡고 음울한 성향을 지니며, 완고하고 위험하며, 독선적이고 무질서하며, 권위를 무시하며 또한 타종교를 증오하는 마음이 있음을 알 수 있는데, 왕(제임스 1세) 역시 이 점을 알고 있었다.[14]

요컨대 흄은 인간의 자연적 결점 내지 자연적 성향이라 할 수 있는 감각과 상상을 고려할 때 교회의 장식과 종교적 의례를 적절하게 도입하는 것이 광신(Fanaticism)의 특성이라 할 수 있는 음울함과 완고함 그리고 독선과 배타성을 완화하거나 치유하는 방법이라 보았던 것이다. 이에 교회의 장식을 긍정적으로 받아들였고 통일된 기도서와 예배의식을 갖고 있던 영국 국교회를 미신과 광신의 두 극단 사이에 놓인 중용이라고 보았다. 이처럼 흄은 신인동형론적 유신론에 기초한 대중종교와 이신론에 기초한 자연종교의 양극단에서, 그리고 미신과 광신의 양극단에서 영국 국교회라는 중용을 찾았던 것이다. 흄은 이 점에서 17~18세기 영국의 지성인들이 오랫동안 추구했던 참된 종교를 향한 긴 여정에 종

---

14   Hume, D., op. cit., 1985a, Vol. 5, p. 68.

지부를 찍었다.

17세기부터 18세기로 이어지는 계몽주의 시대, 지성인들에게 있어 종교는 계몽의 대상이었다. 그러나 18세기 영국의 경험주의 철학에서 종교는 인류의 무지가 낳은 미신으로서 단순히 계몽되어야 할 대상이 아니었다. 이들은 일상적인 삶의 지평에서 기성종교가 야기한 시민전쟁, 정부의 전복, 불신자 박해, 인권 탄압, 종파적 분쟁 등 부정적인 측면만 본 것이 아니었다. 인간의 삶을 개혁하고, 마음을 정화하며, 도덕적인 동기를 강화하고 국가를 하나로 통합하는 등 긍정적인 측면도 인정하고 있었다. 따라서 기성종교를 배척하기보다는 종교가 지닌 문제를 개선할 수 있는 방안을 찾은 영국 국교회를 참된 종교로 보았던 것이다.

홉스를 비롯해 로크, 버클리, 흄으로 이어지는 영국의 경험주의 철학자들은 계몽주의 시대의 신관인 이신론을 자연종교라는 이름으로 수용하지 않았다. 이들은 종교를 천상의 제도로 보기보다는 인간의 삶에 기반을 둔 인간의 제도로 보았던 것이다. 그러기에 하늘을 바라보며 신의 초월성과 절대성을 강조하기보다는 인간의 나약함과 무지를 돌아보고, 그들의 마음을 다스리며, 이 땅을 평화롭게 할 수 있는 현실적인 종교를 찾았다.

홉스는 영국 역사상 가장 혼란스러웠던 튜더 시대로부터 스튜어트 시대를 거쳐 산 인물답게 종교의 문제를 철저히 정치적인 관점에서 바라본 인물이었다. 그는 『리바이어던』을 통해 영국의 내란은 종교적 내분에서 비롯된 것이기에 국가의 질서와 평화를 회복하기 위해서는 군주가 종교의 문제에 있어서도 절대적인 권력을 가져야 한다고 주장하였다. 이 땅에서의 교회란 어디까지나 국가 권력에 의해 공인을 받아야만 비로소 미신의 딱지를 떼고 참된 종교가 될 수 있다고 보았으며 따라서 주권자의 명령 없이는 어떤 종교도 용인될 수 없다고 주장하였다. 그의 이 같은 주장은 헨리 8세가 영국 국교회를 세울 때 내세운 수장령을 옹호하고 있다는 점에서 왕당파의 입장을 옹호하는 듯 보인다. 그러나 이 책이 출간될 당시 정권을 상실한 왕당파의 입장에서는 사실상 크롬웰 정권을 인정해야 한다는 발언으로 이해될 수 있었다. 그로 인해 그는 왕당파에 의해 배신자라는 비난을 받아야만 했다. 그러나 그의 주장은 종교적 관용을 허용하지 않는다는 점에서 종교적 관용을 주장했던 독립파인 크롬웰 정권의 입장에서도 환영받을 수 있는 주장은 아니었다.

로크는 교리와 의례가 구원의 메시지를 담아내는 종교의 육화된 부분이란 사실을 누구보다 명확하게 인지하고 있었다. 대중은 상식과 이성보다는 기적과 신비에 마음을 빼앗기며, 양심의 자유가 주는 고통보다는 노예적 환희를 추구한다는 사실을 잘 알고 있었다. 그러기에 그는 영국 이신론자들이 주장하듯 계시에 기초한 기성종교를 이성의 종교인 자연종교로 대체할 수 있다고 여기지 않았다. 그 점에서 그는 기성종교를 옹호하면서 적어도 개인의 영적 구원에 관한 종교적 문제에 있어서는 종교적 관용을 허용해야 한다고 주장했다. 그러나 프로테스탄트 비국교도들에 대해서는 관용을 베풀 것을 주장하면서도, 가톨릭교도들에 대해서는 그들이 교황이라는 군주를 섬기고 있기에 종교적 관용의 대상이라고 보지 않았다.[15] 이 같은 입장은 일평생 그의 정치적 후견인이었던 섀프츠베리 백작(first earl of Shaftesbury, 1621-1683)으로부터 영향을 받았기 때문이었다. 섀프츠베리 백작은 국교도이면서도 비국교도에게 관용을

---

15 "로크는 어느 나라도 잠재적으로 통치자에게 반기를 들 가능성이 있는 사람들에게는 관용을 베풀지 않는다고 믿었다. 그것은 종교적 자유의 문제가 아니라 국가안보의 문제이기 때문이다."(Cranston, M., *John Locke: A Biography*, London: Longman, 1961, p. 13.)

주장하는 자유주의자였는데 그가 이 같은 종교적 관용을 주장한 이유는 종교적 박해가 국가를 분열시킬 뿐 아니라 근면한 사람들로 하여금 이민을 선택하게 함으로써 상업의 발달을 저해하고 결국은 국가를 가난하게 만든다고 생각했기 때문이다. 로크는 1683년 섀프츠베리 백작의 몰락으로 인해 네덜란드로 정치적 망명을 갔을 때 그곳에서 종교적 자유가 어떻게 국가를 부유하게 만드는가를 목도하면서 종교적 관용에 대한 확고한 신념을 갖게 되었다. 그로 인해 그는 1689년 개인에게 신앙의 자유를 허용할 것을 주장하는 『관용에 관한 서간』을 출간하였다.

버클리는 홉스나 로크처럼 정치적으로는 복잡한 상황에 있지 않았다. 친가톨릭 성향으로 인해 늘 의회와 마찰을 빚었던 스튜어트 왕가가 1688년 명예혁명을 통해 사실상 종말을 맞게 되자, 메리 2세와 윌리엄 3세의 뒤를 이어 1714년에 영어를 한마디도 못하는 하노버가의 조지 1세가 왕위에 오르자 의회가 현실정치를 주도하게 되었다. 이때부터 강력한 권력을 손에 쥔 의회는 종교와 결탁해 부패의 길로 들어서게 되었다. 자연종교를 주창하는 18세기 영국 이신론자들이 등장한 것이 바로 이 시점이다. 스튜어트 왕조 시대에 태어나 하노버 왕조 시대에 영국 국교회의 성직자가 된 버클리는 신교와 가톨릭의 사이에서 중용을 모색했던 홉스나 로크와는 달리, 계시종교와 자연종교 사이에서 중용을 모색해야 했다. 그가 비국교회와 자연종교의 공격으로부터 영국 국교회를 지켜 내기 위해 선택한 방법은 바로 영국 국교회의 기반을 계시가 아닌 관습에서 찾았다는 점이다. 그에 따르면, 종교를 갖는다는 것은 언어를 배우는 것과 같은 것으로서 오랜 전승을 통해 형성된 규칙과 실천을 배우는 것이다. 따라서 종교를 갖는다는 것은 곧 교회가 지향하는 질서 있는 삶, 도덕적인 삶을 배운다는 것을 의미한다. 그는 종교를 관습의 차원에서 보았기에 종교적 언명에 대한 경험적 증거란 존재하지 않으며 그 언명에 대한 합리적 근거는 그 언명의 유용성에 있다고 보았다. 그런 점에서 그에게 참된 종교란 결국 사회와 도덕의 질서에 기여하는 유용한 종교였다.

이상을 종합해 볼 때, 홉스, 로크, 버클리, 그리고 앞서 언급한 흄 모두 자신들이 직면했던 종교적 갈등, 즉 국교회와 비국교회, 계시종교와 자연종교, 미신과 광신의 대립 속에서 나름대로 변증법적인 모색을 통해 최선(중용)을 찾고자 했던 것이다.

제8장

결론

르네상스기에 일어난 과학혁명과 종교개혁은 '종교'라는 용어의 개념을 바꾸어 놓았다. 종교개혁 이전만 해도 '종교'라는 용어는 초월적인 것을 향한 인격체의 역동적인 응답, 즉 경건한 삶을 가리키는 말이었다.[1] 그러나 종교개혁 이후 '어떻게 사느냐'가 아닌 '무엇을 믿느냐'에 초점이 맞추어지면서 종교 간의 교리적인 논쟁이 일어났고 시간이 갈수록 가열됨에 따라 '종교'는 초월자를 향한 경외심에서 비롯되는 경건함과 신앙이 아닌 교리와 의례의 체계를 의미하는 용어로 변질되었다.[2] 이것은 종래와는 달리, 신앙과 실천의 관점이 아니라 이성과 인식의 관점에서 종교를 바라보게 되었음을 의미하는 것이다.

근대 자연과학의 발달로 인해 계시의 도움 없이도 자연적 인식능력이라 할 수 있는 이성과 경험만으로도 자연의 진리를 밝힐 수 있음을 알게 된 근대 지성인들은 예언과 기적을 통해 자연의 운행과 인간사에 수시로 개입하는 '불가해한 존재(an Inexplicable Being)' 대신 흡사 시계처럼 이 우주를 질서 속에 운행하도록 제작한 시계공과 같은 신을 믿게 되었다.

---

[1] 윌프레드 캔트웰 스미스, 『종교의 의미와 목적』, p. 65. 캔트웰 스미스에 따르면, 칼뱅의 저서 *Christianae religionis Institutio*가 『기독교 강요』로 번역되어 있는데 이에 대한 정확한 번역은 『그리스도적 경건에 대한 가르침』이다.

[2] "17세기는 모든 영역에서 주지주의적 시기이자 종교의 영역에 있어서는 논쟁과 갈등의 시기였다. '종교'라는 개념의 주지주의화는 인간 지성이 우주를 이해할 수 있다고 하는 주장이 나타나는 시대적 경향의 일환이었다. 그것은 또한 다양한 종교 집단들이 서로를 논박하려는, 목청 높은 주장에 대한 응답의 일부이기도 했다. 자신의 신앙을 천명할 때는 심오하고 인격체적이며 초월적으로 정향된 어떤 것에 대해 이야기한다. 이런 경우, 우리가 '종교'라는 말을 사용한다면 그것이 우리가 자연스럽게 뜻하는 바다. 반면에 만약 우리가 다른 사람들이 천명하는 바를 거부하는 경우에는 우리는 필연적으로 그것을 그 외적 표현들을 중심으로 하여 개념화한다. 왜냐하면 그것들만이 주어진 전부이기 때문이다. '나 자신의 종교'는 경건성과 신앙, 복종, 예배, 그리고 하느님에 대한 비전일지 모르나, '다른 사람의 종교'는 신조와 의례의 체계요 하나의 추상적이고 비인격체적인 가시적 형태가 되는 것이다."(윌프레드 캔트웰 스미스, 『종교의 의미와 목적』, 길희성 역, 분도출판사, 1991, pp. 72-73.)

한편 부패한 교회의 정화를 위해 마틴 루터가 불을 붙인 종교개혁은 아이러니하게도 교회의 부패문제보다 더 심각한 종교 간 분쟁을 야기하였다. 17세기 초에 발생한 30년 전쟁은 유럽의 지식인들로 하여금 교리적 분쟁을 종식시킬 수 있는 보편적 종교를 찾게 만들었고, 그때 지식인들의 눈에 띈 것이 바로 근대 자연과학의 기계론적 세계관의 토대가 되는 이신론이었다.

이신론[3]은 계시와 신앙이 아닌 인간의 이성과 경험에 기반을 두었다는 점에서 자연종교라 불린다. 이 자연종교는 기도에 응답하지 않는 비인격적인 질서의 신을 믿는다는 점에서 종교가 부패하고 타락할 수 있는 여지를 남겨 두지 않았을 뿐 아니라 도덕적 실천 외에는 어떠한 신조나 교리도 주장하지 않는다는 점에서 모든 종교적 분쟁을 종식시킬 수 있는 인류의 이상적인 종교로 간주되었다. 다라서 기성종교를 계몽의 대상으로 보았던 근대 계몽주의자들은 계시에 기초한 기성종교를 자연종교로 대체하고자 하였다. 영국의 18세기 초는 바로 이런 시도가 그 절정에 달했던 시기였다. 그러나 앞서 살펴본 바와 같이 이 같은 시도는 성공을 거두지 못했다. 오늘날 우리가 주변에서 쉽게 볼 수 있듯이 계시종교는 지금도 여전히 성행하고 있으며 지역에 따라서는 과거보다 위축된 곳도 있지만 오히려 그 세력이 과거보다 더 커진 곳도 있다. 아무튼 여기서 주목해야 할 사실은 자연종교로 계시종교를 대체하려는 시도는 계몽주의 이래 지금도 계속되고 있다는 점이다.

근대 계몽주의가 내세웠던 자연종교는 이신론적인 믿음과 도덕적

---

3 이신론에는 두 가지가 있다. 하나는 이 세계를 창조한 이후 더 이상 세계의 운행에 관여하지 않는 부재하는 신을 믿는 이신론과 창조 이후에도 계속해서 세계의 운행에 관여하나 자연적인 방식으로 관여한다고 믿는 역사적 이신론(Historical Deism)이다.

실천만으로 이루어졌다는 점에서 교리와 의례의 체계로서의 종교가 없이 단지 신의 존재만을 믿는다. 그런 점에서 자연종교의 신은 이른바 '종교 없는 신'이라 할 수 있다. 문제는 이 '종교 없는 신'에 대한 믿음인 자연종교가 계몽주의 이후 자취를 감춘 것이 아니라 오늘날도 여전히 존재한다는 사실이다. 오늘날 많은 현대인들이 자연종교를 수용하고 있는데 이들이 수용하고 있는 자연종교는 이른바 '종교 없는 신' 외에도 두 가지가 더 있다. 그중 하나는 신을 믿지 않으면서도 종교가 지닌 유용성을 이유로 종교의 필요성을 주장하는 사람들이 믿는 '신 없는 종교'이다. 그리고 다른 하나는 유신론을 받아들이면서도 모든 신조와 교리 그리고 모든 종교적 의례를 배격한 채 오직 도덕적 실천만을 강조하는 사람들의 종교인 '종교 없는 종교'이다.[4] 이들 자연종교는 근대 계몽주의 시절과 마찬가지로 오늘날에도 끊임없이 계시종교인 기성종교를 공격하고 있다.[5]

구약성경의 여호수아서를 보면 "강 저편의 신이든 강 이편의 신이든 너희가 섬길 자를 오늘 택하라"(『여호수아』, 24:15)는, 이스라엘 백성을 향한 여호수아의 마지막 유언이 나온다. 여호수아의 이 유언은 3000년이 넘는 긴 세월에 걸쳐 '계시의 땅'을 뒤에 두고 '계몽의 강'을 건너 '이

---

4   '종교 없는 신'과 '종교 없는 종교'는 신의 존재에 대한 믿음과 도덕적 실천만을 유일한 종교적 실천으로 본다는 점에서 매우 유사하다. 그러나 전자가 믿는 신은 이신론적인 신인 데 반해 후자가 믿는 신은 유신론적인 신이라는 점이 다르다. 다시 말해, 전자의 신은 이 세계의 존재를 설명하는 제일원인인 데 반해 후자의 신은 인간의 삶에 의미와 가치를 주는 존재이다.

5   플라톤의 이데아론 철학은 그리스 도시국가의 토대였던 신화적 종교가 자연철학자나 소피스트들에 의해 공격을 받자 이를 대체하기 위해 내세운 이성의 종교, 즉 자연종교였다. 그러나 이 자연종교는 신화적 종교를 대체하는 데 성공을 거두지 못했다(W. K. C. 거드리, 『희랍철학입문』, 종로서적, 1981, pp. 102-103).

성의 땅'으로 건너온 현대인에게 남긴 유언처럼 들린다. 우리는 지금껏 인류가 수천 년 동안 믿어 온 강 저편의 신, 즉 전통적인 계시종교를 믿어야 하는 것인지 아니면 계몽주의 이후 우리가 마주하게 된 강 이편의 신, 즉 자연종교를 믿어야 하는지를 선택해야 하는 기로에 서있다.[6] 바로 이 선택은 이성적으로 납득할 수 있는 합리적인 종교를 수용해야 할지 아니면 머리가 아닌 가슴으로 받아들여야 하는 신비적 종교를 수용할지의 선택인 것이다. 이 선택은 18세기 영국의 지성인들이 직면했던 문제이자 또한 21세기를 살아가는 우리들의 문제이기도 하다. 그렇다면 지금 우리는 어떤 선택을 해야 하는 것일까? 이 책은 바로 이 물음에 대한 답을 찾기 위한 지적 여정이었다.

종교의 힘은 종교적 영성[7]에서 비롯된다. 그리고 이 영성은 이성을 통해서 교육되는 것이 아니라 나의 현존재를 통해 스스로를 현현하는, 초월적 존재에 대한 내적 경험 즉 영적 체험을 통해 형성되는 것이다. 이 종교적 영성을 통해 인간은 자기를 초월할 수 있으며, 자기 초월을 통해 한낱 가사적(Mortal) 존재인 인간이 자신의 존재 의미와 삶의 가치를 찾게 된다. 그런 점에서 종교적 영성이야말로 종교가 인간에게 주는 유익이자 종교가 약속하는 구원인 것이다. 그런데 안타깝게도 근대 계몽주

6 　버나드 앤더슨은 우리가 이 같은 선택의 기로에 설 수밖에 없는 이유를 다음과 같이 말하고 있다. "삶이란 신들의 싸움이며, 불행하게도 거기엔 우리가 그 싸움을 공평하게 관람할 수 있는 관람석이 마련되어 있지 않다. 우리가 만일 생각하고 행동하며, 또 살아 있다면 우리는 전투에서 한 위치를 잡아야만 한다. … 오늘날 우리는 성서를 통하여 인간에게 말씀하시는 주님을 섬기든가, 그렇지 않으면 인간이 만들어 낸 신들을 섬기든가 둘 중 하나를 결정해야 하는 것이다(B. W. 앤더슨, 『성서의 재발견』, 김찬국 · 조찬선 역, 대한기독교교육협회, 1980, p. 19).

7 　종교에서 말하는 영성이란 무엇인가? 영성에 대해 수없이 많은 다양한 개념적 정의가 있지만 대체로 종교에서 말하는 영성은 "초월적이고 이상적인 가치를 추구하게 하거나, 인생의 존재 의미와 가치를 탐구하게 하거나, 역동적이고 생명력 있는 삶을 추구하게 해주는 내적인 힘"으로 정의할 수 있다.

의 이후 인류가 맞이한 강 이편의 신(자연종교)은 우리와의 내적이며 긴밀한 만남을 위한 신비의 문을 열어 놓지 않았다. 다시 말해 자연종교는 신과의 만남을 목적으로 하는 종교가 아니라 신을 이해하고자 하는 철학이었던 것이다.

현대인들이 수용하고 있는 세 가지 유형의 자연종교, '종교 없는 신', '신 없는 종교', '종교 없는 종교'는 한 목소리로 도덕적 실천을 부르짖지만 정작 그 실천을 이끌어 낼 수 있는 영적인 힘을 갖고 있지 않다. 데리다는 『죽음의 선물』에서 구약의 창세기에 나오는 아브라함이 모리아산에서 하느님께 이삭을 바치는 사건에 대한 해석을 통해 종교의 본질이 어디에 있는지를 묻고 있다. 데리다에 따르면, 종교란 아브라함처럼 돌려받을 가능성이 전혀 없는 한 인간의 생명을 아무런 이유도 묻지 않고 하느님께 바치는 일종의 광기와 같은 행위라고 말한다.[8] 문제는 자연종교의 경우처럼 이성의 한계에 머무르는 한 아무리 신의 존재에 대한 믿음을 확신하고 도덕적 실천을 강조한다 해도 정작 그런 실천을 이끌어 낼 수 있는 힘이 없다는 것이다. 아브라함이 보여 준 것처럼, 흡사 광기와 같아 보이는 그런 종교적 헌신, 다시 말해 자신의 목숨보다 더 소중한 것을 포기할 수 있는 믿음은 초월적 존재와의 내적 교감을 통해 형성되는 종교적 영성 없이는 사실상 불가능한 것이다. 이런 종교적 영성이 있어야 그 믿음이 세상을 바꿀 수 있는 것이다.

이제 우리가 어떤 선택을 해야 할지는 분명해졌다. 우리가 강 이편의 땅을 젖과 꿀이 흐르는 땅으로 만들기 위해서는 이제 강 저편에서 믿었던 신에게로 돌아가야 하는 것이다. 그러나 강 저편의 신에게로 돌아가는 것이 인류에게 희망을 약속하는 것만은 아니다. 인류의 오랜 역사

---

8   J. Derrida., *The Gift of Death,* trans. David Wills, Chicago, 1995, pp. 95-96.

가 증거하고 있듯이 계시종교는 미신과 광신 사이를 오가며 인류에게 구원보다는 고통과 절망의 상처를 더 많이 안겨 주었기 때문이다. 그럼에도 우리는 자연종교를 거쳐 힘겹게 다시 돌아간 계시종교가 예전에 우리가 상처를 받고 떠났던 그 종교가 아닐 것이라는 소망을 가져야 한다.

참된 종교를 찾는 인류의 긴 영적 여정은 아직도 끝나지 않았다. 인류가 이 땅에 존재하는 한 종교는 결코 사라지지 않을 것이다. 신을 믿지 않는 사람들은 인간을 신의 자리에 놓고 있으며, 종교를 믿지 않는 사람들은 종교의 자리에 국가나 과학을 놓고 있다. 그러나 신과 종교를 대체한 이런 것들이 공익광고의 카피처럼 "사람이 희망입니다"라고 자신 있게 말할 수 있을까? 도스토옙스키가 『카라마조프의 형제들』에서 "신이 없다면 모든 것이 허용된다"고 하였지만 신이 없다면 이반의 말처럼 인간은 희망이 아니라 괴물이 되지 않을까 싶다. 신과 종교의 종언은 곧 인간의 종언을 의미하는 것이 아닐까?

이냐시오 로욜라 성인(St. Ignatius of Loyola, 1491-1556)이 전하는 성 아우구스티누스(St. Augustinus, 354-430)의 말씀으로 유신론과 이신론, 계시종교와 자연종교 사이에서 참된 종교를 찾고자 했던 긴 여정을 끝내고자 한다.

> 마치 모든 것이 하느님께 달린 듯이 기도하고,
> 모든 것이 당신에게 달린 듯 일하십시오.[9]

---

9 Guibert, Joseph de., *The Jesuits: Their Spiritual Doctine and Practice,* St. Louis: Institute of Jesuit Sources, 1964, p. 148.

참고문헌

강근환, "사회개혁자들로서의 18세기 영국복음주의자들", 『신학과 선교』, 3권, 1975.

거드리, 『희랍철학입문』, 박종현 역, 종로서적, 1981.

김영한, 『르네상스 휴머니즘과 유토피아니즘』, 탐구당, 1989.

김용민, "에피쿠로스신학과 스토아신학에 관한 비판적 검토: 키케로의 신의 본성에 관하여를 중심으로", 『한국정치연구』, 21권 3호, 2012.

김응종, "이신론과 관용", 『인문학연구』, 88호, 2012.

_____, "장 보댕과 관용", 『인문학연구』, 2012.

김재홍, 『그리스 사유의 기원』, 살림지식총서 49, 살림출판사, 2003.

김주한, "근대 과학혁명의 형이상학적 토대", 『한국교회사학회지』, 38권, 2014.

김중락, "1641년 잉글랜드의 분열과 스코틀랜드", 『대구사학』, 55권, 1998.

_____, "순응인가, 상응인가?: 찰스 1세의 교회정책과 교회헌법", 『영국 연구』, 22호, 2009.

데이비드 C. 린드버그, 『신과 자연: 기독교와 과학, 그 만남의 역사(상)』, 박우석 · 이정배 역, 이화여자대학교 출판부, 1999.

데이비드 흄, 『종교의 자연사』, 이태하 역, 아카넷, 2004.

_____, 『자연종교에 관한 대화』, 이태하 역, 나남, 2008.

로디 마틴, 『왕실 스코틀랜드 영국사』, 김현수 역, 대한교과서주식회사, 1996.

몽테뉴, 『몽테뉴의 수상록』, 손우성 역, 동서문화사, 2014.

문영상, "영국 Gentry계층의 역할과 그들의 역사적 성격", 『역사와 경계』, 1권, 1977.

박지향, 『영국사: 보수와 개혁의 드라마』, 까치, 2007.

박찬문, "르네상스 휴머니즘에 관한 연구: 페트라르카의 종교사상과 그 사상의 패러다임
　　　적 영향을 중심으로", 전남대학교 사학과 박사학위 논문, 1995.

박희영, "그리스 신 개념의 형성과 철학적 사유", 『서양고전학연구』, 28권, 2007.

버나드 맨더빌, 『꿀벌의 우화: 개인의 악덕, 사회의 이익』, 최윤재 역, 문예출판사, 2010.

B. W. 앤더슨, 『성서의 재발견』, 김찬국 · 조찬선 역, 대한기독교교육협회, 1980.

슈테판 츠바이크, 『에라스무스: 위대한 인문주의자의 승리와 비극』, 정민영 역, 자작나무,
　　　1997.

신명 · 민경식, "영국에서의 종교와 국가: 잉글랜드 국교회 법제의 변천을 중심으로", 중
　　　앙대 법학논문집, 36권 3호, 2012.

R. 샤하트, 『근대철학사: 데카르트에서 칸트까지』, 정영기 · 최희봉 역, 서광사, 1993.

앨리스터 맥그래스, 『종교개혁사상』, 최재건 역, 기독교문서선교회, 2006.

에라스무스, 『우신예찬』, 강민정 역, 서해클래식, 2008.

오찬경, "영국의 종교개혁", 연세대학교 연합신학대학원 석사학위 논문, 1999.

오형국, "르네상스 인문주의의 개념과 성격: 종교개혁과의 관계를 중심으로", 『서양의 역
　　　사와 문화』, 창간호, 2004.

우도 틸, 『로크』, 이남석 역, 한길사, 1998.

윌프레드 캔트웰 스미스, 『종교의 의미와 목적』, 길희성 역, 분도출판사, 1991.

이동섭, "영국 종교개혁의 원천", 한성대 논문집, 1989.

＿＿＿, "16세기 영국종교개혁의 성격", 한성대 논문집, 1991.

이석남, "영국 국교회 성립에 관한 연구", 『서양사학연구』, 6권, 2002.

이승영, "영국의 종교개혁의 논의에 관한 일고", 『역사와 세계』, 18호, 1994.

이용철, "몽테뉴의 종교관에 관한 연구", 『프랑스학연구』, 51권, 2010.

이태하, 『자연과학에서 문예비평으로: 경험론의 이해』, 프레스 21, 1999.

＿＿＿, "17~18세기 영국의 이신론과 자연종교", 『철학연구』, 63권, 2003.

_____, "참된 종교와 미신에 대한 흄의 견해", 『철학연구』, 67권, 2004.

_____, "종교에 대한 흄과 칸트의 견해: 상이한 중용 찾기", 『철학연구』, 115권, 2010.

_____, "근대철학과 종교", 『가톨릭철학』, 18호, 2012.

_____, "종교개혁과 근대철학의 형성", 『철학연구』, 126권, 2013.

_____, "신, 종교 그리고 구원: 자연종교에서 계시종교로", 『철학논집』, 47권, 2016.

임성철, "에피쿠로스의 신관", 『철학탐구』, 17권, 2005.

최유신, "존 로크의 종교적 관용론: 보수주의적 관용에서 자유주의적 관용에로", 『대동철학』, 8권, 2000.

카렌 암스트롱, 『신의 역사』, I, II, 배국원 · 유지황 역, 동연, 1999.

_____, 『신을 위한 변론』, 정준형 역, 웅진 지식하우스, 2010.

플라톤, 『파이돈』, 세계의 대사상 1, 박종현 역, 휘문출판사, 1976.

_____, 『티마이오스』, 박종현 · 김영균 역, 서광사, 2000.

_____, 『법률』, 박종현 역, 서광사, 2009.

피터 디어, 『과학혁명: 유럽의 지식과 야망, 1500~1700』, 정원 역, 뿌리와 이파리, 2011.

호이카스, 『종교개혁과 과학혁명』, 이훈영 역, 솔로몬, 1992.

홉스, 『리바이어던』, 최공웅 · 최진원 역, 동서문화사, 2009.

황성환, "18세기 영국 국교회의 복음주의 운동", 『성결신학연구』, 2권 1호, 1997.

Annet, P., *The Resurrection of Jesus Considered: In Answer to the Tryal of the Witnesses*, London, 1744. (https://archive.org/details/sequelofresurrec00anne.)

_____, *The History and Character of St. Paul, examined: In a Letter to THEOPHILUS, A Christian Friend*, London, Printed for F. Page, c. 1745. (https://archive.org/details/historycharacter00anne.)

_____, *Supernaturals Examined in Four Dissertations on Three Treatises*, London, Printed for F. Page, 1747. (https://archive.org/details/supernaturalsexa002anne.)

_____, *The History of the Man After God's Own Heart*, London, 1766.

Aquinas, T., *Introduction to St. Thomas Aquinas: The Summa Theologica & The Summa Contra*

Gentiles, Anton C. Pegis. (Ed.), New York: Random House Inc., 1948.

Augustine, *Confessions: Saint Augustine,* Trans. R. S. Pine-Coffin., London: Penguin Books, 2015.

Bayle, P., *Commentaire Philosophique Oeuvres Diverses,* The Hague, 1737, Vol. 2.

Berkeley, G. A., "Three Dialogues between Hylas and Philonous," *The Works of George Berkeley,* Bishop of Cloyne, A. A. Luce, and T. E. Jessop. (Eds.), Vol. 1, Edinburgh: Nelson, 1948.

_____, "Treatise concerning the Principles of Human Knowledge," *The Works of George Berkeley,* Bishop of Cloyne, A. A. Luce, and T. E. Jessop. (Eds.), Vol. 2, Edinburgh: Nelson, 1949.

_____, "Alciphron: or The Minute Philosphers," *The Works of George Berkeley,* Bishop of Cloyne, A. A. Luce, and T. E. Jessop. (Eds.), Vol. 3, Edinburgh: Nelson, 1950.

Blount, Charles., *Miracles no Violations of the Laws of Nature,* London, 1683.

_____, *Miscellaneous Works of Charles Blount,* London, 1695.

Bodin, J., *Colloquium of the seven about secrets of the sublime,* Trans. Daniels Kuntz, Princeton: Princeton Univ. Press, 1975.

Bolingbroke, Henry St. John Viscout., *The Works of Lord Bolingbroke, with a Life,* Philadelphia: Carey and Hart, 1841, 4 Vols.

Breathnach, C. S., "Sir Thomas Browne(1605-1682)," *Journal of the Royal Society of Medicine,* Vol. 98, No. 1, 2005.

Browne, T., *Religio Medici* in *The Works of Sir Thomas Browne,* New York: W. E. Rudge, 1928, Vol. 1. (http://penelope.uchicago.edu/relmed/relmed.html.)

Bushnell, Thomas., *The Sage of Salisbury: Thomas Chubb 1679-1747,* New York, 1967.

Butler, J., *The Analogy of Religion, Natural and Revealed, to the Constitution and Course of Nature*(1736) in Works, W. E. Gladstone. (Ed.), Oxford, 1896, Vol. 2.

Calvin, J., *Institutes of the Christian Religion.* J. T. McNeil (Ed.), trans. Ford Lewis Battles., Philadelphia: Westminster John Knox Press, 1960.

Cassirer, E., Kristeller, P. O., and Randall Jr. J. H. (Eds.), *The Renaissance Philosophy of Man: Petrarch, Valla, Ficino, Pico, Pomponazzi, Vives,* University of Chicago Press, 1956.

Charron, P., *Les Trois Veritez,* 2nd ed. Bourdeaus: S. Millanges, 1595. (https://books.google.co.kr/books.)

Châtellier, L., "Christianity and the rise of science, 1660-1815," *The Cambridge History of Christianity: Enlightenment, Reawakening and Revolution 1660-1815,* S. J. Brown and T. Tackett. (Eds.), Cambridge University Press, 2006.

Chisholm, H. (Ed.), "Blount Charles," *Encyclopedia Britannica,* Cambridge University Press, 2006.

Chubb, T., *The True Gospel of Jesus Christ Asserted,* London, 1741. (https://archive.org/details/truegospeljesus00chubgoog.)

_____, *A Vindication of God's Moral Character,* Biblio Bazaar, 2010.

Clarke, S., *A Demonstration of the Being and Attributes of God,* Boyle lectures, London, 1704.

_____, *A discourse concerning the being and attributes of God, the obligations of natural religion, and the truth and certainty of the Christian revelation,* Printed by W. Botham, London, 1728. (https://archive.org/details/discourseconcern00clar.)

Collins, A., *A Discourse of Free-Thinking, Occasion'd by the Growth of a Sect call'd Free-Thinker,* London, 1713.

_____, *A Discourse on the Ground and Reason of the Christian Religion,* London, 1724.

Cranston, M., *John Locke: A Biography,* London: Longman, 1961.

Derrida, J., *The Gift of Death,* Trans. David Wills, Chicago, 1995.

Dickens, A. G., *The English Reformation,* Batsford, 1964.

Doddridge, P., *A Third Letter Author of Pamphlet, Intitled, Christianity Not Founded on Argument,* London, 1743.

Dodwell, Henry Jr., *Christianity Not Founded on Argument: and the True Principle of Gospel-Evidence Assigned: In a Letter to a Young Gentlemen at Oxford,* London, 1743. (https://archive.org/details/notfoundedonargu00unknuoft.)

Durant, Will., and Ariel, *The Age of Voltaire*, New York: Simon & Schuster, 1965.

Edward, Lord Herbert of Cherbury, *De Veritate*, Translated and edited by M. H. Carre, Bristol, 1937.

Eramus, D., "The Manual of a Christian Knight," Online Library of Liberty, 2013. (http://oll. libertyfund.org.)

Ferguson, E., *Backgrounds of Early Christianity*, Grand Rapids, Michigan: William B. Eerdmans Publishing, 2003.

Finochairo, M. A., *The Galileo Affair*, Berkeley University of California Press, 1989.

Fitchett, W. H., *Wesley and His Century: A Study in Spiritual Forces*, New York: Eaton & Mains, 1912.

Flint, R., *Anti-Theistic Theories*, Edinburgh and London: William Blackwood and sons, 1880.

Galileo, G., "The Assayer," *The Controversy on the Comets of 1618*, Trans. S. Drake, and C. D. O' Malley., Philadelpia: University of Pennsylvania Press, 1960.

_____ , "Galileo's Letter to the Grand Duchess Christina," *The Galileo's Affair*, Berkely University of California Press, 1989.

Gaskin, J. C. A., *Hume's Philosophy of Religion*, London, 1988.

Gay, P., *The Enlightenment: An Interpretation: The rise of Modern Paganism*, New York: Alfred · A · Knopf, 1966.

_____ , *Deism: An Anthology*, Princeton, NJ, 1968.

Gladstone, W. E. (Ed.), *The Works of Joseph Butler*, Bristol: Thoemmes Press, 1995.

Godwin, William., *An Inquiry concerning Political Justice and Its influence on General Virtue and Happiness*, Vol. 1, London, 1793.

Griffin, M., *Latutudinarianism in the Seventeenth-Century Church of England*, Lila Freedman. (Ed.), Leiden: Brill, 1992.

Guibert, Joseph de., *The Jesuits: Their Spiritual Doctrine and Practice*, St. Louis: Institute of Jesuit Sources, 1964.

Hankins, J., "Humanism, scholasticism, and Renaissance Philosophy," J. Hankins (Ed.), *The*

Cambridge Companion to Renaissance Philosophy, Cambridge University Press, 2007.

Harrison, P., "Voluntarism and Early Modern Science," History of Science, Vol. 4, No. 1, 2002a.

_____, "Original Sin and the Problem of Knowledge in Early Modern Europe," Journal of the History of Ideas, Vol. 63, No. 2, 2002b.

_____, "Philosophy and the crisis of religion," J. Hankins. (Ed.), The Cambridge Companion to Renaissance Philosophy, Cambridge University Press, 2007.

Hart, J., Viscount Bolingbroke. Tory Humanist, London: Routledge, 1965.

Herbert, E., The Antient Religion of the Gentiles, London, 1705. (https://archive.org/details/antientreligion00chergoog)

_____, De Veritate, Trans. M. H. Carré.,, Routledge Thoemmes Press, 1992.

Hobbes, T., Leviathan, R. Tuck. (Ed.), Cambridge, 1991.

Horowitz, M. C., "Pierre Charron's View of the Source of Wisdom," Journal of the History of Philosophy, Vol. 9, No. 4, 1971.

Hughes, P., The Reformation in England, New York: The Macmillan Co., 1951.

Hume, D., "Letter from Adam Smith to William Strahan," Dialogues Concerning Natural Religion, Edited, with an introduction, by Norman Kemp Smith., New York: Macmillan Pub. Co., 1947a.

_____, Dialogues Concerning Natural Religion, N. Kemp Smith. (Ed.), New York: Macmillan, 1947b.

_____, "Letter from Adam Smith to William Strahan," Dialogues Concerning Natural Religion, Edited, with an introduction, by Norman Kemp Smith., Macmillan Pub. Co., 1947c.

_____, The Natural History of Religion, H. E. Root. (Ed.), Stanford: Stanford University Press, 1957.

_____, A Treatise of Human Nature, L. A. Selby-Bigge. (Ed.), Oxford: The Clarendon Press, 1978.

_____, The History of England from the Invasion of Julius Caesar to the revolution 1688, Vol. 1-6,

Indianapolis: Liberty Fund Co., 1985a.

_____, *Essays, Moral, Political, and Literary,* Eugene, F. Miller. (Ed.), Indianapolis: Liberty Press, 1985b.

_____, *An Enquiry concerning Human Understanding,* Eric Stenberg. (Ed.), Indianapolis: Hackett Publishing Company, 1986.

Jakapi, Roomet., "Faith, Truth, Revelation and Meaning in Berkeley's Defense of the Christian Religion(in Alciphron)," *The Modern Schoolman,* Vol. 80, November, 2002.

James, W., *The Varieties of Religious Experience,* New York: The Modern Liberary, 1902.

Kim, Julius J., "Archbishop John Tillotson and the 17th Century Latitudinarian Defense of Christianity, Part 1," *Torch Trinity Journal,* Vol. 11, No. 1, and Vol. 12, No. 1, 2008.

Kohlenberg, Philip., "Bishop Berkeley on Religion and the Church," *Harvard Theological Review* Vol. 66, 1973.

Kristeller, P. O., "Humanism and Scholasticism in the Italian Renaissance," *Studies in Renaissance Thought and Letters,* 1956-1996, Vol. 1.

Kuntz, M. D., "Harmony and the Heptaplomeres of Jean Bodin," *Journal of the History of Philosophy,* Vol. 12, No. 1, 1974.

Law, William., *The Case of Reason, or Natural Religion, Fairly and Fully Stated, in Answer to a Book Entitled Christianity as Old as the Creation.* London, 1731.

_____, "Reply to Tindal," Works, London, 1762.

Leland, T., *A View of the Principal Deistical Writers that have Appeared in England in the last and present Century: with Observations upon them, and some Account of the Answers that have been published against them,* 3rd ed, Vol. 1, 1757.

Livingston, J., "Henry Dodwell's Christianity Not Founded on Argument 1742-revisited," *The Journal of Theological Studies,* Vol. 22, No. 2, 1971.

Locke, J., "The Reasonableness of Christianity," *The Works of John Locke,* Vol. 7, Oxford, 1954a.

_____, *Essays on the Law of Nature,* W. von Leyden. (Ed.), London: Oxford, 1954b.

_____, *A Discourse on Miracles* in *The Works of John Locke,* Vol. 9, Oxford, 1954c.

＿＿＿, *A Letter Concerning Toleration*, Indianapolis: Bobbes-Merrill Co., 1955.

＿＿＿, *An Essay concerning Human Understanding*, Oxford University Press, 1975.

＿＿＿, *Writings on Religion*, V. Nuovo. (Ed.), Oxford, 2002.

Loewe, R., "The Medieval History of the Latin Vulgate," G. W. H. Lampe. (Ed.), *Cambridge History of the Bible II: The West from the Fathers to the Reformation*, Cambridge, 1969.

Malcolm, N., "Charles Blount," *The Correspondence of Thomas Hobbes*, Vol. 2, Oxford, 1994.

Mandeville, B., *The Fable of the Bees; or Private Vices Public Benefits, etc*, London, Allen and West; Edinburgh, J. Mundell, 1795.

＿＿＿, *The Fable of the Bees; or Private Vices Public Benefits*, 2 Vols, London, 1924.

McGrath, A. E., *Reformation Thought: An Introduction*, Blackwell Pub. Ltd., 1999.

McGuinness, Philip., et al. (Eds.), *John Toland's Christianity not Mysterious*, Dublin, 1997.

McNaughton, D., "Butler," *The Dictionary of Eighteenth-Century British Philosophers*. John W. Yolton., John Valdimir Price, and John Stephens. (Ed.), Vol. 1, Thoemmes Press, 1999.

Middleton, *An Introductory Discourse to a Larger Work, etc*, London: R. Manby and H. Cox, 1747.

Moore, J. T., "Locke on Assent and Toleration," *Journal of Religion*, Vol. 58, 1978.

Morgan, Thomas., *The Moral Philosopher in a Dialogue between Philates a Christian Deist, and Theophanes a Christian Jew*, London, 1738.

Mossner, E., *The Life of David Hume*, Austin: University of Texas Press, 1954.

Newton, I., *Sir Isaac Newton's Mathematical Principle of Natural Philosophy and His System of the World*, Trans. Andrew Motte., Florian Cajori. (Ed.), Berkeley: University of California Press, 1934.

Orr, J., *English Deism: Its Roots and Its Fruits*, Grand Rapids, Michigan: WM. B. Eerdmans Publishiing Company, 1934.

Osler, M., *Divine will and the mechanical philosophy: Gassendi and Descartes on contingency and necessity in the created world*, Cambridge University Press, 1994.

Overton, J. H., *William Law, Nonjuror and Mystic: A Sketch of His Life, Character and Opinions,* London, 1881.

Perry, G. G., "William Law, and his Influence on his age," *The Contemporary Review,* 1867, Periodical Archive Online, p. 133.

Peters, E., *Heresy and Authority in Medieval Europe,* Phila.: U. Penn Press, 1980.

Petrarch, F., *My Secret Book,* Trans. J. G. Nichols., Hesperus Press Limited, 2002.

Preus, J. S., *Explaining Religion: Criticism and Theory from Bodin to Freud,* Atlanta, Gd.: Scholars Press, 1996.

Redwood, J. A., "Charles Blount(1654-93), Deism and English Free Thought," *Journal of the History of Ideas,* Vol. 35, 1974.

Seagrave, R., *Christianity How Far It Is, and Is Not, Founded on Argument,* London, 1743.

Shaftesbury, A., *Characteristics of Men, Manners, Opinions, Times, etc,* 2 Vols, London, Grant Richards, 1900.

Smith, W. C., *The Meaning and End of Religion,* Minneapolis: Fortress Press, 1991.

Stephen, Leslie., *The History of English Thought in the Eighteenth Century,* 3rd ed, 2 Vols, London, 1902.

Stewart, J. B., *The Moral and Political Philosophy of David Hume,* New York: Columbia University Press, 1963.

Philostratus, *Life of Apollonius,* Trans. C. P. Jones., and edited, abridged and introduced by G. W. Bowersock., Penguin Books, 1970.

Taranto, P., *Du déisme a l'athésme: La libre-pensée d'Anthony Collins,* Paris: Honoré Champion Editeur, 2000.

Tindal, M., *Christianity as Old as the Creation; or The Gospel a Republication of the Religion of Nature,* London, 1730.

Toland, J., *Amyntor; or a Defense of Miton's Life,* London: John Darby, 1699.

_____ , *Christianity Not Mysterious,* with a new Introduction by John Valdimir Price, Routledge/Theommes Press, 1995.

Wesley, J., "An Earnest Appeal to Men of Reason and Religion," *The Works of the Rev. John Wesley,* J. Benson. (Ed.), London, Vol. 12, 1809-1818.

Wide, N., "The Faith Philosophy of Pierre Charron," *The Philosophical Review,* Vol. 24, No. 6, 1915.

Wollaston, W., *The Religion of Nature Delineated,* London: Samuel Palmer, 1726.

Woolston T., *The Works of Thomas Woolston,* Printed for J. Roberts., 5 Vols, London, 1733.

Yolton, J. W., Price, J. V., and Stephens, J., *The Dictionary of Eighteenth-century Bristish Philosophers,* 2 Vols, Thoemmes press, 1999.

Zwingli, U., *Commentary on True and False Religion,* S. M. Jackson. (Ed.), Labyrinth Press, 1981.

찾아보기